国际政治中的信号传递

吴文成◎主编

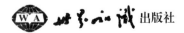世界知识出版社

图书在版编目（CIP）数据

国际政治中的信号传递 / 吴文成主编. --北京：
世界知识出版社，2024. 9. --ISBN 978-7-5012-6783-5

Ⅰ. D5

中国国家版本馆 CIP 数据核字第 2024N8M502 号

责任编辑	刘豫徽
责任出版	李　斌
责任校对	陈可望

书　　名	国际政治中的信号传递 Guoji Zhengzhi Zhong de Xinhao Chuandi
主　　编	吴文成

出版发行	世界知识出版社
地址邮编	北京市东城区干面胡同 51 号 （100010）
经　　销	新华书店
网　　址	www. ishizhi. cn
电　　话	010-65233645 （市场部）
印　　刷	北京虎彩文化传播有限公司
开本印张	787 毫米×1092 毫米　1/16　20¼印张
字　　数	249 千字
版次印次	2024 年 9 月第一版　2024 年 9 月第一次印刷
标准书号	ISBN 978-7-5012-6783-5
定　　价	89. 00 元

　　本书受中央高校基本科研业务费专项资金科研创新重大项目"从东扩到亚太化：美国霸权护持与北约制度扩张"（项目编号：3162023ZYKA01）资助，特此致谢。

序　言

蒲晓宇[*]

　　《国际政治中的信号传递》一书汇集了中国国际关系学者在信号理论与实践方面的有益探索。在这本书中，读者将发现对国际政治信号理论脉络的深入梳理，经典概念和新概念的提出，以及外交实践与历史案例的深入剖析。

　　国际政治理论与实践中的核心问题是如何避免战争、维护和平。对国际政治基本趋势的研判，通常涉及两个重要变量：国际体系的权力分布和国家的战略意图。国际政治信号传递之所以重要，在于它直接涉及对国家战略意图的判断。在充满不确定性的世界舞台上，国家的战略意图及其解读往往是复杂的。例如，一国通过发出安抚信号来试图缓解紧张局势，但其他国家可能会误解这种信号，将其视为软弱或退让的表现，这种误读可能导致局势进一步升级，从而带来更大的冲突。对于国际政治的决策者和学者而言，准确解读信号是至关重要的，这有助于更好地应对复杂多变的国际环境，促进世界和平与发展。

　　解读国际政治的信号面临各种困难，其中一个难点在于，国家的行动常常具有多重的动机。在国际政治中，界定一类国家行为是否是信号的关键在于考察该行为是否具有投射某种国家形象的动机。举例

---

　　* 蒲晓宇，美国内华达大学政治学系长聘副教授。研究方向为地位信号与中美关系、国际关系理论等。

来说，当一个国家宣布增加军费开支时，这既有提升军备的现实需要，也可能旨在向其他国家展示该国提升国防实力的战略决心。从投射战略决心这个动机来判断，军费的增加具有信号传递的意义。如果一国采取军事行动的目的是从恐怖分子手中解救被劫持的人质，这种行动是秘密进行的，无意向国内外观众投射某种国家形象，这类行动就不属于国际政治信号传递的范畴。当然，判定某项国家行为是否属于信号传递，通常都是相对的，因为国家的行为动机具有复杂性。

国际关系文献长期以来受到经济学和理性主义方式的影响，导致国际政治的信号理论在很大程度上被理性主义范式所主导。近年来，学界开始关注信号理论的心理学路径，探索信号表达的社会心理机制。外交行为中的认知、情感以及社会关系等因素在信号研究中得到了重视。但另一方面，信号理论的理性主义路径和心理学路径的区分是相对的，因为这两个研究传统在经典文献中具有共同的理论渊源。杰维斯的著作《国际关系中的形象逻辑》是国际政治信号理论的开山之作，为国际政治信号研究提供了概念框架和理论基础。该书既受到谢林战略博弈思想的影响，也受到社会心理学大师高夫曼拟剧论的启发。杰维斯的著作不仅开启了国际政治心理学路径的研究，也对信号理论的理性主义研究议程有重要影响。例如，费伦的国内观众成本理论受到了杰维斯著作中隐含的拟剧论框架的启发。虽然国内观众成本的研究通常强调理性主义分析框架，但也融入了一定的社会心理视角。从更宽泛的意义来讲，心理学路径与理性主义路径既有区别和竞争，但也可以展开交流和对话。心理学路径并不只关注各种非理性因素，实际上在外交理论与实践中，社会心理因素与理性因素有时是相辅相成的。

国际政治信号理论中一个备受关注的问题是，信号是否必须具备昂贵代价？由于受到理性主义范式的影响，国际关系文献通常强调昂贵信号对于信号传递的重要性。这种观点认为，信号的表达只有付出高昂的成本，才能确保信号的可信度。例如，一国可能通过巨额军费开支来向外界显示其军事防务领域的决心，而这种提升军备所展示的昂贵信号，是外交言辞无法替代的。然而，最近学界也开始关注廉价信号在国际政治中的作用。廉价信号指的是外交言辞或面对面沟通等相对低成本的信号表达方式。昂贵信号显示国家愿意为了某种目标付出巨大的代价，常常会引起其他国家的重视，对维护信号的可信度具有重要意义。廉价信号更加灵活，通过一系列社会心理机制，也能够在信号表达方面产生特别的效果。比如，首脑会谈以及外交官员的面对面沟通，在国家间的战略沟通和外交实践中也具有不可替代的重要功能。对于国际政治信号传递而言，昂贵信号和廉价信号具有各自的优势和局限性。未来的研究需要更加深入地比较这两种类型信号的作用机制和效果。

国际政治的研究长期以来一直关注国内观众成本问题，这一概念认为国家领导人往往会顾及国内观众的可能反应，从而在对外发出信号的过程中作出相应的权衡。然而，从宽泛的意义来看，信号传导与解读在国际政治中始终面临着多重观众带来的挑战，这既包括国内观众，也包括更为复杂的国际观众。多重观众可能对同一信号产生不同的解读，这对国家决策和信号传递提出了更高的要求。举例来说，一国的领导人在国际舞台上发表了一项重要的外交声明，国内的公众可能觉得这个声明太软弱，而国际社会及其他国家的政府可能认为这个声明已经太强硬。面对多重观众的不同期待，决策者需要在外交活动中保持灵活性和策略性。

概言之，当前国际政治信号理论的研究，显示出定量和定性多种方法的结合以及多学科融合的趋势。现代国际关系蕴含丰富的历史资料，新时代中国外交具有丰富的实践经验，这些都为信号理论的研究提供了丰富的素材，中国学者在国际政治信号理论的探索研究中存在巨大的潜力。本书所包含的文章将帮助读者更好地理解国际政治中的信号传递，为未来的研究和实践提供重要的参考依据。

蒲晓宇

美国内华达大学

2024 年 5 月 18 日

目　录

国际政治的信号理论脉络评析*

曹德军**

摘　要　在信息不对称条件下，信号传递与信号解读是国家间意图沟通的重要方式。自 20 世纪 70 年代以来，国际关系学者开始关注信号互动的战略含义，形成了理性主义与认知心理学两大分析路径。在研究方法上，不同路径通过运用博弈论演绎、调查实验法、统计回归与过程追踪等多种手段捕捉信号互动的实证证据。在研究议程上，既聚焦信号传递方所承受的昂贵成本约束机制，又关注信号解读方所呈现的心理倾向与情感过程。近年来，随着镜像神经元方法、交叉学科和叙事分析等研究视角兴起，信号研究的新边界与新视角不断拓展。尽管理性主义与认知主义围绕信号可信度问题展开了长期学术竞争，但双方在辩论中趋向融合，逐步形成了共识性的研究纲领。面向未来，总结非西方国家的外交实践经验有助于推进理论创新，进一步丰富信号分析的理论谱系。

关键词　信号传递；观众成本；可信度感知；调查实验法；廉价信号

＊　原文发表于《国际政治科学》2022 年第 3 期。本文为国家社会科学基金青年项目"后疫情时代中美竞争的战略叙事建构与变迁机制研究"（项目批准号：21CGJ005）的阶段性成果。感谢《国际政治科学》编辑部与匿名评审专家提出的建设性意见。文责自负。

＊＊　曹德军，现为中国人民大学国际关系学院副教授。

一、引言

如何可信地投射国际政治信号，是关涉战略利益的重要议题。[①] 作为一种常用的外交沟通手段，信号传递有助于促进国家间意图识别，避免高成本的战略误判。国际政治的信号博弈关键在于进行印象管理，通过操纵对方预期中的印象，让他人相信自己的承诺是可信的。信号沟通的意义在于，鉴于国家间意图不可直接观察，将可观察的信号作为指示意图的外显媒介，由此可部分缓解因信息不对称所导致的沟通困境。[②] 自 20 世纪 70 年代以来，信息经济学与演化生物学不约而同地提出了信号分析模型，探索性研究了不对称信息条件下的意图传递与识别。[③] 受此影响，国际关系学者也开始关注信号互动的战略含义。[④] 一方面，理性主义者秉承成本—收益逻辑，认为成本可以作为筛选工具，将昂贵成本信号视为提升信号可信度的重要手段。[⑤] 该逻辑认为，信号的可信度可以通过"捆绑双手"与"沉没成本"两种机制

---

① Christer Jonsson and Karin Aggestam, "Trends in Diplomatic Signalling," in Jan Melissen (ed.), *Innovation in Diplomatic Practice* (London: Palgrave Macmillan, 1999), p. 152.

② 信息不对称（asymmetic information），是指互动双方各自拥有对方所不知道的私人信息，或者说某些博弈者拥有其他人不拥有的信息。参见 A. Michael Spence, "Signaling in Retrospect and the Informational Structure of Markets," *American Economic Review* 92, no. 1 (2002): 434–459。

③ 20 世纪 70 年代中期，生物学界与信息经济学界开始对信号理论进行系统研究，自然科学与社会科学研究相互影响。参见 Amos Zahavi, "Mate Selection-A Selection for A Handicap," *Journal of Theoretical Biology* 53, no. 1 (1975): 205–214。

④ Raymond Cohen, *Theatre of Power: The Art of Diplomatic Signaling* (New York: Longman, 1987), pp. 4–10.

⑤ James Morrow, "The Strategic Setting of Choices: Signaling, Commitment, and Negotiation in International Politics," in David A. Lake and Robert Powell (eds.), *Strategic Choice and International Relations* (Princeton: Princeton University Press, 1999), pp. 77–114.

展示出来。① 另一方面，认知心理学路径反对将信号可信度还原为物质实力和成本投入，认为应该从冷认知与热认知角度关注信号可信度的主观识别。② 因此，该路径强调主观信念、启发式认知捷径以及廉价话语的信号感知机制。③

国际政治信号研究的目的在于更准确地理解和沟通国家意图。什么样的信号更有助于意图沟通？不同研究路径答案各异，学理争议线索纷繁复杂，需要通过系统性梳理才能理解信号研究宏大的理论图谱。基于此，本研究的必要性体现在：第一，揭示信号理论发展的内生逻辑。当前，信号研究遭遇昂贵信号—廉价信号二元分析框架的内源性创新困境。昂贵成本研究过度抽离信号互动的社会情境，不能解释现实外交环境中的象征性举动、秘密会晤、情绪认知等要素对理性逻辑的曲解或干扰。④ 不同行动者所理解的信号的意义各有不同，例如，一个注重信号经济成本（物质投入）的国家与一个关注信号社会成本（社会投入）的国家之间就很容易产生误解，从而导致信号沟通失败。全面理解和梳理信号理论的多元发展路径，是回应理论发展困境的必要前提。

第二，促进多元范式的对话与整合。构建综合性国际政治信号模

---

① 参见 James D. Fearon, *Threats to Use Force: Costly Signals and Bargaining in International Crisis* (PhD diss. , University of California, 1992)；张廖年仲：《敌对国家建立互信之研究：昂贵信号模式》，博士学位论文，台湾政治大学政治学系，2012。

② Robert Jervis, "Signaling and Perception: Drawing Inferences and Projecting Images," in Kristen Monroe (ed.), *Political Psychology* (Mahway: Lawrence Erlbaum, 2002), pp. 301–320.

③ 参见 Robert Jervis, *The Logic of Images in International Relations* (Princeton: Princeton University Press, 1970); Keren Yarhi-Milo, *Knowing the Adversary: Leaders, Intelligence, and Assessment of Intentions in International Relations* (Princeton: Princeton University Press, 2014)。

④ Azusa Katagir and Eric Min, "The Credibility of Public and Private Signals: A Document-Based Approach," *American Political Science Review* 113, no. 1 (2019): 156–172.

型，有助于多层次还原外交实践。信号研究有诸多值得深挖的新兴议题。例如，对于信号欺骗与操纵的逻辑，目前学界尚未形成统一的理论框架，如何借鉴心理学、社会学与人类学的思路，建构国际政治的信号欺骗理论，是新的理论增长点。而且，镜像神经元研究发现，面对面外交具有心理共情、情绪传染与感知同步特征，可让领导人更有效地捕捉廉价信号。如何理解政治信号的复杂反馈效应，建构承诺信号的升级与降级理论，都是值得关注的理论创新动向。

第三，总结新兴大国崛起经验。崛起本身会打破既有国际秩序均衡，产生意图识别与承诺可信度难题。国际社会如何看待崛起国的意图，是极具现实和学理价值的重大问题。近年来，中国学界开始关注大国崛起的信号传递与识别问题，主要聚焦于诚意信号、地位信号与联盟信号，回应和反思了西方学界的信号研究辩论。[①] 随着中国崛起，大量非西方国家的实践经验对于丰富和发展信号理论同样有重要意义，亟须予以深化研究。为此，下文将从研究问题、研究议程与研究方法三个层面，对比评估国际政治信号理论的研究成果。通过总结评估主流理论的得失，为未来创新提供参照坐标。

二、信号研究缘起：信息不对称下的意图识别难题

从根源上看，信号研究的学术困惑起源于信息不对称问题：当意

---

① 中国学者对国际政治信号的代表性研究有：蒲晓宇：《地位信号、多重观众与中国外交再定位》，《外交评论》2014 年第 2 期，第 25—38 页；杨原、曹玮：《核边缘、信号博弈与小国的"自我孤立"悖论》，《当代亚太》2018 年第 6 期，第 69—105 页；尹继武：《私有信息、外交沟通与中美危机升级》，《世界经济与政治》2020 年第 8 期，第 71—99 页；漆海霞：《崛起信号、战略信誉与遏制战争》，《国际政治科学》2020 年第 4 期，第 1—37 页；曹德军：《安全焦虑、信号传递与中国对东南亚国家的战略安抚》，《国际安全研究》2020 年第 3 期，第 21—45 页。

图不可观察时，国家领导人将如何判断对方信息的可信度？作为无法直接观察的私有信息，国家意图的展示与识别需要以信号为媒介，以缓解信息不对称难题。[①] 国际政治的信号博弈关键在于改变对方的主观认知，通过塑造与对方预期相符的形象，让他人相信自己的承诺。那些善于操纵信号的领导人往往洞悉对方的心理期望，投其所好建立可信印象。一个想要安抚对方的国家需要积极展示良性意图信号，一个想要阻吓对手的国家需要展示不可逆的决心信号。[②] 无政府状态是一种客观不确定的环境，国家之间传递意图存在很大的困难，信号研究就更显必要。

（一）国家间的意图识别难题

在信息不对称条件下，意图识别的难度会加大，战略猜疑会更加盛行，对彼此意图的不确定担忧将助推安全困境的螺旋上升。罗伯特·杰维斯（Robert Jervis）指出，安全困境所导致的不信任螺旋的根源在于国家间意图识别的不确定，只有通过正确传递和解读信号，才有助于克服不信任螺旋。[③] 事实上，寻求安全的国家有动力将自己与侵略国家区分开，它们要么通过单边克制达成某种保证，要么通过昂贵信号展示真实意图，以避免安全困境升级。长期以来，国际关系学者为解决意图识别难题进行了诸多探索研究：悲观主义者认为，无政府

---

① Philip B. K. Potter and Matthew A. Baum, "Democratic Peace, Domestic Audience Costs, and Political Communication," *Political Communication* 27, no. 4 (2010): 453-470; Chungshik Moon and Mark Souva, "Audience Costs, Information, and Credible Commitment Problems," *Journal of Conflict Resolution* 60, no. 3 (2014): 1-25.

② 林民旺：《国内观众成本与国际合作》，《教学与研究》2009 年第 2 期，第 86—88 页。

③ Robert Jervis, *Perception and Misperception in International Politics* (Princeton: Princeton University Press, 1976), Chapter 3.

状态下的不确定难以缓解，因此信息不对称下的误解无法克服；乐观主义者则认为，通过不断优化信号传递手段，可在展示意图信息过程中增进信任。

具体而言，一方面，悲观主义者认为，由于意图是私有信息，任何国家都难以获得他国意图的直接或间接信息，因而意图不确定性是客观存在的。[1] 这就导致内隐意图与外显行动之间可能错位。例如，具有侵略野心的国家可能会对外展示一种虚假的和平形象，以达到战略欺骗目的。同样，拥有和平意图的国家也可能出于恐惧，隐藏自己的和平意愿和善意，而被误解成侵略国。鉴于意图的隐藏性，国家之间的意图识别会更加困难与谨慎。[2] 简言之，悲观主义者将国际关系视为尔虞我诈的世界，即使双方都追求和平，但信息不对称最终难免引发冲突，这就是所谓的"大国政治的悲剧"。[3] 悲观论点还认为，根据他国言行来推测其意图往往是不可靠的，因为这种推断通常难以被证实，拥有信息优势的一方往往只愿展示希望让对方捕获的信息。

另一方面，乐观主义者反对意图不可知论，认为意图识别尽管困难但却是可能的，通过外显的言行信号来推断内隐意图是信号沟通的价值所在。[4] 防御性现实主义者认为，主动展示武器的防御性质与维持

---

[1] 决策者可以通过情报系统来尽量收集国家意图信息，然而这是不充分的，国际关系中的信息不对称很难避免。参见 Richard K. Betts, *Enemies of Intelligence: Knowledge and Power in American National Security* (New York: Columbia University Press, 2009); Robert Jervis, *Why Intelligence Fails: Lessons from the Iranian Revolution and the Iraq War* (Ithaca: Cornell University Press, 2010)。

[2] Sebastian Rosato, "The Inscrutable Intentions of Great Powers," *International Security* 39, no. 3 (2014/2015): 87.

[3] John J. Mearsheimer, *The Tragedy of Great Power Politics* (New York: W. W. Norton, 2001), p. 31.

[4] Shiping Tang, *A Theory of Security Strategy for Our Time: Defensive Realism* (New York: Palgrave Macmillan, 2010), pp. 151-152, 154-155.

现状的和平姿态，有助于向对方传递自己的良性意图，缓解信息不对称难题。① 查尔斯·格拉泽（Charles L. Glaser）也表示，如果强国长期采取削减军事实力等"单方面克制"行动，那么这种自我约束的努力就可以揭示一定的善良意图。② 另外，根据安德鲁·基德（Andrew Kydd）的说法，防御性国家通过限制武器或者大规模裁军的昂贵方式，能可信地表明自己的"善意"。③ 相反，具有侵略性意图的国家则不愿意主动削减自己的实力优势。由此，通过辨别对手传递的信号内容差异就可以区分不同国家的意图类型。

综上，信号研究起源于信息不对称下的意图不可知。意图不确定之所以会引发可信度困境，原因如下：其一，意图具有变动性。意图是一种私有信息，别人难以琢磨，而且可能随时变化。④ 其二，承诺具有跨期性。国际合作涉及收益分配，在收益尚未兑现之前，所有的许诺都有可能是"空头支票"。⑤ 从时间维度看，任何国家兑现承诺的能力与意愿都是动态发展的，虚张声势会带来承诺难题。⑥

（二）安全困境下的信号传递

国际关系充满操纵与欺骗行为，国家很难把握其他国家的意图。

① Robert Jervis, "Cooperation Under the Security Dilemma," *World Politics* 30, no. 2 (1978): 201.

② Charles L. Glaser, "Political Consequences of Military Strategy: Expanding and Refining the Spiral and Deterrence Models," *World Politics* 44, no. 4 (1992): 497–538; Charles L. Glaser, "The Security Dilemma Revisited," *World Politics* 50, no. 1 (1997): 171–201.

③ Andrew Kydd, "Game Theory and the Spiral Model," *World Politics* 49, no. 3 (1997): 373–395.

④ David Scott, "China and the 'Responsibilities' of a 'Responsible' Power–The Uncertainties of Appropriate Power Rise Language," *Asia-Pacific Review* 17, no. 1 (2010): 72–96.

⑤ John C. Matthews III, "Current Gains and Future Outcomes: When Cumulative Relative Gains Matters?" *International Security* 21, no. 1 (1996): 112–146.

⑥ 曹德军：《国际政治中的可信承诺：一项学术评估》，《太平洋学报》2017年第10期，第16—28页。

究其原因，部分是源于国际体系的无政府性，自助的国家不得不时刻提防其他国家的欺诈行为，而且，国家的意图无法通过行为直接观察到，而只能进行推断。另外，意图转瞬即变，一国的意图很可能今天是善意的，明天却是敌意的。爱德华·卡尔（Edward H. Carr）认为，国家是"语言的巨人、行动的侏儒"，即国际政治的语言和信号都存在虚假欺骗的可能性。[①] 欺骗犹如垂钓，将鱼饵投入水中，静观其变，等待警惕的鱼游过、上钩并被抓住。[②] 鉴于信号与指标之间可能不匹配，一国不仅要及时地释放信号、表明态度，更要在适当的时机展示信号与指标的一致，以此降低猜忌引发的风险，提高合作的可能性。

由于信息优势方可以利用与操纵信号，欧文·戈夫曼（Erving Goffman）强调要区分"不可信的信号"与"可信的指标"。[③] 这种区别反映了信号载体与信号本身可信度之间的分离。其中信号（signals）是行为体，为了达到既定目的——改变对方的认知，而有意识地呈现出来任何可观察的特征。[④] 用罗伯特·杰维斯的话说，信号是一种"期票"（promissory notes），[⑤] 本身不包含内生可信度，是一种载体凭证。相反，指标（index）是带有可信证据的声明或行动，是真实可信的。概言之，信号是一种可操纵的信息；而指标是一种不可操纵的信息。在信息不对称环境下，信号接收者面临的难题是如何准确区分信号与

① 爱德华·卡尔：《20年危机（1919—1939）：国际关系研究导论》，秦亚青译，世界知识出版社，2005，第100—120页。

② George A. Akerlof and Robert J. Shiller, *Phishing for Phools: The Economics of Manipulation and Deception* (Princeton and Oxford: Princeton University Press, 2015), p. xi.

③ Erving Goffman, *The Presentation of Self in Everyday Life* (London: Penguin Books, 1959), pp. 40–69.

④ 狄亚哥·甘贝塔：《解码黑社会》，任羽中、匡国鑫译，华夏出版社，2011，第7页。

⑤ 期票作为一种书面的支付承诺，通过当下的签名做担保，许诺在将来支付一定数目的金钱给特定对象。这里的可信度是不确定的，违背承诺的事情经常发生。参见罗伯特·杰维斯《信号与欺骗：国际关系中的形象逻辑》，徐进译，中央编译出版社，2017，第10—23页。

指标，或者说如何准确识别不可观察的信息。这种意图不可知常常让彼此担心，令希望合作的双方陷入安全困境。[①] 在《冲突的策略》中，托马斯·谢林（Thomas C. Schelling）通过一个著名的"夜盗"比喻[②]表明，鉴于不确定环境下的意图无法识别，参与者无法可信地分享私有信息，就会出现逆向选择。为化解此问题，信息优势方需要向信息劣势方主动暴露自己的内隐信息。例如，A 国知道自己的真实意图与类型（进攻型/防御型），但是 B 国却不知道；A 国为了显示自己的类型，会选择主动向 B 国传递信号，以揭示自己的私有信息。

信号传递（signaling）与信号甄别（screening）形成一对互动博弈，信号博弈理论的假设前提是：（1）信号传递者的类型是异质的，分别为真诚者与欺骗者；（2）信号传递者知道自己的真实类型，但信号接收者事先不知道；（3）需要通过可观察的信号间接识别不可观察的意图。信号传递的目的是在对方心中留下对己有利的形象，涉及两方面：信号传递是掌握优势信息的信号传递者的主动自我展示，向对方传递更真实可靠的信息，从而将自己与欺骗者区分开来。信号甄别是处于信息劣势的信号接收者想方设法主动作为，通过甄别试探识别出真诚者或欺骗者。[③] 信号博弈的这种互动性意味着，一方主动揭露私

---

① 参见 Andrew H. Kydd, *Trust and Mistrust in International Relations*（Princeton: Princeton University Press, 2005）。

② 有一天，正在睡梦中的谢林被屋内的噪声吵醒。当他手持武器起床查看情况时，与一个同样持枪的窃贼遭遇。两人都明白一个危险的结果可能就在眼前。即使窃贼和谢林一样，都想在不发生冲突的情况下离开，但如果窃贼不知道谢林的想法，事情就会变得复杂：窃贼可能会认为谢林想向他开枪，这就会促使窃贼先向谢林开枪；同时，预测到窃贼可能认为谢林希望先向他开枪，谢林可能会考虑先发制人，向窃贼开枪。参见 Thomas C. Schelling, *The Strategy of Conflict*（Cambridge: Harvard University Press, 1960）。

③ In-Koo Cho and David M. Kreps, "Signaling Games and Stable Equilibria," *The Quarterly Journal of Economics* 102, no. 2（1987）: 179–221.

有信息与另一方反复甄别试探是不可分割的一体两面。① 正如埃文·蒙哥马利（Evan Braden Montgomery）所言："信号发送国不仅须努力揭示自己的意图信息，还须试图理解对手的信号解读过程。"②

信号研究的难点在于，如何在信息不对称条件下，让对方相信自己的信号是可信的。现有主流文献围绕该问题，基本上分成两大流派：其一，理性主义分析路径，注重增强信号成本，导向工具性信任；其二，认知心理学分析路径，注重增强信号的意义与情感价值，导向情感性信任。尽管两大路径之间及其内部存在各种分歧，但实际上需要解决的核心问题是一样的。例如，理性主义的代表性学者詹姆斯·费伦（James Fearon）、迈克尔·斯彭斯（Michael Spence）与认知主义的代表性学者罗伯特·杰维斯虽然研究路径迥异，但都从谢林的战略互动思想中吸收了学术养分。③ 总体而言，两大路径的研究议程既有差异也有共同点。下文将围绕各自的研究困惑，评析对比不同路径的贡献与得失。

三、理性主义研究议程与昂贵信号逻辑

为追求收益最大化，理性的行动者有动机选择性地揭露其私有信息，以塑造对手的特定印象感知，从而为信号传递方带来额外收益。

---

① Robert Jervis, "Signaling and Perception: Drawing Inferences and Projecting Images, " in Kristen Renwick Monroe (ed.), *Political Psychology* (Mahwah: Earlbaum, 2001) , p. 390.

② Evan Braden Montgomery, "Breaking Out of the Security Dilemma: Realism, Reassurance, and the Problem of Uncertainty, " *International Security* 31, no. 2 (2006) : 162.

③ 斯彭斯是信息经济学（理性主义分析）的主要代表人物，杰维斯则开创了信号理论的认知心理学路径。参见 Thomas C. Schelling, *The Strategy of Conflict* (Cambridge: Harvard University Press, 1960) ; Robert Jervis, *The Logic of Images in International Relations*; Michael Spence, *Job Market Signaling* (Cambridge: Harvard University Press, 1974) 。

然而，何种类型的信号更容易获得对方信任呢？理性主义者认为，不可撤销的、具有"锁定"效应的昂贵信号，比低成本或廉价信号更具可信度。[1] 昂贵信号分析包括观众成本、民主可信论与沉没成本等，因果机制存在诸多争议。

（一）观众成本的事后约束

观众成本理论（Audience Cost Theory）假定，领导人公开违背诺言后将受到国内观众的惩罚，例如遭受批评、名望下降、增加反对派力量、被迫道歉与让步，甚至遭遇弹劾等。[2] 特别是在内政竞争激烈的国家，国内观众是约束领导人的可信信号装置。[3] 基于委托—代理逻辑，费伦在 1994 年的经典论文《国内政治观众与国际争端的升级》中系统论述了信号成本与可信度的关联。"虽然［高观众成本的］国家可能不愿意将争端升级，但如果它真的选择这样做，这就是一个相对有信息量和可信度的信号，表明它愿意为这个问题而战斗。"[4] 杰西卡·威克斯（Jessica L. Weeks）进一步总结道，观众成本大小取决于：（1）反对派协调惩罚领导人的能力与意愿，即国内政治集团能够并且愿意进行协调以惩罚领导人；（2）观众认为退缩比坚持到底更糟糕，即观众是否视领导人不履行承诺为一种失误或失败；（3）国外决策者有能力观察到观众问责的证据，即外界能否观察到一国领导人因不履行承诺

---

① James D. Fearon, "Domestic Political Audiences and the Escalation of International Disputes," *American Political Science Review* 88, no. 3 (1994): 585.

② James Fearon, "Signaling Foreign Policy Interests: Tying Hands versus Sinking Costs," *Journal of Conflict Resolution* 41, no. 1 (1997): 68-90.

③ Austin Carson, "Facing Off and Saving Face: Covert Intervention and Escalation Management in the Korean War," *International Organization* 71, no. 1 (2016): 103-131.

④ James D. Fearon, "Domestic Political Audiences and the Escalation of International Disputes," p. 585.

而遭受的国内惩罚。[1]

从学理脉络上看，观众成本理论受经济学交易成本理论影响。著名经济学家奥利弗·威廉姆森曾以合同达成为界限，将交易成本区分为事前成本和事后成本。[2] 以费伦为代表的理性主义路径也提出了两种昂贵成本类型，即束手成本（hands-tying costs）与沉没成本（sunk costs）。[3] 束手成本是事后的违约惩罚成本，来自特定观众施加的惩罚。例如，公开作出承诺的领导人考虑到违约可能遭受的事后"惩罚"，便不会轻易违背诺言。[4] 沉没成本是事前投入的不可回收资源，展示做某件事的成本与决心。例如，在海外部署导弹或驻军是昂贵的沉没成本，但能提升对盟友的承诺信号以及对敌人的威慑信号的可信度。[5]

从学术贡献上看，观众成本理论凸显了内政与外交的密切联系，是对罗伯特·普特南（Robert D. Putnam）的双层博弈模型的进一步升级。[6] 该类研究整合了外交决策研究、民主政治研究、讨价还价研究、危机决策分析与领导人政治生存逻辑研究，因而产生了广泛的

---

① Jessica L. Weeks, "Autocratic Audience Costs: Regime Type and Signaling Resolve," *International Organization* 62, no. 1 (2008): 35-64.

② 奥利弗·威廉姆森：《资本主义经济制度：论企业签约与市场签约》，段毅才、王伟译，商务印书馆，2004，第47页。

③ 这两种机制有可能同时发挥作用。参见 Matthew Fuhrmann and Todd S. Sechser, "Signaling Alliance Commitments: Hand-Tying and Sunk Costs in Extended Nuclear Deterrence," *American Journal of Political Science* 58, no. 4 (2014): 919-935。

④ 谢超：《国内观众成本与印度国际危机谈判行为》，《外交评论》2016年第6期，第105—130页。

⑤ Hans M. Kristensen, *U. S. Nuclear Weapons in Europe: A Review of Post-Cold War Policy, Force Levels, and War Planning* (Washington, D. C.: Natural Resources Defense Council, 2005).

⑥ Robert D. Putnam, "Diplomacy and Domestic Politics: The Logic of Two-Level Games," *International Organization* 42, no. 3 (1988): 455-456.

学术影响。① 当然并不是所有的外交决策都受到国内观众约束，而且观众成本的性质与功能也不尽相同，正向的观众成本可以帮助领导人获得国内观众奖赏，② 负向的观众成本则会触发惩罚，目前大多数研究只关注后者。除国内观众外，还存在大量的国际观众。面临多重观众，信号传递者需要平衡不同观众的预期，有时难免顾此失彼、事与愿违，甚至造成意想不到的战略后果。

（二）民主政体的制度约束

在西方学术界，民主国家可信论几乎成为一个长盛不衰的话题，主张民主的制度优势更易产生高昂的观众成本。与之相关，观众成本理论有一个著名推论，即民主政体的领导人比其他国家的领导人对观众成本更加敏感。在所谓"民主政体"中，自由的媒体可以保障信息流动；民主竞争尊重异议，与政府持不同意见是合法的；民主制度的决策程序确保多元行动者在一套稳定的规则下展开周期性竞争；反对党能够获取政策相关信息，增加了领导人欺骗、操纵与虚张声势的风险。③ 莉莎·马丁（Lisa L. Martin）指出，透明公开的国内制度（如立

---

① 骆礼敏：《国家承诺的可信性：理论争议和一个新的视角》，《当代亚太》2016 年第 6 期，第 59—94 页；唐小松：《公众成本理论与对外政策决策——以布什父子处理外交危机为例》，《国际观察》2007 年第 6 期，第 1—6 页；田野：《国际关系中的制度选择：一种交易成本的视角》，上海人民出版社，2006，第 103 页。

② 尹继武、李宏洲：《观众奖赏、损失框定与关系解冻的起源——尼克松对华关系缓和的动力机制及其战略竞争管控启示》，《当代亚太》2020 年第 4 期，第 34—64 页。

③ Daren G. Hawkins and David A. Lake (ed.), *Delegation and Agency in International Organizations* (Cambridge: Cambridge University Press, 2006), p. 19.

法部门）可以"束缚手脚"，进而提高承诺可信度。[1] 海伦·米尔纳（Helen V. Milner）等人也强调，民主国家的制度约束让虚张声势行为的成本大增。[2]

美国政治学家肯尼斯·舒尔茨（Kenneth A. Schultz）对费伦模型进行了批判性发展，他从民主政治竞争的公开性、合法性、制度化与信息知情特点中归纳出民主政体的两种约束效应。[3] 一方面，制约效应（restrictive effect）。反对党的存在使得政府在发起公开承诺时需要更加谨慎，当公开承诺带来不好结果时会面临反对党的批评；当对外威胁力度不足时容易遭受抵抗，同时会被反对党攻击，因此政府的最优选择是要么不发出公开承诺，要么就让承诺不容挑战。另一方面，确认效应（confirmatory effect）。除了大众舆论和选民压力，民主国家活跃的反对党也与政府具有明显的利益冲突。作为第二信号源，反对党的立场态度有助于确认政府信号的可信度。只有当政府的承诺真实可信时国内反对派才会表示支持，相当于帮助外国领导人做了"确认"。[4]

在观众成本理论中，除了舒尔茨对民主可信论的系统化分析，还有大量学者围绕观众成本的形成机制、观众对领导人的约束能力、选举周期与领导人任期、民主政体与威权政体的可置信威胁差异等，都

---

[1]　参见 Lisa L. Martin, "Credibility, Costs, and Institutions: Cooperation on Economic Sanctions," *World Politics* 45, no. 3 (1993): 406-432; Lisa L. Martin, *Coercive Cooperation: Explaining Multilateral Cooperation* (Princeton: Princeton University Press, 1992); Lisa L. Martin, *Democratic Commitments: Legislatures and International Cooperation* (Princeton: Princeton University Press, 2000)。

[2]　参见 Helen V. Milner, *Interests, Institutions, and Information: Domestic Politics and International Relations* (Princeton: Princeton University Press, 1997); 海伦·米尔纳：《利益、制度与信息：国内政治与国际关系》，曲博译，上海人民出版社，2010。

[3]　Kenneth A. Schultz, "Do Democratic Institutions Constrain or Inform? Contrasting Two Institutional Perspectives on Democracy and War," *International Organization* 53, no. 2 (1999): 233-266.

[4]　Kenneth A. Schultz, *Democracy and Coercive Diplomacy* (Cambridge: Cambridge University Press, 2001), pp. 118-119.

有精彩的研究。① 其共同的发现是，民主国家的可信优势来自选举压力、透明性制度设计、自由媒体监督等所产生的制度约束。② 但是反对观点认为，民主体制恰恰有承诺不可信的缺点，因为国内制约太多，瞻前顾后，反而更容易在外交承诺的立场上后退。③ 康奈尔大学学者白洁曦认为，观众成本在任何政体内都存在，民主国家的信号不比威权国家的可信。④ 亚历山大·唐斯（Alexander B. Downes）等人在量化分析民主体制和可信信号之间的关系后，也呼吁要破除"虚幻的民主可信度"迷信。⑤

① 例如 Alexandra Guisinger and Alastair Smith, "Honest Threats: The Interaction of Reputation and Political Institutions in International Crises," *Journal of Conflict Resolution* 46, no. 2 (2002): 175–200; Alexandre Debs and Hein Goemans, "Regime Type, the Fate of Leaders and War," *American Political Science Review* 104, no. 3 (2010): 430–445; David Kinsella and Bruce Russett, "Conflict Emergence and Escalation in Interactive International Dyads," *Journal of Politics* 64, no. 4 (2002): 1045–1068; Brandon J. Kinne and Nikolay Marinov, "Electoral Authoritarianism and Credible Signaling in International Crises," *Journal of Conflict Resolution* 57, no. 3 (2013): 359–386; Giacomo Chiozza and Hein E. Goemans, "International Conflict and the Tenure of Leaders: Is War Still Ex Post Inefficient?" *American Journal of Political Science* 48, no. 3 (2004): 604–619; Jonathan N. Brown and Anthony Marcum, "Avoiding Audience Costs: Domestic Political Accountability and Concessions in Crisis Diplomacy," *Security Studies* 20, no. 2 (2011): 141–170。

② Kristopher W. Ramsay, "Politics at the Water's Edge: Crisis Bargaining and Electoral Competition," *The Journal of Conflict Resolution* 48, no. 4 (2004): 459–486; Christopher F. Gelpi and Michael Griesdorf, "Winners or Losers? Democracies in International Crisis, 1918–94," *American Political Science Review* 95, no. 3 (2001): 633–647; Shuhei Kurizaki and Taehee Whang, "Detecting Audience Costs in International Disputes," *International Organization* 69, no. 4 (2015): 1–32; Ahmer Tarar and Bahar Leventoğlu, "Limited Audience Costs in International Crises," *The Journal of Conflict Resolution* 57, no. 6 (2013): 1065–1089.

③ Brian C. Rathbun, *Trust in International Cooperation: International Security Institutions, Domestic Politics and American Multilateralism* (Cambridge: Cambridge University Press, 2012), pp. 1–8.

④ Jessica Chen Weiss, *Powerful Patriots: Nationalist Protests in China s Foreign Relations* (Oxford: Oxford University Press, 2014), pp. 20–40; Jessica Chen Weiss, "Authoritarian Signaling, Mass Audiences, and Nationalist Protest in China," *International Organization* 67, no. 1 (2013): 1–35.

⑤ Alexander B. Downes and Todd S. Sechser, "The Illusion of Democratic Credibility," *International Organization* 66, no. 3 (2012): 457–489.

（三）沉没成本的事前约束

昂贵成本信号分析其实存在两个研究方向，即事前成本与事后成本，但是主流研究文献大多关注了事后观众成本逻辑，相对忽视事前沉没成本分析。难能可贵的是，布拉尼斯拉夫·斯兰切夫（Branislav L. Slantchev）反思了这种分析偏差，系统分析了沉没成本的信号机制。[1] 斯兰切夫认为，观众成本是事后追加的问责惩罚，存在一定的时间滞后性；但是军事动员、结盟缔约等事前沉没成本一旦投入则立即生效，约束效应更显著。例如，当部队被动员或联盟协约已签订后，不论战争能否打起来，信号传递者都已付出了不可回收的代价。因此，沉没成本在事前就传递决心，更直接塑造对手预期，影响更为深远。[2]

在理性主义逻辑中，沉没成本信号具有两个基本特征：（1）成本在事前产生；（2）无论是否达到目的，前期投入都无法撤销与回收。[3] 在外部观察者眼中，信号传递者前期投资越多则意味着其违约可能性越低。从信号效果来看，事前投入超过某个阈值，就可以展示出较高的信号可信度。鉴于虚伪的欺骗者难以或不愿承受沉没成本的前期投入，这样的成本阈值就能将可信者与欺骗者区分开。[4] 在理性主义阵营

① Branislav L. Slantchev, *Military Threats: The Costs of Coercion and the Price of Peace* (Cambridge: Cambridge University Press, 2011), p. 4.

② Branislav L. Slantchev, "Military Coercion in Interstate Crises," *American Political Science Review* 99, no. 4 (2005): 533.

③ Kai Quek, "Type Ⅱ Audience Costs," *Journal of Politics* 79, no. 4 (2017): 1440.

④ James D. Morrow, "Alliances: Why Write Them Down?" *Annual Review of Political Science* 3 (2000): 63-83; Brett Ashley Leeds, "Alliance Reliability in Times of War: Explaining State Decisions to Violate Treaties," *International Organization* 57, no. 4 (2003): 801-827; Brett Ashley Leeds, "Do Alliances Deter Aggression? The Influence of Military Alliances on the Initiation of Militarized Interstate Disputes," *American Journal of Political Science* 47, no. 3 (2003): 427-439.

内部，沉没成本分析与观众成本理论具有一定互补性（见图1）。但是，作为一种特殊的沉没成本，军事动员还会改变冲突双方的战斗实力与结果预期。[1] 由此，沉没成本的影响甚至比观众成本更复杂。遗憾的是，由于沉没成本难以被量化与检验，相关研究并不多见。

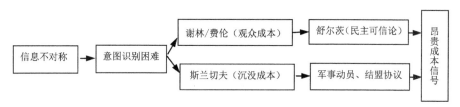

图1 理性主义路径的昂贵信号研究

资料来源：笔者自制。

相比观众成本，军事动员等沉没成本是一种更有效的昂贵信号。第一，军事动员是一种高风险的昂贵行动。不仅大规模军事动员可能引发局势升级，而且为取得胜利而进行的长期军事动员需要付出直接成本和机会成本，包括长期警惕、心理疲劳、偶发事故以及物质保障等成本。军事动员也会产生机会成本，例如参军者和征集的厂房、车辆、铁路和公路等因不能投入经济生产而带来损失。第二，军事动员改变实力对比感知。充分的军事动员不仅展示决心，也会增加战争获胜的可能性。况且大规模军事动员很难被操纵，是对手无法模仿的昂贵门槛。第三，军事动员建构威慑声誉。[2] 拥有大规模战争动员能力，足以在对手心中建立其威慑可信度。由此，与观众成本的事后惩罚不同，沉没成本通过事前大规模投入资源来展示信号传递者的能力、决

① Branislav L. Slantchev, "Audience Cost Theory and Its Audiences," *Security Studies* 21, no. 3 (2012) : 376-382.

② Branislav L. Slantchev, *Military Threats: The Costs of Coercion and the Price of Peace*, p. 150.

心与威慑声誉，从而将其与虚张声势者区分开来。[①]

（四）昂贵成本理论的局限与争议

理性主义路径下的昂贵成本信号分析以简洁清晰的逻辑论证将国内政治与国际政治联系起来，打开了外交决策的黑匣子，激发了很多学者的研究兴趣。但无论是观众成本理论，还是民主可信论与沉没成本机制，其自身的逻辑缺陷、概念测量差异与研究偏见等不足也引发了广泛争议与质疑。

第一，未经检验的假设前提。观众成本理论暗示，民主国家领导人不会轻易虚张声势，民主政体具有可信度优势。实际上，民主可信论"猜想"需要更多经验实证分析。而且民主国家是否对观众成本更敏感一直存在争议，1994 年费伦在那篇经典论文中也仅仅是将其描述为"合理的工作假设"，[②] 并未充分论证，但后来很多学者误以为这一假设已被证实。实际上，某些情况下民主国家的观众缺乏惩罚能力。而且民主国家的制度约束如果难以被非民主国家所理解，那么民主可信论也就难以成立。例如，在 1962 年古巴导弹危机中，苏联驻美大使对美国国内观众成本压力表示关切，但最高决策者赫鲁晓夫对此无视，观众成本逻辑就难以发挥作用。

第二，忽视选举周期、舆论导向与领导人能动性。民主国家的舆论可能被操纵，党派利益与利益集团都会扭曲观众成本，[③] 而观众成本

---

① Alexandre Debs and Jessica Chen Weiss, "Circumstances, Domestic Audiences, and Reputational Incentives in International Crisis Bargaining," *Journal of Conflict Resolution* 60, no. 3 (2016): 403–433.

② James D. Fearon, "Domestic Political Audiences and the Escalation of International Disputes," p. 582.

③ Branislav Slantchev, "Politicians, the Media, and Domestic Audience Costs," *International Studies Quarterly* 50, no. 2 (2006): 445–477.

018

则在一定选举周期中才能被激发出来。贾科莫·奇奥扎（Giacomo Chiozza）发现，在选举周期早期，民主领导人更有可能通过沉没成本机制展示昂贵信号，如以军队动员或强制外交来展示决心；随着新选举临近，更有可能诉诸公开的威胁声明，触发观众成本。[①] 主流理论强调领导人被锁定，忽视领导人的能动性。[②] 杰克·斯奈德（Jack Snyder）和艾瑞克·柏格德（Eerica D. Borghard）指出，领导人在危机期间很少发出明确无误的威胁，反而通过模棱两可的外交措辞以保持灵活性，[③] 这是规避观众成本的选择效应。[④] 况且领导人比观众拥有明显的信息优势，尤其是在外交领域。

第三，缺乏对沉没成本的时间维度分析。古典经济学对沉没成本的定义过于单一，忽视了可恢复成本（recoverable costs），[⑤] 即能够在未来被抵消或回收的成本。斯兰切夫忽视了成本的可变性与动态性，昂贵成本不是一成不变的，可随时间折现。香港大学学者郭全铠（Kai Quek）发现，沉没成本是当下多次支付的（事前）费用，因而不是一次性支付的（事后）费用。比如，冷战期间美国为维持在欧洲的核打击能力，这些成本随时间推移而分期支付。

---

① Giacomo Chiozza, "Presidents on The Cycle: Elections, Audience Costs, and Coercive Diplomacy," *Conflict Management and Peace Science* 34, no. 1 (2017): 3-26.

② Shuhei Kurizaki, "Efficient Secrecy: Public versus Private Threats in Crisis Diplomacy," *American Political Science Review* 101, no. 3 (2007): 543 – 558; Branislav L. Slantchev, "Feigning Weakness," *International Organization* 64, no. 3 (2010): 357-388.

③ Jack Snyder and Eerica D. Borghard, "The Cost of Empty Threats: A Penny, Not a Pound," *American Political Science Review* 105, no. 3 (2011): 437-456.

④ Daniele L. Lupton, "Signaling Resolve: Leaders, Reputations, and the Importance of Early Interactions," *International Interactions* 44, no. 1 (2018): 64.

⑤ 例如，当美国宣布将在欧洲建造一个核基地时，这个信号并不涉及在发出信号时立即发生的沉没成本，而是未来承诺的分期付款成本。只有在未来兑现诺言阶段，核基地建设才是一个沉没成本信号。参见 Kai Quek, "Type Ⅱ Audience Costs," *Journal of Politics* 79, no. 4 (2017): 1438-1443。

第四，不存在统一的观众成本逻辑。"国内观众"概念过于宽泛，民主国家的问责主体除了选民大众，还包括政治精英（资深议员、关键幕僚、政党领袖或知名外交官等），都是重要的差异性信息来源。[①] 当观众分裂时，捆绑领导人双手的绳子就松了。[②] 政治生存理论将观众分为选民和获胜联盟两种类型，[③] 但是获胜联盟约束忽视了领导人的退出成本差异。退出门槛过高反而会使非民主国家领导人对观众成本更加敏感，非民主国家领导人会坚守威慑承诺，不轻易退让。[④] 此外，由于实证证据不足，有学者尖锐地指出，观众成本是一个优雅的理论构

① Elizabeth N. Saunders, "War and the Inner Circle: Democratic Elites and the Politics of Using Force," *Security Studies* 24, no. 3 (2015): 466–501.

② Joshua D. Kertzer and Ryan Brutger, "Decomposing Audience Costs: Bringing the Audience: Back into Audience Cost Theory," *American Journal of Political Science* 60, no. 1 (2016): 234–249; Kai Quek and Alastair Iain Johnston, "Can China Back Down? Crisis De-escalation in the Shadow of Popular Opposition," *International Security* 42, no. 3 (2017/2018): 7–36.

③ 获胜联盟（winning coalition）也被翻译为"胜利联盟"，以维持政权稳定不可或缺的关键成员的相对规模等属性来刻画国内层面的制度特征。参见 Bruce Bueno de Mesquita and Alastair Smith, "Domestic Explanations of International Relations," *Annual Review of Political Science* 15 (2012): 161–181; Bruce Bueno de Mesquita et al., *The Logic of Political Survival* (Cambridge: The MIT Press, 2003), pp. 37–76; James D. Morrow et al., "Retesting Selectorate Theory: Separating the Effects of W from Other Elements of Democracy," *American Political Science Review* 102, no. 3 (2008): 393–400; Andrew W. Bausch, "Democracy, War Effort and the Systemic Democratic Peace," *Journal of Peace Research* 42, no. 4 (2015): 435–447。

④ Hein Goemans, "Fighting for Survival, the Fate of Leaders and the Duration of War," *Journal of Conflict Resolution* 44, no. 5 (2000), pp. 555–579; Hein Goemans, "Which Way Out? The Manner and Consequences of Losing Office," *Journal of Conflict Resolution* 52, no. 6 (2008): 771–794; 蒙克、曾极麟：《中国战国时期诸侯国的国内政治与对外战争》，《世界经济与政治》2021年第12期，第78—105页。

造，大多没有经验证据的支持。[1]

四、认知心理学研究议程与廉价信号逻辑

认知与信念是国际互动的永恒解释变量。[2] 国际关系不仅面临信息不对称难题，也面临意图解读与误解的难题。杰维斯创造性地分析了国际关系中的错误认知、信息加工与欺骗问题，通过将认知因素纳入观众成本理论，为国际政治信号模型增加了主体间维度。[3] 国际政治信号互动往往包含信号传递与甄别两个不可分割的阶段，信号甄别并非理性推理，而是掺杂冷认知与热情感等多重因素。[4] 这种基于认知变量的信号分析，形成了不同于理性主义路径的认知心理学范式。

（一）廉价信号的认知偏差

信号昂贵与否是一种主观判断，其评判标准并不明确。与理性主义关注昂贵信号不同，认知心理学分析强调廉价话语（cheap talk）的

---

① 关于观众成本的批评与争论请参见《安全研究》杂志（*Security Studies*）2012 年第 3 期的专刊文章；Marc Trachtenberg, "Audience Costs: An Historical Analysis," *Security Studies* 21, no. 1 (2012): 3−42; Jack S. Levy, "Coercive Threats, Audience Costs, and Case Studies," *Security Studies* 21, no. 3 (2012): 383−390; Jonathan Mercer, "Audience Costs Are Toys," *Security Studies* 21, no. 3 (2012): 398−404; Marc Trachtenberg, "A Comment on the Comments," *Security Studies* 21, no. 3 (2012): 405−415。

② O. R. Holsti, "The Belief System and National Images: A Case Study," *Journal of Conflict Resolution* 6, no. 3 (1962): 244−252; Arthur A. Stein, "When Misperception Matters," *World Politics* 34, no. 4 (1982): 505−526.

③ Robert Jervis, *The Logic of Images in International Relations*, p. 6.

④ Keren Yarhi-Milo, *Knowing the Adversary: Leaders, Intelligence, and Assessment of Intentions in International Relations*, pp. 1−20.

非物质成本和意义。[1] 在国际舞台上发言必须谨慎，以避免不当言论可能会产生的政治代价。杰维斯曾经质问，"如果廉价话语不起作用，那为何领导人都在反复说话，而且其他国家都很在意？"[2] 信号可信度的理解离不开情感沉淀与认知过滤，信号是否为真，需要领导人自己去判断。[3] 当误解发生时，昂贵成本机制就会失效。常见的错误知觉有：（1）统一性知觉；（2）高估自己的影响力和被影响的程度；（3）受愿望思维影响；（4）认知失调。[4]

廉价话语反思了昂贵成本逻辑的不足，领导人受情绪、认知与偏见影响，通过面对面互动的印象来推断对方意图，很多时候并不遵循成本—收益的理性逻辑，反而受启发式认知的支配。[5] 布兰登·尼汉（Brendan Nyhan）与杰森·雷弗勒（Jason Reifler）指出："他们易于以有倾向性的偏见来评估信息。信号被主观认知过滤时，那些能增强现有观点的信息就会被突出。"[6] 信号接收者先前的信念和态度无论是原生的还是建构的，都会将接收到的信息"锚定"在自己习惯的区域里，然后根据某些证据的可信度，向上或向下调整自己的基准预期。那些

---

[1] Dustin H. Tingley and Barbara F. Walter, "The Effect of Repeated Play on Reputation Building: An Experimental Approach," *International Organization* 65, no. 2 (2011): 343-365.

[2] 罗伯特·杰维斯：《信号与欺骗：国际关系中的形象逻辑》，第 10—23 页。

[3] Yaacov Vertzberger, *The World in Their Minds: Information Processing, Cognition, and Perception in Foreign Policy* (Stanford: Stanford University Press, 1990), p. 17.

[4] 罗伯特·杰维斯：《国际政治中的知觉和错误知觉》，秦亚青译，上海世纪出版集团、上海人民出版社，2015，第 353—447 页。

[5] 启发式认知是一种"快速和节俭"的非理性信息处理原则，参见 Amos Tversky and Daniel Kahnerman, "Judgment Under Uncertainty: Heuristics and Biases," *Science* 185, no. 4157 (1974): 1124-1131; Gerd Gigerenzer and Daniel G. Goldstein, "Reasoning the Fast and Frugal Way: Models of Bounded Rationality," *Psychological Review* 103, no. 4 (1996): 650-669。

[6] Brendan Nyhan and Jason Reifler, "When Corrections Fail: The Persistence of Political Misperceptions," *Political Behavior* 32, no. 2 (2010): 303-330.

低成本的廉价话语也具有"合法化"价值。[1] 因此，可信的信号不一定是昂贵的，而是符合对方心理预期的。

认知主义分析还指出，成本不是可信度的关键，关键在于信号接收者的主观信念。因为信号不论如何昂贵，都要通过信念过滤后才能被理解。认知主义尽管并不否认昂贵信号在某些条件下的作用，但是反对这种唯成本论的机械思维。实际上，无论成本高低或有无，信号接收者对信号的理解才是关键。[2] 有文献认为，即便秘密外交中的廉价信号也内含可信度。即便没有观众在场，国内外观众的压力也可以随时被触发。例如，如果谈判一方不遵守私下约定，那么对手就可以揭发，这时隐蔽信号就在事后成为束缚领导人手脚的观众成本。[3] 领导人为了获得谈判筹码可以把"后台"信息泄露到"前台"，引入观众成本压力。[4]

（二）生动信息与选择性注意

认知心理学研究证实，信息的生动性影响可信度判断。在缺乏第一手信息或个人互动经验时，领导人更倾向于关注生动的事例与信息，而勉强依赖那些枯燥、抽象与客观的报告，即便后者是极为真实的也不一定会很受重视。杰维斯的学生凯伦·雅希-米洛（Keren Yarhi-

---

[1] Stacie E. Goddard, "The Rhetoric of Appeasement: Hitler's Legitimation and British Foreign Policy, 1938–39," *Security Studies* 24, no. 1 (2015): 95–130.

[2] 参见 Robert Jervis, *Perception and Misperception in International Politics*。

[3] Keren Yarhi-Milo, "Tying Hands Behind Closed Doors: The Logic and Practice of Secret Reassurance," *Security Studies* 22, no. 3 (2013): 405–435; Austin Carson and Keren Yarhi-Milo, "Covert Communication: The Intelligibility and Credibility of Signaling in Secret," *Security Studies* 26, no. 1 (2017): 124–156.

[4] Matthew Adrian Castle and Krzysztof J. Pelc, "The Causes and Effects of Leaks in International Negotiations," *International Studies Quarterly* 63, no. 1 (2019): 1147–1162.

Milo）认为，心理情感直接影响互动者的可信度认知，领导人并非对他国传递的所有信号都感兴趣，而会对那些显著突出的生动信息重点关注。① 换言之，昂贵成本并不能解释所有观众成本的运作机制，需要找回观众的认知偏好。

第一，选择性注意力是简化认知负担的信息过滤。在理想情境下，行动者早期的信念与态度都会基于对新信息的"锚定"评估，对可信度印象进行动态调整。② 但大多数行动者都往往以倾向性的偏见来评估信息，一些认知科学家将这些现象视为人类推理与认知的成见特性。③ 在根据新信息进行信念更新之前，认知偏好会不对称地引导行动者重视某些信息，忽视其他信息。因此，信号接收者不仅会削弱与他们的信念不一致的信号，还会寻找与其预期相符的信号，从而可能使信号传递效果南辕北辙。

第二，刻板印象影响信号解读。理性主义的观众成本是领导人在公开威胁后退缩所引发的捆绑双手成本。实际上，选民是否会惩罚领导人取决于其主观认知能力。在危机期间，决策者综合各种信息后所形成的刻板印象，决定其对对手可信度的理解。④ 此外，领导人在日常交往与私人互动中彼此留下的深刻印象，比那些抽象、正式的信息更容易被捕获与记忆。在面对面外交（face-to-face diplomacy）中，领导人不仅关注话语信号，还关注情感倾向、面部表情、身体语言、话语

① Keren Yarhi-Milo, *Knowing the Adversary: Leaders, Intelligence, and Assessment of Intentions in International Relations*, pp. 1-20.

② Charles S. Taber and Milton Lodge, "Motivated Skepticism in the Evaluation of Political Beliefs," *American Journal of Political Science* 50, no. 3 (2006): 755-769.

③ Hugo Mercier and Dan Sperber, "Why Do Humans Reason? Arguments for an Argumentative Theory," *Behavioral and Brain Sciences* 34, no. 2 (2011): 57-111.

④ 刘博文：《战略收缩时期大国竞争的印象管理》，《国际政治科学》2022 年第 1 期，第 38—85 页。

口气与无意识的反应信号，这些能够传递出与昂贵成本信号不同的内隐信号。当然，通过刻板印象来推断信号是有风险的，这也意味着信号解读与印象认知是主观、动态的过程，与昂贵信号理论所强调的观众成本逻辑存在差异。①

第三，热认知与冷认知相互作用。国际政治信号的传递与解读都离不开行动者自身的价值观取向，观众在日常生活中的信念、情绪与价值观为信号甄别增添了情感性色彩。② 即便是理性主义的代表性学者费伦也曾指出"观众之所以会惩罚违约的领导人，可能是为了维护国家荣誉"，捍卫荣誉则是一种价值情感动机。尽管声誉维护也是国家利益的一部分，但是基于此而惩罚领导人则是一种情感性反应。情感性回应塑造行动者的信念与决策。③ 莱恩·布鲁特（Ryan Brutger）通过调查实验测试了观众对领导人违背国际承诺时的信任感知变化，证实观众成本具有可变性与灵活性：当观众注意力发生变化后，国际政治信号的效力就会打折扣。④

（三）社会声誉的可信机制

声誉既是理性的也是建构的。对于建构主义者而言，声誉问题涉及规范价值认同。一般认为，声誉是过去行为的函数，行动者可以根

① 关于面对面外交中的信号互动机制，参见曹德军《首脑外交中的廉价信号及其可信度识别》，《世界经济与政治》2022 年第 5 期，第 131—154 页。

② Brian C. Rathbun, "Hierarchy and Community at Home and Abroad: Evidence of a Common Structure of Domestic and Foreign Policy Beliefs in American Elites," *Journal of Conflict Resolution* 51, no. 3 (2007): 379–407.

③ Todd H. Hall, *Emotional Diplomacy: Official Emotion on the International Stage* (Ithaca: Cornell University Press, 2015), p. 10.

④ Ryan Brutger, "The Power of Compromise Proposal Power, Partisanship, and Public Support in International Bargaining," *World Politics* 73, no. 1 (2021): 128–166.

据对方的过去行为记录来推断其将来的行为倾向。[1] 在重复博弈中，声誉考虑会约束行动者当下的欺骗动机。声誉是国家对外决策过程中重要的非物质诉求，直接关乎领导人的外交决策心理。[2] 外交沟通中的话语风格、情感反应、观点演变以及论证规则，都与信号成本一样，是改变信念认知的重要手段之一。沿着认知心理学的信号逻辑，安妮·萨托里（Ann E. Sartor）认为，外交声明不是廉价话语，它可以塑造预期并对国际声誉产生影响。[3] 在重复互动与声誉机制约束下，外交声明尽管是无成本的，但也可传递可信信号。[4]

信号接收者的主观预期有时并不受昂贵成本逻辑约束。声誉是行为人用来预测未来行为的信念，但是声誉的价值取决于其他人如何解释它。[5] 也就是说，声誉根植于主观感知。[6] 随着时间推移，领导人基于反复互动的声誉评价，可以排除虚假信号、筛选真实信号。在无政府状态下，领导人更需要树立声誉，因为失去声誉将难以取信于人。[7]

---

[1] 参见 Jonathan Mercer, *Reputation and International Politics* (Ithaca and London: Cornell University Press, 1996), pp. 1-10; Dale C. Copeland, "Do Reputations Matter?" *Security Studies* 7, no. 1 (1997): 33-71; Jason Sharman, "Rationalist and Constructivist Perspectives on Reputation," *Political Studies* 55, no. 1 (2007): 20-37; 王立新：《世界领导地位的荣耀和负担：信誉焦虑与冷战时期美国的对外军事干预》，《中国社会科学》2016 年第 2 期，第 176—203 页。

[2] 参见 Danielle L. Lupton, *Reputation for Resolve, How Leaders Signal Determination in International Politics* (Ithaca: Cornell University Press, 2020)。

[3] Ann E. Sartor, "The Might of the Pen: A Reputational Theory of Communication in International Disputes," *International Organization* 56, no. 1 (2002): 121-149.

[4] Anne Sartori, *Deterrence by Diplomacy* (Princeton: Princeton University Press, 2005), p. 6.

[5] Mark Crescenzi, "Reputation and Interstate Conflict," *American Journal of Political Science* 51, no. 2 (2007): 382-396.

[6] Shiping Tang, "Reputation, Cult of Reputation, and International Conflict," *Security Studies* 14, no. 1 (2005): 34-62.

[7] 参见 Robert F. Trager, *Diplomacy: Communication and the Origins of International Order* (Cambridge: Cambridge University Press, 2017)。

社会声誉假设一个国家的可信度取决于其履行承诺的历史，始终如一地履行承诺的国家将获得声誉，声誉会增强信号可信度；相反，一个多次违背承诺的国家将失去可靠声誉，其未来的承诺则缺乏可信度。这种基于过去行为评价基础的观点被达里尔·普雷斯（Daryl G. Press）称作"过去行动理论"。①

当声誉有足够的信号价值时，国家就会被激励去建立与维持声誉。理性主义者分析了声誉激励的两个竞争来源，即国家领导人和政治制度变化，② 但认知心理学者关注信号声誉的复杂文化、规范与心理限制。例如，在一个崇尚武力的文化规范中，让步、妥协与和平协商就难以建立起战略声誉。③ 相反，在一个和平文化中，恃强凌弱、弱肉强食也难以建立起声誉，由此声誉的道义内容因文化规范差异而不同。此外，为了更细致地理解声誉信号的形成过程，马克·克雷森兹（Mark Crescenzi）提出了一个声誉动态分析框架，认为声誉评估是高度情境性的，是渐进修正的。在多轮互动中，信号接收者会根据接收到的新信息，动态调整可信度评估。④ 当然有学者质疑声誉的信号功能与效力，例如，在危机情境下国家能否向对手发出可信信号，很大程度上取决于国家的实力对比与利益诉求，声誉只有与利益相结合才能成为关注

---

① Daryl G. Press, *Calculating Credibility: How Leaders Assess Military Threats* (Ithaca: Cornell University Press, 2005) , p. 2.

② 参见 Cathy Xuanxuan Wu and Scott Wolford, "Leaders, States, Reputations," *Journal of Conflict Resolution* 62, no. 10 (2018) : 2087–2117; George J. Mailath and Larry Samuelson, *Repeated Games and Reputations: Long-Run Relationships* (New York: Oxford University Press, 2006) 。

③ B. O'Neill, *Honor, Symbols, and War* (Ann Arbor: University of Michigan Press, 1999) , p. 244.

④ Mark Crescenzi, *Of Friends and Foes: Reputation and Learning in International Politics* (New York: Oxford University Press, 2018) , p. 20.

的首要问题。[①]

（四）认知心理路径的局限与争议

认知心理学路径补充和丰富了主流的理性主义分析，其核心发现是，错误知觉（misperception）与认知偏差/偏见（cognitive bias）会干扰信号可信度。信号甄别过程往往会受到愿望思维、认知启发、类比推理等认知心理模式以及情感的影响。[②] 负面历史记忆、小集团思维和自我中心主义思维都容易强化国家对外部世界的敌意，从而扭曲信号预期。[③] 而且，认知心理学分析还容易陷入还原主义的思维陷阱，忽视广泛的社会互动关系，其逻辑局限引发了诸多争议。

首先，情感与理性并非替代关系。情感驱动的战略行为虽然从表面上看可能有悖于对利益的理性认知，但实际上冷认知与热认知都与理性关系密切。情感与理性认知不是对立的，而是一体共生的。[④] 可以将认知主义的历史、文化和心理变量与理性主义的概率论（贝叶斯规则，Bayesian Law）结合起来，为理解声誉信号提供一个综合性的分析

① Joe Clare and Vesna Danilovic, "Reputation for Resolve, Interests, and Conflict," *Conflict Management and Peace Science* 29, no. 1 (2012): 3-27.

② Jonathan Mercer, "Emotion and Strategy in The Korean War," *International Organization* 67, no. 2 (2013): 226; Jonathan Mercer, "Emotional Beliefs," *International Organization* 64, no. 1 (2010): 8; Paul A. Kowert and Margaret G. Hermannt, "Who Takes Risks Daring and Caution in Foreign Policy Making," *The Journal of Conflict Resolution* 41, no. 5 (1997): 611-637.

③ 参见欧文·贾尼斯《小集团思维：决策及其失败的心理学研究》，张清敏等译，中央编译出版社，2016。

④ 参见 Anthony Damasio, *Descartes' Error: Emotion, Reason and the Human Brain* (New York: Penguin Books, 2005); Raymond J. Dolan, "Emotion, Cognition, and Behavior," *Science* 298, no. 5596 (2002): 1191-1194。

框架，同时避免理性主义和认知主义局限。[①] 在不确定的认知环境下，决策者习惯于依靠贝叶斯法则动态调整主观信念，即根据事后观察到的新信息修正先验信念，以适应不断变化的环境。[②] 而要消化吸收新信息，及时修正或调整主观信念，就需要冷认知与热认知之间的相互配合。否则，决策者过度理性化或过度情绪化，都可能导致认知偏差，不合时宜地坚守或放弃先验信念。[③]

其次，对社会互动分析不足。传统的认知心理学具有还原主义倾向，偏好从性格特质层面分析信号决策效果。例如，在分析冷战和平终结之因时，有学者将重点放在戈尔巴乔夫的性格特点上，立足心理层面分析其个人特质如何塑造苏联外交决策，以及美国如何据此调整对苏认知的。[④] 也有学者使用机器编码的内容分析测试领导人个性特征随职位和约束条件变化的稳定性。[⑤] 然而，认知主义没有探究主观认知所嵌入的社会互动关系，没能关注更广阔的社会情境对领导人行为的激励或约束，包括文化规范对决策的塑造。[⑥] 实际上，领导人的内在心理世界不是原子式孤立的，而是彼此连带的，只有嵌入在社会互动关

[①] Edwin T. Jaynes, *Probability Theory: The Logic of Science* (Cambridge: Cambridge University Press, 2003), p. 3.

[②] 贝叶斯法则由托马斯·贝叶斯（Thomas Bayes）提出，关注人们如何利用新证据修改既定信念。参见 Drew Fudenberg and Jean Tirole, *Game Theory* (Cambridge: The MIT Press, 1991)。

[③] 参见 Michael Tomz, *Reputation and International Cooperation: Sovereign Debt across Three Centuries* (Princeton: Princeton University Press, 2007)。

[④] 参见 Janice Gross Stein, "Political Learning by Doing: Gorbachev as Uncommitted Thinker and Motivated Learner," *International Organization* 48, no. 2 (1994): 155–183; Keren Yarhi-Milo, *Who Fights for Reputation: The Psychology of Leaders in International Conflict* (Princeton: Princeton University Press, 2018)。

[⑤] Esra Cerag Cuhadar, et al., "Personality or Role? Comparisons of Turkish Leaders Across Different Institutional Positions," *Political Psychology* 38, no. 1 (2016): 39–54.

[⑥] Michael C. Horowitz and Allan C. Stam, "How Prior Military Experience Influences the Future Militarized Behavior of Leaders," *International Organization* 68, no. 3 (2012): 527–559.

系中才有意义。①

再次，没有区分认知情境差异。传统的廉价信号分析是以不见面形式进行的，而面对面廉价信号是领导人之间独特而有意义的直接沟通形式，呈现的意图信息更丰富多元。领导人是基于间接情报和书面材料了解对手，还是在直接互动中试探与观察对方，构成了不同的认知情境。部分学者关注了信号识别中的情绪标志、无意识反应、面部表情、身体姿态、声音语调等非语言线索，但是对外交信号的情绪感染与印象塑造机制分析不足。现实决策者受到大量信息轰炸，心理认知机制如何捕捉这些变化尚未得到充分研究。相似的心理情境却可能有不同的结果，因为信号博弈不仅取决于当下互动，还受社会环境与历史记忆约束，是一个很复杂的认知过程。②

最后，忽视社会心理的规范基础。在社会互动中，诚实、欺骗与信任等要素的判断不能仅依赖后果主义逻辑，也需要考虑规范主义逻辑。信号的认知逻辑受文化规范、社会惯例和历史背景约束，同一个证据可以有不同的含义解读，这取决于观察者的既有信念模式。当代民主政治并非理性冰冷的，政治情感与情绪塑造了党派极化、公众舆论和政治态度，从而影响信息处理和民主治理运作。③ 杜克大学政治学系安布尔·迪亚兹（Amber A. Díaz）批评指出，现有研究并没有进行规范分析是当前研究需要拓展的薄弱环节，并提出找回信号分析的规

① Todd Hall and Keren Yarhi-Milo, "The Personal Touch: Leaders' Impressions, Costly Signaling, and Assessments of Sincerity in International Affairs," *International Studies Quarterly* 56, no. 3 (2012): 560-573.

② 陈兼、赫斯伯格：《越战初期中美之间特殊的"信息传递"》，《史林》2004 年第 1 期，第 106—125 页；韩长青、吴文成：《外交承诺与战略试探：万斯访华与中美关系正常化》，《外交评论》2014 年第 6 期，第 59—89 页。

③ Steven W. Webster and Bethany Albertson, "Emotion and Politics: Noncognitive Psychological Biases in Public Opinion," *Annual Review of Political Science* 25 (2022): 13-20.

范性因素。[1]

五、信号研究方法与实证分析策略

寻找可信信号的积极性证据，离不开研究方法的强力支撑。尽管信号研究的支持性证据不断积累，却也一直面临研究方法的挑战。[2] 难点在于信号本身的可观察性与测量。从定性与定量两大研究类型上看，信号研究方法日趋多元。具体而言，博弈论注重数理演绎，实验法偏好控制观察，统计分析侧重数据回归，案例分析法运用档案资料研究。近年来，镜像神经元、交叉学科与叙事分析视角兴起，为信号研究增添诸多新元素。

（一）形式模型与博弈论方法

博弈论的长处在于逻辑缜密、不依赖经验数据，在演绎中展现国际关系的博弈态势。经典的危机讨价还价理论偏好用博弈论方法刻画战略互动，通过建模和博弈树分析，联盟行动对威慑承诺的可信度影响能够被清晰展示出来。[3] 清华大学学者漆海霞指出，战略成本影响延伸性威慑的效力，第三方对联盟承诺的时间和金钱投入本身就是昂

---

① Amber A. Díaz, *Bumbling, Bluffing, and Bald-Faced Lies: Mis-Leading and Domestic Audience Costs in International Relations* (PhD Diss., Duke University, 2011), pp. 9-20.

② Jonathan Mercer, "Audience Costs Are Toys," *Security Studies* 21, no. 3 (2012): 398-404.

③ James D. Morrow, "Alliances, Credibility, and Peacetime Costs," *Journal of Conflict Resolution* 38, no. 2 (1994): 270-297; Alastair Smith, "Alliance Formation and War," *International Studies Quarterly* 39, no. 4 (1995): 405-425; Alastair Smith, "Extended Deterrence and Alliance Formation," *International Interactions* 24, no. 4 (1998): 315-343.

贵信号。① 在民主可信论方面，方松英（Songying Fang）和艾瑞克·欧文（Erica Owen）发现，国际机制与国内制度是汇聚行为体政策偏好的框架，影响信号可信度。② 约瑟夫·法雷尔（Joseph Farrell）和罗伯特·吉本斯（Robert Gibbons）认为，在偏好更接近的行动者之间，廉价话语的沟通更可信。③

不完全信息博弈模型表明，不确定性通常用不同类型博弈者的概率估计来表示。一般每个玩家有四种可能的类型，由两个变量来区分。第一个变量是玩家的侵略性或贪婪程度，由赢得战争的效用 V 表示，G 代表贪婪者，S 代表安全寻求者。第二个变量是恐惧程度。假定存在共同的先验概率，之后每个玩家会收到关于对方贪婪的信息（g 或 s）。如果收到信息 g，表明对方很可能是贪婪的，因此会更恐惧（F）；如果收到信息 s，表明对方很可能是安全寻求者，会更信任（T）。两个变量组合成四种可能的类型：贪婪和恐惧型（GF）、贪婪和信任型（GT）、寻求安全和恐惧型（SF）、寻求安全和信任型（ST）。随着博弈互动推进，每个玩家的信念按照贝叶斯法则进行更新，用后验概率更正先验概率，形成动态的可信度评估。

尽管国际危机冲突与讨价还价研究对囚徒博弈、信任博弈、胆小鬼博弈、猎鹿博弈、贯序博弈以及贝叶斯博弈进行了较为完善的开发，但批评者认为，博弈论容易陷入形式模型怪圈，看上去很美，但可读

① 漆海霞、齐皓：《同盟信号、观众成本与中日、中菲海洋争端》，《世界经济与政治》2017 年第 8 期，第 106—134 页；漆海霞：《威慑抑或纵容：美国对亚太盟国的军事信号与冲突》，《当代亚太》2018 年第 5 期，第 4—31 页。

② Songying Fang and Erica Owen, "International Institutions and Credible Commitment of Non-democracies," *The Review of International Organizations* 6, no. 2 (2011): 141–162.

③ Joseph Farrell and Robert Gibbons, "Cheap Talk Can Matter in Bargaining," *Journal of Economic Theory* 48, no. 1 (1989): 221–237.

性与真实性不够。[1] 博弈论方法的局限突出体现在经验性问题与演绎逻辑之间可能存在逻辑缝隙。例如，经典博弈论基本上将博弈者假定为同质、平等的，这样就忽视了国家属性差异与社会关系。[2] 而且，现实世界可能并不存在均衡或唯一均衡，嵌入在复杂系统的现实世界充满"试探—反馈—调整—反应"的复杂互动，这些进程很难用一个纯策略均衡来解释。有学者呼吁把"主体间性"引入博弈论模型，以捕捉相互依赖的信号互动。[3]

（二）变量回归与统计分析法

信号逻辑的实证检验常常面临着可观察性和易混淆性的挑战。可观察性的问题在于，真实意图与可信度是私有信息，很难被准确判定。易混淆性的问题在于，现实世界中昂贵成本信号与其他信号混在一起。为解决这些难题，统计分析的回归模型致力于识别相关关系，基于显著性进行因果推断。通常意义上的定量研究是指大样本研究（large-N studies）。统计分析的支持者认为，各类争端数据集所公开的威胁或武力使用的大量数据，有助于检验观众成本的因果机制。[4] 例如，在声誉

① Robert Jervis, "Signaling and Perception: Drawing Inferences and Projecting Images," in Kristen Monroe (ed.), *Political Psychology* (Mahwah: Lawrence Erlbaum, 2002), pp. 301-320; Robert Jervis, *How Statesmen Think: The Psychology of International Politics* (Princeton: Princeton University Press, 2017), pp. 114-115.

② 王水雄：《社会学与博弈论相融合：社会博弈论》，《学术研究》2016 年第 2 期，第 52—59 页。

③ Vivienne Brown, "An Intersubjective Model of Agency for Game Theory," *Economics and Philosophy* 36, no. 3 (2020): 355-382.

④ 关于国际危机行为数据集（ICB）的介绍请参见 Michael Brecher and Jonathan Wilkenfeld, *A Study of Crisis* (Ann Arbor: University of Michigan Press, 1997)。

信号方面，丹妮尔·卢普顿（Danielle L. Lupton）基于 Archigos 数据集①和国际危机行为数据集（ICB）分析发现，国家层面上的声誉似乎并不像领导人的个人声誉那样令人印象深刻，揭示了声誉研究的多层次性。②

为验证观众成本假设，迈克尔·汤姆兹（Michael Tomz）用问卷调查数据回归证实，民主国家领导人确实会面临更高的观众成本。③ 格雷姆·戴维斯（Graeme A. M. Davies）和罗伯特·约翰斯（Robert Johns）扩大数据来源，复制了汤姆兹的研究设计后发现，不同民主国家的观众成本存在差异。④ 肯尼斯·舒尔茨使用战争相关性数据库（COW）与政体项目（Polity）数据集进行实证检验发现，与非民主国家的威胁相比，民主国家的威胁受到军事抵抗的可能性要低30%。⑤ 不同的是，克里斯托弗·盖尔皮（Christopher Gelpi）和约瑟夫·格里科（Joseph M. Grieco）基于 ICB 数据集否认了观众成本效力。⑥ 同样，彼得·帕特尔（Peter J. Partell）和格伦·帕尔默（Glenn Palmer）对国

① Hein Goemans, Kristian Skrede Gleditsch and Giacomo Chiozza, "Introducing Archigos: A Dataset of Political Leaders, " *Journal of Peace Research* 46, no. 2 (2009): 269-283.

② Danielle L. Lupton, "Reexamining Reputation for Resolve: Leaders, States, and the Onset of International Crises, " *Journal of Global Security Studies* 3, no. 2 (2018): 198-216.

③ Michael Tomz, "Domestic Audience Costs in International Relations: An Experimental Approach, " *International Organization* 61, no. 3 (2007): 821-840.

④ Graeme A. M. Davies and Robert Johns, "Audience Costs among the British Public: The Impact of Escalation, Crisis Type, and Prime Ministerial Rhetoric, " *International Studies Quarterly* 57, no. 4 (2013): 725-737.

⑤ Kenneth A. Schultz, *Democracy and Coercive Diplomacy*, pp. 119-200.

⑥ Christopher Gelpi and Joseph M. Grieco, "Competency Costs in Foreign Affairs: Presidential Performance in International Conflicts and Domestic Legislative Success, 1953-2001, " *American Journal of Political Science* 59, no. 2 (2015): 440-456.

际纷争数据编码后进行了一系列 Logit 分析，也质疑了主流理论的逻辑。[①]

大样本统计方法依赖数据的准确性与全面性，检测自变量和因变量的相关性。基于国内政治成本和国家发出决心信号的能力，很多学者建立了国家间军事化争端结果模型，测量民主政体、观众成本与争端升级的因果关系。[②] 然而量化指标是否能够准确地反映政治学概念的内涵，以及分析对象是否被恰当地评估打分，成为定量研究面临的直接挑战。虽然数据库之间相关度较高，但在测量不同的概念定义时，具体编码标准与方式存在较大差异。例如，如果仅仅利用 Polity Ⅲ 数据集就简单指定一个国家为民主或不民主（民主的含义本身没有定论），不仅武断，而且难以分析那些民主转型国家（民主退化或民主转向）。如何诠释具体数值的内涵也是一个大问题，尤其是难以刻画影响观众成本形态的潜在要素。批评者指出，统计学上的相关性可能在不同的样本和环境中呈现不同效度，统计分析者使用相同数据库有可能得出相反结论。[③]

---

① Peter J. Partell and Glenn Palmer, "Audience Costs and Interstate Crises: An Empirical Assessment of Fearon's Model of Dispute Outcomes, " *International Studies Quarterly* 43, no. 2 (1999): 389–405.

② Chungshik Moon and Mark Souva, "Audience Costs, Information, and Credible Commitment Problems, " *Journal of Conflict Resolution* 60, no. 3 (2016): 434–458; Patricia Lynne Sullivan and Scott Sigmund Gartner, "Disaggregating Peace: Domestic Politics and Dispute Outcomes, " *International Interactions* 32, no. 1 (2006): 1–25; Douglas M. Gibler and Marc L. Hutchison, "Territorial Issues, Audience Costs, and the Democratic Peace: The Importance of Issue Salience, " *The Journal of Politics* 75, no. 4 (2013): 879–893; Gary Uzonyi and Mark Souva, Sona N. Golder, "Domestic Institutions and Credible Signals, " *International Studies Quarterly* 56, no. 4 (2012): 765–776.

③ Jack Snyder and Erica D. Borghard, "The Cost of Empty Threats: A Penny, Not a Pound, " *American Political Science Review* 105, no. 3 (2011), pp. 437–456; Alexander B. Downes and Todd S. Sechser, "The Illusion of Democratic Credibility, " *International Organization*, 66, no. 3 (2012): 457–489.

（三）控制观察与调查实验法

21 世纪以来，国际关系学者开始利用计算机模拟或小规模调查实验法（survey experiments）等方式控制实验条件，用给定的刺激引起被试反应，从而探究变量之间的因果关系。[1] 例如，在观众成本的实验研究中，香港大学学者郭全铠设计了三个受控实验来研究。[2] 在实验一中，253 名美国成年居民通过亚马逊网站（Amazon.com）的众包平台"亚马逊土耳其机器人"（Amazon Mechanical Turk, AMT）被征召。[3] 第二个实验是在 z-Tree 平台上进行编程和实施的，参与者通过计算机匿名地相互作用。[4] 实验三是在麻省理工学院的行为研究实验室进行的，共招募了 64 名大学生。通过对比不同实验研究发现，信号发出者和接收者对同一逻辑的反应是不对称的。[5]

在声誉信号、决心信号与承诺问题上，实验方法也越来越被青睐。有学者对 288 名以色列前任和现任官员（而非大学生）开展了实验研

---

[1]　Alex Mintz, Yi Yang and Rose McDermott, "Experimental Approaches to International Relations," *International Studies Quarterly* 55, no. 2（2011）: 493; Stephen Chaudoin, "Promises or Policies? An Experimental Analysis of International Agreements and Audience Reactions," *International Organization* 68, no. 1（2014）: 235-256.

[2]　Kai Quek, "Are Costly Signals More Credible? Evidence of Sender-Receiver Gaps," *The Journal of Politics* 78, no. 3（2016）: 925-939.

[3]　AMT 作为一种实验工具的有效性已经在社会科学的不同领域得到了检验，AMT 招募的受试者比一般的互联网受访者更专注。参见 Jan Potters and Frans Van Winden, "Comparative Statics of a Signaling Game: An Experimental Study," *International Journal of Game Theory* 25, no. 3（1996）: 329-353。

[4]　相关技术介绍参见 Urs Fischbacher, "Z-Tree: Zurich Toolbox for Ready-Made Economic Experiments," *Experimental Economics* 10, no. 2（2007）: 171-181。

[5]　Kai Quek, "Do Domestic Audience Costs Really Exist?" Paper for the Annual Meeting of the American Political Science Association, New Orleans, 2012, accessed March 20, 2022, http://ssrn.com/abstractp2107187.

究，这些人都有丰富的政治决策经验。[1] 为研究被试如何更新信号信念，研究者用 Qualtrics 在线编程进行实验研究。一开始所有被试者都阅读相同的情景资料。[2] 随后，一半被试者阅读 B 国总统通过新闻媒体发表的公开声明，该声明警告将"不惜一切代价赢得这场争端"；而另一半被试者阅读 B 国动员军队并向海上的争端地点增派炮艇。之后要求被试者估计 B 国在争端中坚守的可能性。[3] 达斯汀·廷格利（Dustin H. Tingley）也采用实验分析方法分析承诺可信度问题。[4] 他对用电子邮件征集来的 96 名本科生进行了 12 次实验，所有的互动都是计算机化和匿名的。这些实验分析了难以用实地数据研究的国际问题，丰富了对信号机制的微观基础的理解。

当然实验法也存在一些局限：一方面，样本代表性。国际关系的实验样本很难获取，大多用大学生或公民样本替代。但实际上政治意识形态是支持预防性战争的一个重要预测因素，[5] 实验是否可以超越特定样本范围，影响研究结果的有效性。另一方面，实验研究低估了国际互动的复杂性。在控制实验中，许多可能在现实生活中存在的噪声源都被关闭。领导人捕捉对手意图信号的过程与受控制的实验室环境

① Keren Yarhi-Milo, Joshua D. Kertzer and Jonathan Renshon, "Tying Hands, Sinking Costs, and Leader Attributes," *Journal of Conflict Resolution* 62, no. 10 (2018): 2150-2179.

② 情景描述了被试者的国家以色列正与 B 国发生争端，B 国被描述为一个"拥有强大军队的独裁国家"。受试者被随机分配到两个条件中的一个，即独裁或民主（都拥有强大的军队）。然后，故事描述了以色列和 B 国的船只相撞后的海上对峙，仪器要求受试者估计 B 国在这场争端中坚守的可能性。

③ 参见 Joshua D. Kertzer, *Resolve in International Politics* (Princeton: Princeton University Press, 2016)。

④ Dustin H. Tingley, "Essays on Understanding International Relations Through Experimentation" (PhD diss., Princeton University, 2010), pp. 17-25.

⑤ Janet M. Box-Steffensmeier, Henry E. Brady and David Collier, *The Oxford Handbook of Political Methodology* (Oxford: Oxford University Press, 2008), pp. 358-359.

完全不同，现实互动充满恐惧、压力、风险、希望与信任等诸多因素。

（四）过程追踪与案例分析法

案例分析主要指小样本研究（small-N studies），其中的 N 可以小至 1（即个案分析），或者 N=2 或 N=3（比较案例分析）。案例挑选需要符合休谟的因果关系三要素——时空毗连、持续顺序、相伴而生，并且不能违背密尔的求同和求异比较之基本法则。① 在定性的背景下，精心的案例研究设计有助于识别历史进程中的关联因素，从而推断出可信的因果机制，尤其是当因果机制高度依赖于互动情境时更是如此。② 过程追踪将连接原因和结果的因果链或中间环节分解成更小的步骤，然后寻找每个环节在个案中可观测的证据。③

历史学者反对过度抽离信号互动的社会情境，因而更加注重案例分析。克莱顿·蒂恩（Clayton L. Thyne）通过分析 1958—1963 年柏林危机中的 18 000 多份解密文件后发现，廉价信号发挥重要影响。④ 也有些案例研究设计致力于寻找可信信号的容易案例或最可能案例。外交史学者马克·特拉滕伯格（Marc Trachtenberg）通过追踪对比 19—20世纪中十余次安全危机，发现没有充足证据表明存在观众成本，更谈不上其对领导人行为的约束。⑤ 杰克·斯奈德（Jack Snyder）和艾瑞

---

① 张静：《案例分析的目标：从故事到知识》，《中国社会科学》2018 年第 8 期，第 126—142 页。

② Jack S. Levy, "Case Studies: Types, Designs, and Logics of Inference," *Conflict Management and Peace Science* 25, no. 1 (2008): 6–7; Alastair Smith, "International Crises and Domestic Politics," *American Political Science Review* 92, no. 3 (1998): 623–638.

③ John Gerring, "Qualitative Methods," *Annual Review of Political Science* 20 (2017): 15–36.

④ 参见 Clayton L. Thyne, "Cheap Signals, Costly Consequences: How International Relations Affect Civil Conflict" (PhD diss., University of Iowa, 2007)。

⑤ Marc Trachtenberg, "Audience Costs: A Historical Analysis," *Security Studies* 21, no. 1 (2012): 3–42.

卡·柏格德（Erica D. Borghard）基于安全危机案例的分析，同样未发现观众成本因果机制的存在。[1] 此外，中国学者蒲晓宇（Xiaoyu Pu）等人讨论了中国睦邻外交中的多重观众与信号平衡难题；[2] 尹继武则用案例分析揭示了信号传递与甄别中的单边默契问题。[3]

案例分析致力于用档案文件评估国家意图，但还没有找到解释信号理论的经典案例。其面临的质疑在于，一方面，因果链条的客观性问题。政治社会文化背景下的个案样本具有显著的背景敏感性，不同的研究者对相同证据赋予的意义和解释可能不同，[4] 而档案文本自身具有的叙事特点也会带来选择性偏差；[5] 另一方面，主流信号研究案例大都以欧美经验为主，且以冷战或危机为背景。长期以来，欧美国家的解密文件和档案材料相对丰富，而且欧美学者具有学术话语优势，习惯性忽视非西方国家的经验。然而，西方理论框架在其他时空条件下是否依然成立？非西方国家的领导人是否以同样的方式传递和解读信号？发展中国家在与大国打交道时是否采取主流信号策略？这些都是值得怀疑的。

（五）学科交叉背景下的新趋势

长期以来，围绕信息不对称所引发的意图识别难题，理性主义与

---

① Jack Snyder and Erica D. Borghard, "The Cost of Empty Threats: A Penny, Not a Pound," *American Political Science Review* 105, no. 3（2011）: 437-456.

② Xiaoyu Pu, *Rebranding China: Contested Status Signaling in the Changing Global Order*（Stanford: Stanford University Press, 2019）, pp. 70-85.

③ 尹继武：《单边默契、信号表达与中国的战略选择》，《世界经济与政治》2014年第9期，第4—33页；尹继武：《诚意信号表达与中国外交的战略匹配》，《外交评论》2015年第3期，第1—25页。

④ 蒋建忠：《国际关系研究中的质性分析》，《国际关系研究》2016年第4期，第3—24页。

⑤ 臧雷振、陈鹏：《选择性偏差问题及其识别》，《世界经济与政治》2015年第4期，第137—153页。

认知心理学两大路径既相互批评又彼此竞争（见表1）。但在此之外，近年来信号研究出现了一些新趋势。第一，廉价信号的镜像神经元研究取得进展，从技术上打开了意图的黑匣子，揭示意图评估的因果机制。[①] 比如《面对面外交：社会神经科学与国际关系》一书指出，前沿的镜像神经元研究方法能够揭示高风险互动中的意图识别过程。[②]

表1　国际政治信号分析的理论图谱

理论路径	理性主义路径			认知心理学路径	
	观众成本理论	沉没成本约束	民主可信论	声誉信号论	认知情感分析
分析对象	选民大众、获胜联盟、舆论	军事动员、联盟投入等	政体约束	低成本沟通	冷认知/热认知
因果机制	观众惩罚不一致	不可撤销的惯性	反对党制约与确认效应	重复互动与社会预期	错误知觉与选择性注意力
研究方法	博弈论、统计回归、实验分析法	博弈论、多案例比较	统计回归、多案例比较、实验分析法	博弈论、案例分析（过程追踪）	案例分析（过程追踪）、镜像神经元

资料来源：笔者自制。

第二，交叉学科的知识积累。[③] 罗斯·麦克德莫特（Rose McDermott）和彼得·哈特米（Peter K. Hatemi）通过实验室研究表明，携带特定基因的参与者如果在早期生活中经历创伤性事件，更有可能对挑衅作

①　Steven Bernstein, et al. , "God Gave Physics the Easy Problems: Adapting Social Science to an Unpredictable World," *European Journal of International Relations* 6, no. 1 (2000): 43-76.

②　Marcus Holmes, *Face-to-Face Diplomacy: Social Neuroscience and International Relations* (New York: Cambridge University Press, 2018), pp. 2-9.

③　Joshua D. Kertzer and Dustin Tingley, "Political Psychology in International Relations: Beyond the Paradigms," *Annual Review of Political Science* 21 (2018): 319-339.

出攻击性反应。[1] 心理学实验发现男性激素水平和支配行为之间的关系，暗示男性领导人热衷于为声誉而战。[2] 乔纳森·伦森（Jonathan Renshon）等人将皮肤电导率测量引入实验室游戏之中，探讨了讨价还价能力变化的生理机制。[3]

第三，话语叙事与信号表达研究兴起。外交话语是一种推断对方意图、展示行为者偏好、提升说服力的话语手段，那些被反复一致表达的话语具有塑造预期的力量。[4] 善于言辞的领导人可以用话语叙事建构、抵消部分观众成本压力。[5] 如果信号博弈者被灌输连续的话语框架，就会影响其选择倾向。[6] 基于此，修辞叙事对信号可信度感知的影响是一个正在兴起的研究领域。[7]

① Rose McDermott and Peter K. Hatemi, "The Study of International Politics in the Neurobiological Revolution: A Review of Leadership and Political Violence," *Millennium* 43, no. 1 (2014): 92-123.

② Dustin Tingley, "Face-off: Facial Features and Strategic Choice," *Political Psychology* 35, no. 1 (2014): 35-55.

③ Jonathan Renshon, Julia J. Lee and Dustin Tingley, "Emotions and the Micro-Foundations of Commitment Problems," *International Organization* 71, no. S1 (2017): S189-S218.

④ Dustin Tingley and Barbara Walter, "Can Cheap Talk Deter? An Experimental Analysis," *Journal of Conflict Resolution* 55, no. 6 (2011): 996-1020; Clayton L. Thyne, *How International Relations Affect Civil Conflict: Cheap Signals, Costly Consequences* (New York: Lexington Books, 2009), p. 75.

⑤ 参见 Roseanne W. McManus, *Statements of Resolve: Achieving Coercive Credibility in International Conflict* (New York: Cambridge University Press, 2017)。

⑥ Dennis Chong and James N. Druckman, "Framing Theory," *Annual Review of Political Science* 10 (2007): 103-126.

⑦ Ronald R. Krebs and Patrick Thaddeus Jackson, "Twisting Tongues and Twisting Arms: The Power of Political Rhetoric," *European Journal of International Relations* 13, no. 1 (2007): 38-41; Neta Crawford, *Argument and Change in World Politics: Ethics, Decolonization, and Humanitarian Intervention* (Cambridge: Cambridge University Press, 2002), pp. 26-27.

六、结语

国际政治信号是国家行为体有意发出的、用来影响对方认知的言辞声明或政策行动，通过塑造特定印象获取利益。传递国际政治信号是缓解信息不对称及其信任困境的重要手段。理性主义路径从成本—收益角度界定了信号的三大特征：（1）可观察性，即一方承诺/威胁需要被对方观测到；（2）不可逆性或违约代价巨大；（3）收益性，传递信号与相信他人信号的根本动力在于利益。不同的是，认知心理学路径关注信号的主观可信度感知，这种视野下的信号特征有：（1）主观性，不同行为体的信念、价值观与认知偏见会导致对同一个信号的不同解读；（2）动态性，可信度受社会情境、注意力分配、情绪氛围等诸多因素影响，不同因素组合产生不同结果。

本文从学术争鸣角度以点带面地勾勒出丰富的信号理论谱系，总结了两大研究路径之间以及路径内部的学理争论，有助于理解国际政治信号理论的演进脉络与逻辑得失。即便存在明显差异与分歧，两大研究路径在研究困惑与核心议程方面依然存在共性，可总结出几点基本共识：其一，信号是显示不可观察的意图的媒介。国际政治信号的价值在于，能帮助国家推测内隐的不可观察的私有信息（意图、决心与类型等）。不论是理性主义还是认知心理学研究都致力于发现信号背后的意图，这是外交互动与沟通的根本。其二，成本只是信号可信的条件之一。经济学意义上的成本是物质投入与产出比率，但社会学意义上的成本是主观心理代价。某些信号从经济学角度看是廉价的，但从社会学角度看却是昂贵的。例如，对于一个和平者而言，放弃进攻性武器将是代价廉价的行动；相反，对于扩张主义者来说，主动放下武器则是昂贵成本信号。其三，信号传递与甄别不可分割。孤立地研究信号传递与感知是片面的，信号传递者需要预测对方会如何反应，而信号接收者也要揣测信号传递背后的用意。因而洞悉信号传递与信号甄别的互动本质，离不开综合性的理论分析框架。

展望未来，国际政治信号研究需要关注两个方面的发展趋势。一方面，探究前沿性的研究话题。比如，如何理解"象征性信号""无成本信号"，乃至建构主义、实践理论中可能存在的基于集体知识或背景知识、既不同于成本—收益逻辑也不同于心理认知逻辑的信号逻辑。其中，社会实践理论开始反思认知主义与理性主义的不足，强调在面对面外交沟通中领导人既有理性计算与权衡，也会根据互动的社会氛围（包括面部表情、身体信号与话语信息）综合捕捉对方意图的迹象。[1] 除了昂贵成本信号，许多琐碎的社会互动都可以传递外交信息。例如，馈赠礼物、约定下次见面时间、交换抵押物都可以视为愿为未来关系投资的积极信号。[2] 面对面沟通更有助于进行欺骗甄别，外交词语的选择、说话的语气、身体姿态等都会传递出意图线索的蛛丝马迹。[3] 外交官们都认为相互见面比只打电话重要，因为前者更能理解对方想法，这些带有情感的互动能更好展示思维过程。在面对面沟通中，即便是那些被故意忽略的信息或被主动掩饰的意图，或多或少都可以

[1] Paul Ekman, *Telling Lies: Clues to Deceit in the Marketplace, Politics, and Marriage* (New York: Norton, 2009) ; Paul Ekma and Maureen O'Sullivan, "Who Can Catch a Liar?" *American Psychologist* 46, no. 9 (1991) : 913-920; Mark G. Frank and Paul Ekman, "The Ability to Detect Deceit Generalizes Across Different Types of High-Stake Lies, " *Journal of Personality and Social Psychology* 72, no. 6 (1997) : 1429-1439.

[2] Colin Camerer, "Gifts as Economic Signals and Social Symbols, " *American Journal of Sociology* 94 (1988) : S180-S214.

[3] Seanon S. Wong, "Emotions and the Communication of Intentions in Face-to-face Diplomacy, " *European Journal of International Relations* 22, no. 1 (2016) : 144-167.

在多次面对面互动中寻找到蛛丝马迹。

另一方面，关注非西方国家的外交信号实践。尽管理性主义与认知主义风格各异、各有千秋，但双方在辩论中相互融合，逐步形成了共识性的研究纲领。面向未来，多元路径的对话与整合需要关注非西方国家经验，以拓展信号研究的理论视野。随着中国崛起，我们需要更加深入理解如何通过信号传递来塑造他国主观信念，以争取有利于和平发展的良好外部环境。例如，中国长期传递睦邻信号，这些承诺的可信度不仅取决于中国外交的信号传递方式，更取决于对象国家的甄别感知。没有一劳永逸的信号传递方案，也没有固定不变的可信度感知。在动态性的外交实践之中，需要综合把握理性成本与心理情感双重特点。是否能够将以中国为代表的非西方国家的外交经验纳入国际政治信号理论框架，进而修正和超越理性与认知、昂贵与廉价的二元分析路径，是未来信号理论创新的关键所在。

国家声誉的塑造与变迁：一个分析框架[*]

林民旺[**]

摘 要 国家声誉是国际政治中的稀缺资源，是国家实力的重要组成部分。在中国崛起过程中，如何抵御西方的"丑化""矮化"，塑造良好的国际声誉，业已成为学界与政界普遍关注的问题。然而，当前对塑造中国国际声誉、国家形象的研究都缺乏学理层面的深入讨论，没有阐明国家声誉形成与变迁的机制。文章首先梳理了国家声誉研究的三个派别，对其作出比较与评估；其次提出了一个分析国家声誉塑造和变迁的框架，着重阐明声誉塑造与变迁的机制；最后以亚洲金融危机期间中国"负责任大国"声誉的形成为案例，进一步的阐明和检验了理论框架。当前的国际体系变化，中国深化改革的决心和愿景，表明中国正迎来塑造和提升国家声誉的良机。

关键词 国家声誉；声誉塑造；声誉变迁；国家形象；中国国际声誉

---

　* 原文发表于《外交评论》2013 年第 6 期。本文获外交学院"中央高校基本科研业务费专项资金"（项目编号：ZY2011E07）资助，同时，也为北京对外交流与外事管理研究基地成果，受北京市教育委员会专项资助。初稿得到朱立群、陈志瑞、王学东、刘丰、尹继武等师友的指正，并曾在南开大学课堂讲座及北京外国语大学第四届青年国关学者研讨会上进行讨论，得到与会者的批评与指正，也一并感谢。

　** 林民旺，现为复旦大学国际问题研究院研究员。

导　论

国际声誉是国家权力的重要组成部分。霍布斯曾说，"权力的声誉本身就是权力"。① 国际关系的思想家们早就看到了声誉的重要作用——尽管他们可能使用的是另一些词汇，如国家威望（prestige）、荣耀（honor）、形象（image）。汉斯·摩根索认为，良好的声誉可以使盟国保持忠诚、削弱敌对盟国的团结，并赢得中立国家的支持。② 爱德华·卡尔则指出，国家之间的交易及其谈判结果主要取决于参与各方相应的威望。③ 也许，正是从这个意义上说，罗伯特·吉尔平将威望（而不是权力）看作国际关系中的日常货币。

现实主义者将国家声誉看作政治领域另一种形式的权力，良好的国家声誉能够增进国家权力。新自由制度主义者则有所不同，倾向于将声誉看作不确定环境下提供行为体信息并影响合作的重要因素。正如罗伯特·基欧汉所言，良好的国家声誉具有非同寻常的意义。因为在不确定性和非集中化的条件下，政府决定和谁、以何种条件达成协议，很大程度上取决于它们对参与者信守诺言的意愿和能力的预计。而良好的声誉使得政府易于加入可从中受益的国际机制，而那些声誉不佳者则要付出难以达成协议的代价。④

正由于声誉的重要性与稀缺性，国家常常孜孜不倦地加以追求。修昔底德在描述雅典人试图拓展和保护帝国时写道："我们没有什么过

---

① 王学东：《外交战略中的声誉因素研究》，天津人民出版社，2007，第40页。

② 汉斯·摩根索：《国家间政治》（第七版），徐昕等译，北京大学出版社，2006，第110页。

③ 罗伯特·吉尔平：《世界政治中的战争与变革》，武军等译，中国人民大学出版社，1994，第31页。

④ 罗伯特·基欧汉：《霸权之后》，苏长和、信强等译，上海人民出版社，2002，第128页。

分之举，之所以这样做，无非是追求安全、声誉和利益。"① 托马斯·谢林也说道，声誉是国家值得为之而战的为数不多的因素之一。② 冷战期间，美国深陷"声誉崇拜"（Cult of Reputation）而不能自拔，动不动就声称要维护美国的声誉。近年来，随着中国崛起，寻求塑造中国良好国际声誉的呼声也越来越高。③ 公共外交的研究几乎成为"显学"，针对国家形象的研究可谓汗牛充栋。政府也斥巨资推动媒体国际化，相关部门设立外宣机构，如外交部新闻司，专门负责公共外交，以期塑造中国良好的国际声誉。

尽管声誉研究对当前中国具有重要的理论意义和现实价值，但是已有研究却没有提供多少富有学理意义的洞见。正如一位学者大胆批评道，近年来各类关于如何打造中国"国家形象"、加强国际话语权的会议繁多。但是，实事求是来看，空话、大话比较多，而且多半是想当然，从自己的立场与角度想问题。④ 研究结论也大同小异，政策建议要么空洞，要么基于朴素的人际常识。鉴于已有研究的不足，本文将侧重国家声誉的学理讨论，提出一个新的分析框架，来阐明国家声誉形成与变迁的内在机制。文章首先从概念上辨析何谓国家声誉，并梳理国家声誉研究的三个派别，比较它们在理解声誉形成上的差别；其次，提出一个国家声誉形成和变化的理论框架，以此理解崛起国的声誉是如何塑造和变化的；再次，以 1997 年亚洲金融危机期间中国形成

① 修昔底德：《伯罗奔尼撒战争史》上、下册，商务印书馆，1985。转引自王学东《外交战略中的声誉因素研究》，第 40 页。

② Thomas Schelling, *Arms and Influence* (New Haven: Yale University Press, 1966), p. 124.

③ 国内最早关注国家声誉在大国崛起中的重要作用的是王学东副教授。他在《外交战略中的声誉因素研究》一书中对此有详尽阐述。

④ 刘康：《国家形象塑造：讲外国人听得懂的话》，外交观察网，http://www.faobserver.com/NewsInfo.aspx?id=7479，访问日期：2013 年 9 月 18 日。

"负责任大国"声誉为例，检验理论的分析框架；最后是全文的总结，根据理论框架提出一些改进国家声誉的政策思路。

一、既有的国家声誉研究[①]

国家声誉是个较为抽象的概念，因此准确理解国家声誉需要精确地界定其概念，并考察其内涵的演变。对此，学术界已有不少研究成果。

（一）国家声誉的概念界定

国家声誉指的是什么呢？如何界定国家声誉的概念内涵？我们可以通过比较近似概念，凸显所要定义概念的真正内涵。[②] 国家声誉与国家威望、国家形象概念高度相似，却也存在差别。

国家威望主要是指其他国家对一个国家行使其权力的潜力、能力和意愿的看法和认识。当代战略理论认为，威望包括一个国家权力的可靠性，以及它为实现自己目标而遏制或胁迫其他国家的意愿。[③] 可见，威望建立在权力基础之上，没有相应的经济和军事实力不可能拥有相当的威望。同时，威望与权力又存在差别。威望必须具有一定的道义和功能基础。对一个强国而言，国际威望取决于三个因素：一是这个强国在最近的霸权战争中的胜利，以及它所表现出来的把自己的

---

① 王学东副教授对国家声誉进行过系统、深入的总结和梳理。参见王学东《外交战略中的声誉因素研究》，第39—48页。本文的总结稍有不同，将主要聚焦在"国际政治中是否可以形成国家声誉，以及声誉如何形成"的总结和梳理。

② 对于概念的界定，一般有三种方法：第一种是比较近似概念的内涵，以此凸显所要定义概念的真正内涵；第二种是通过找出该概念的相反概念，从而使其内涵得以明晰；第三种是通过比较与之相互补的概念，以此使其概念内涵更为凸显。参见 Barry Buzan, *The Evolution of International Security Studies* (New York: Cambridge University Press, 2009), pp. 14–16.

③ 罗伯特·吉尔平：《世界政治中的战争与变革》，第31页。

意志强加于他国的能力；二是这个强国能够提供某种"公共产品"；三是这个强国可望在意识形态、宗教或者其他方面得到与其有共同价值观的一系列国家的支持。①

国家形象通常被定义为"国家外部公众和内部公众对国家本身、国家行为、国家各项活动及其构成给予的总的评价和认定，是国家力量和民族精神的表现和象征，是综合国力的集中表现，是一个国家最重要的无形资产"。② 杨伟芬教授的定义更为精练，把国家形象定义为"国际社会公众对一国相对稳定的总体评价"。③ 但如此定义，导致国家形象无法作为一个学术概念进行讨论，就如同我们难以得到某一国家综合国力的评估一样，我们如何能够对某个国家作出"总体评价"？也有国内学者从营销、媒体传播的角度研究如何构建国家形象，④ 但是他们很少阐明究竟有几种国家形象，每种国家形象是如何被塑造出来的，也就是说，未能解释国家形象的形成机制为何，国家形象又是如何改变的。也有部分研究讨论国家形象的塑造要迎合受众的心理和认知模式，但是却没有对受众心理和认知模式进行深入分析，这无疑是非常遗憾的。⑤

国家声誉是指其他行为体对于某个国家类型的一种判断。这就意味着，国家声誉是一个关系型概念，而非属性型概念。对某一国家类型的判断，关键取决于由谁作出判定。例如，2008 年国际金融危机以

---

① 罗伯特·吉尔平：《世界政治中的战争与变革》，第 33 页。

② 管文虎：《国家形象论》，电子科技大学出版社，2000，"序言"，第 2 页。

③ 杨伟芬：《渗透与互动——广播电视与国际关系》，北京广播学院出版社，2000，第 25 页。

④ 如胡晓明：《中国国家形象塑造：理论·现实·路径》，博士论文，外交学院国际关系研究所，2010。

⑤ 罗伯特·杰维斯的《国际关系中的形象逻辑》是研究国家形象问题里程碑式的著作，然而这一著作却没有得到学界应有的重视。可参见 Robert Jervis, *The Logic of Images in International Relations* (Princeton: Princeton University Press, 1970)。

来，美国认为中国是一个变得过于自信的修正主义者，而不少其他国家则认为中国仍旧是一个消极的防守主义者。此外，国家声誉只能就某个方面而言，很难形成一个整体性、综合性的声誉。例如，就是否遵守国际承诺而言，国家可能获得"守约者""背叛者""机会主义者"三种类型的声誉。就崛起国是否遵守既有体系规则而言，国家则可能获得"修正主义者""机会主义者""融合主义者"三种类型的声誉。

　　一个国家在某个领域享有良好声誉能提高其国际威望，改善其国家形象。但是，国际威望却并非所有国家都能获取，只有体系大国才可能享有。而良好声誉的获得对所有国家都是平等的，小国也可能获得很高声誉。在一般性的讨论中，人们常常将国家形象等同于国家声誉，都意指"国际社会对一国的判断"。如果通过压缩国家形象的内涵，将其定义为"国际社会对一国类型的判断"，则其内涵等同于国家声誉。综合上文，可以归结为表1。

表 1　国家声誉及其与近似概念的比较

概念	定义	形成基础	形成机制	概念类型
国家威望	国家实力及使用实力的意愿	强大的综合国力，加上对权力的成功使用	吉尔平认为需要通过打赢大战才能获得；摩根索认为是综合因素相互作用的结果	属性型概念
国家形象	对某国的总体评价和认定	没有学界共识	媒体的建构和自我的行为展示	关系型概念
国家声誉	对某国类型的判断	对国家类型的知觉和认知	三个流派的认识不一致：1. 国家行为的一致性；2. 无法形成国家声誉；3. 人类认知中的归因	关系型概念

资料来源：作者自制。

（二）国家声誉的塑造与变迁

一个国家的声誉如何形成？又是如何变化呢？国际关系学者提供了不同的答案，归纳起来主要有三个流派。

第一个流派是"过去行为论"（past actions theory），认为一国遵守或者违背过去承诺的历史行为会影响其国家声誉的形成，代表人物是托马斯·谢林、安妮·萨特里等。[①] 这一流派的核心观点是，一个国家遵守或者背叛过去承诺的历史记录将会影响其可信度（声誉）。如果一个国家总是背叛过去的承诺，那么将会导致其声誉降低；而另一个国家如果总是遵守承诺，将会提升其国家声誉。[②] 谢林并没有进行详细说明这一观点的逻辑基础，也没有提出有说服力的逻辑来对此进行解释。一种可能的解释是，过去行为能够透露出关于一个国家类型的私有信息。[③] 例如，国际危机中总是采取妥协的国家，则容易被认为是懦夫，因为这种行为透露出其实力不足或者缺乏决心的特征。"过去行为论"很符合我们日常生活的直觉，描述了日常生活中声誉形成的机制。然而，这一理论是否适合国际政治呢？许多研究并没有发现过去行为和国家声誉之间存在很高相关性，学者们对于这一结论也并没有达成

---

① Thomas Schelling, *Arms and Influence*; Thomas Schelling, *The Strategy of Conflict* (Cambridge: Harvard University Press, 1981）; Anne E. Sartori, *Deterrence by Diplomacy* (Princeton: Princeton University Press, 2005).

② 王学东的研究接受了这一流派的结论，认为过去的历史行为是国家声誉形成的决定因素，而国际制度能够使国家的遵约情况（声誉）更为容易地为其他行为体所知。参见王学东《外交战略中的声誉因素研究》。在笔者看来，王学东的这一研究最大的不足就在于，对于历史行为为何会形成国家声誉，并没有给出富有说服力的答案。

③ Daryl G. Press, *Calculating Credibility: How Leaders Assess Military Threats* (Ithaca: Cornell University Press, 2005), p. 12.

共识。①

第二个流派是"当下算计论"（current calculus theory），认为在无政府的国际体系下，国家声誉是无法形成的，主要代表人物是达里尔·普雷斯和唐世平等。他们都认为，国际体系的无政府性导致国家声誉无法形成。由于国际社会没有一个最高权威来执行规则，国家的行为决策关系生死存亡，因而国家领导人不会像日常生活中的决策那样，采取简单的历史启发法，先验地假定对手会像过去一样行事。相反，领导人会抛弃简单的启发推理，收集更多信息，进行更严肃认真的分析，并且总是根据当下的情况对情势进行评估，由此，国家的历史行为形不成当下的声誉。② 同时，由于没有任何两个国际事件是足够相似的，因此，领导人没有足够的信心认为对手的过去行为是其未来行动的指导。概言之，国家决策的重要性和情势的复杂性，排除了领导人决策中诉诸历史启发的可能性，而是就事论事（case-specific position）。在国际危机中，威胁的可信度更取决于当时的利益和实力，而不是声誉。"当下算计论"有很强的逻辑基础，并且也得到了不少案例分析的证明。然而，目前只证明这一理论适用于高度竞争和冲突的危机，③ 并不代表在其他领域国家也无法形成声誉。事实上，在不少国际领域内，声誉的形成事实上是存在的。④

第三个流派是"承诺依赖有限论"（qualified-interdependence-of-

---

① Daryl G. Press, *Calculating Credibility: How Leaders Assess Military Threats*, pp. 15–17.

② Daryl G. Press, *Calculating Credibility: How Leaders Assess Military Threats*, pp. 20–24; Shiping Tang, "Reputation, Cult of Reputation, and International Conflict," *Security Studies* 14, no. 1 (2005): 38.

③ Daryl G. Press, *Calculating Credibility: How Leaders Assess Military Threats*, p. 164.

④ Paul K. Huth, "Deterrence and International Conflict: Empirical Findings and Theoretical Debates," *Annual Review of Political Science* 2, no. 1 (1999): 34.

commitments）①，认为国际政治中声誉是可以形成的，但必须满足一定条件，主要代表是乔纳森·默瑟和迈克尔·汤姆兹。这一流派认为，国家声誉形成的机制既要考虑国家行为，也要将行为背景纳入考虑之中。因下文借鉴迈克尔·汤姆兹的理论框架，所以先介绍默瑟的理论。默瑟运用心理学的归因理论来研究国际声誉形成的问题。根据归因理论，团体间关系的核心原则是，人们倾向于使用属性归因（character-based attribution）来解释外群体（out-group）的不合意（undesirable）行为，而趋向于以情势归因来解释它们的合意行为。对于一种行为是属于合意行为还是不合意行为，关键取决于团体间的关系。②举例来说，当我们看到敌人在国际危机中表现坚强时，它的这一行为对我们来说是不合意行为，而对其盟友来说则是合意行为；当我们看到自己的盟友在国际危机中表现坚强时，这一行为对我们而言就是合意行为，对其敌人而言则是不合意行为。根据归因理论，只有人们把某种不合意行为归因于行为体属性，才能有助于声誉的形成和变化。举例来说，当自家小孩学习成绩不好时，人们倾向于认为是其努力不够或其他情势因素所致，这种情势归因不会影响自己小孩的声誉。可是当他人小孩学习不好时，人们却倾向于认为其智商不够，采取这种属性归因则影响他人小孩的声誉。默瑟正是根据这一归因逻辑，发展了国际危机中国家声誉如何形成的机制。

这一流派具有开创性贡献，为声誉研究提供了一条重要思路。一方面它符合人们的心理的认知模式，另一方面在于它还将社会因素

---

① Paul K. Huth, "Deterrence and International Conflict: Empirical Findings and Theoretical Debates," *Annual Review of Political Science* 2, no. 1 (1999): 34.

② Jonathan Mercer, *Reputation and International Politics* (Ithaca: Cornell University Press, 1996), p. 45.

（关系）纳入国家行为的判断中，克服了理性主义的诸多不足。结合上文讨论，可将三个流派的比较归纳如表 2。

表 2　国家声誉如何形成和变化：三个流派的比较

流派	核心观点	代表人物	研究路径	优缺点
过去行为论	历史行为塑造国家声誉	托马斯·谢林	理性主义	诉诸日常直觉，但缺乏理论的逻辑基础
当下算计论	国际政治中无法形成国家声誉	达里尔·普雷斯和唐世平	理性主义	具有严密的理论逻辑，但只适用于利益高度冲突领域
承诺依赖有限论	在特定条件下可以形成国家声誉	乔纳森·默瑟和迈克尔·汤兹	心理学路径	符合现实，且具有完整的理论逻辑

资料来源：作者自制。

综上，已有的三个流派对国家声誉形成与变迁都作出了解释，相比之下"承诺依赖有限论"最具发展潜力，并且正受到越来越多经验研究的验证。下文将采取这一流派的分析路径，提出一个分析崛起国声誉塑造和变迁的框架，以推动对该问题的思考。

二、崛起国的声誉塑造与变迁：一个分析框架[①]

讨论崛起国的声誉塑造问题，需要先理解崛起国可能具备的声誉类型，特别是需要从动态视角考察崛起国声誉的变迁过程，否则，相关研究就会流于笼统和空泛。

---

① 这一部分的理论框架借鉴了迈克尔·汤姆兹的声誉模型，汤兹的分析问题是：投资方如何形成对借贷方的声誉认识从而进行国际投资。参见 Michael Tomz, *Reputation and International Cooperation* (New York: Princeton University Press, 2007)。

（一）崛起国的三种声誉

国家声誉是国际社会对某国国家类型的判断。由于崛起国总是可能对主导国际社会形成冲击，崛起国对既有国际社会的接受程度就成为判断其类型的标准。按照秦亚青教授的观点，崛起国与国际社会的认同程度大致划归三个范畴：正向认同、零向认同和逆向认同。正向认同指崛起国对主导国际社会持认可态度，逆向认同则对国际社会持反对态度，零向认同则采取游离态度。[①] 据此，崛起国可能获得以下三种声誉：修正主义者（revisionist）、机会主义者（opportunist）和融合主义者（integrationist）。[②] 修正主义者总是积极地试图改变既有的国际体系，不遵守既有的游戏规则，试图建立一个自我设计的国际体系；机会主义者在对待既有国际体系的态度上比较模糊，只有当既有国际体系的规则有利于自身利益时才予以遵守，不利于其自身利益时则不遵守，并寻求改变规则；融合主义者完全认可既有体系的合法性，不论外部条件是否利己，都将遵守既有国际体系的规则。

虽然其他国家无法清楚地知道崛起国究竟属于何种国家类型，但是它们确实都会对崛起国进行某种评价和预估——这种预估构成了崛起国在其他国家眼中的声誉。其他国家根据自身对崛起国所属类型的预估，产生对其行为的预期。例如，如果预估崛起国是修正主义者，则预期其行为将总是挑战既有规则。此外，人们在观察崛起国的行为是否遵守体系规则之外，还会将此行为的背景因素纳入思考，如这一

---

① 秦亚青：《权力·制度·文化》，北京大学出版社，2005，第349页。

② 这一说法部分借鉴了杰弗里·勒格罗（Jeffrey W. Legro）的分类。参见 Jeffrey W. Legro, *Rethinking the World: Great Power Strategies and International Order* (Ithaca: Cornell University Press, 2005), pp. 8-11。

环境是否有利于崛起国采取这一行动？崛起国在这一环境下采取这一行动是否更为困难？换言之，崛起国的实际行为与背景环境给其他国家判断其类型提供了基本信息。

举例来说，近年来中国在南海等争议问题上的利益主张并没有发生变化，但是却被认为"过于自信"。持这一看法的人无不认为，金融危机加快了中国崛起的速度，实力增强导致中国更加"咄咄逼人"。显然，人们判定中国的声誉类型时，将实际行为和背景环境因素结合起来了。

（二）崛起国的声誉塑造与变迁

其他国家对崛起国类型的先验判断，导致了对其行为的某种预期。如果崛起国的后续行为符合这种预期，那么其他国家将继续维持这种判断，这样就保持了原有的国家声誉；而如果崛起国的行为背离了这种预期，则其他国家会结合当时的背景环境信息来修正已有的判断，进而导致声誉的改善或者降低。例如，假设一个崛起国先前被普遍认为是修正主义者，其他国家广泛地形成了这种预期，即崛起国不论在何种情况下都不会采取遵守既有国际规则的行为。然而，若实际情况与这一预期相反，那么，其他国家可能转而将崛起国的行为归因到环境因素。如果仍无法合理地归因于环境因素，那么将可能导致其他国家动摇对已有判断的信心，开始修正先前的认识，进而改善崛起国的声誉。可以举生活中的例子来说明这一点。假设学生 A 过去一直调皮捣蛋，不遵守课堂纪律，不听从老师的教诲；近期却发生巨大变化，遵守学校规则，认真听讲。为解释这一"反常"行为，老师可能首先诉诸其环境因素，当发现其环境因素并没有发生变化时，则会认为学生 A 正在变成好学生。

这一逻辑同样适用于其他类型的国家。假设某个崛起国被广泛地认为是机会主义者，其他国家形成的先验预期是：崛起国在有利条件下会选择遵守既有的国际规则，而在不利的条件下则选择不遵守规则。如果在有利条件下，崛起国没有遵守既有规则，其他国家就会降低对其类型的认识，进而使崛起国的声誉遭到损害；同样，如果在不利条件下，崛起国遵守既有规则，其他国家则将提高对其类型的认识，进而使其声誉得以提高。相反，机会主义者在给定的有利条件下遵守国际规则，或者是在给定的不利条件下违背国际规则，都不会造成声誉受损。

对于融合主义者而言，其他国家对它的普遍预期是：不论在任何情况下，融合主义者都将采取遵守国际规则的行为。因而，不论是在有利条件下，还是在不利条件之下，崛起国采取遵守国际规则的行为都只能维持已有声誉，采取违背国际规则的行为将导致其声誉受损。根据以上的分析，崛起国的声誉塑造和变迁机制可以归结为表3。

表 3　崛起国声誉维持和变化的机制

崛起国类型	修正主义者		机会主义者		融合主义者	
	有利条件	不利条件	有利条件	不利条件	有利条件	不利条件
遵守国际规则	⇑	⇑	X	⇑	X	X
违背国际规则	X	X	⇓	X	⇓	⇓

注：1. X 表示声誉不变；⇓表示声誉下降；⇑表示声誉上升。

　　2. 此表借鉴了迈克尔·汤姆兹的研究，见 Michael Tomz, *Reputation and International Cooperation*, p. 19。

这一分析框架阐明了崛起国如何在修正主义者、机会主义者和融合主义者的声誉之间发生变化的机制。但是仍然有两点需要进一步说明。首先，当其他国家获得的新信息与它们对崛起国的先前预期发生差异时，是否就一定会修正先前的认识呢？不一定。关键取决于先前认识的固化程度，同时也取决于新信息的可靠性和明晰性。假设一个崛起国身上被赋予的"修正主义者"形象根深蒂固，新信息的产生并不一定带来声誉改变，而是取决于其他国家对新旧信息的权重的比较，如果其他国家认为新信息更能够反映崛起国特征，而过去认识（旧信息）比较模糊，那么新信息更可能导致国家声誉变化。同样，新信息的可靠性和明晰性也能够影响其他国家赋予它在决策中的权重。[①] 尽管心理学的研究表明，人类在知觉过程中容易扭曲新信息，以便使其与旧信息"兼容"。但是，在国际政治中领导人没有理由固守已有认识，而是会积极、理性地去吸纳新信息，改进自己对他国的判断。

其次，新信息也会存在边际效用递减的现象。假设当人们观察到的结果与先前对修正主义崛起国的预期相反时，便开始逐步质疑已有认识。随着越来越多的新信息表明，崛起国行为并不符合修正主义者的一贯做法，已有判断就逐步进入修正过程，新信息的效用也将不断递减，以致最后其他国家形成对崛起国的新类型（机会主义者）的判断时，这些信息只能维持新的声誉，而无法进一步改善声誉。

总之，新信息是否与先前行为预期吻合是声誉维持和变化的关键。

（三）崛起国声誉的破坏与恢复

按照以上的分析框架，国家声誉形成后就很难发生变化。假设人们根据崛起国长期的行为表现，判断其为修正主义国家。随后，崛起国行为不断与人们预期相悖，这一新信息能够逐步动摇对崛起国的既有判断，但是却很难发生声誉的根本变化，进而从一个修正主义国家提升为机会主义国家。原因是，既有判断基于大量旧信息的积累，而

---

① Michael Tomz, *Reputation and International Cooperation*, p. 18.

每个新信息的权重却远远小于旧信息的权重，这样崛起国的声誉类型就很少有机会发生改变。

事实上，细心观察就可以找到解决这一问题的答案。政权更替是每个国家最重要的政治活动。国家偏好发生变化常常是由政权更替产生的。因此，其他国家对崛起国类型的重新评估最容易发生在政权更替之时。政权更替之初所产生的新信息，对于其他国家判定崛起国类型具有很高的决策权重，先前的行为信息在政权更替后只有微弱的决策权重。因此，政权更替提供了国家声誉破坏和恢复的契机。例如，1917年俄罗斯发生革命之后，新政权拒绝承认旧政权的债务，导致其他国家对它的重新认识，形成了其修正主义者的新声誉。

三、中国"负责任大国"声誉的形成

1995年"美济礁事件"使中国与东盟国家的关系降到了最低点，而1997年的亚洲金融危机彻底改变了这一状况，中国负责任的大国行为赢得了东盟国家的普遍赞誉，国际社会越来越频繁地使用"负责任大国"来界定中国在国际上扮演的角色。之后，中国与东盟国家的关系取得长足发展，以至于近年来美国突然发现自己"落伍"，而要"重返亚太"。很多学者都注意到，亚洲金融危机是中国与东盟国家关系的重要转折点，也是中国国际声誉的重要转折点，因而，对这一案例的解析有助于理解国家声誉形成的机制。

1997年7月，一场规模浩大的金融风暴开始席卷亚洲，泰国、马来西亚、新加坡和韩国等先后被卷入。日本基于自身利益，任由日元贬值，并对危机中的国家采取催回贷款、撤资等行动，推动了危机的进一步发展。危机之初，东盟国家与部分西方国家都估计，中国可能不会采取积极措施来缓解金融危机。然而，很快中国政府就向世界承诺，除保持人民币不贬值外，还将采取一系列积极措施和政策。此时，外国一些经济学家将中国采取这一措施归因为利己主义的动机，他们声称，如果人民币也贬值，将对中国经济造成消极后果。之所以如此解读，是因为对大多数东盟国家和西方国家而言，中国坚持人民币不贬值的做法不符合它们的预期，因此，他们才将中国的"救市"行为归结为利己主义的动机。

正是出于这种解读，国际观察家们不断预测中国将会很快改变政策，因为如果中国坚持人民币不贬值将会造成越来越大的损失，为此将得不偿失。然而，很快他们又失望了。中国在付出重大代价的情况下，多次重申人民币不贬值。在这种情形下，西方观察家不得不称这是中国为地区稳定而采取的负责任行为，除此之外，无法解释中国为此所作出的重大牺牲。1998年年初，英国首相布莱尔和法国总统希拉克一道高度赞扬中国在亚洲金融危机时期所采取的负责任行为，认为"北京是稳定和负责任行为的支柱"。希拉克宣称，"北京选择人民币不贬值，已经表现出'极为负责、合作的态度'"。香港《大公报》说："最近中国宁愿遭受损失也要坚持人民币不贬值。中国向世界所有人展示了一个负责任、信守承诺的大国形象，受到国际社会的广泛赞扬。"1998年10月欧盟委员会主席雅克·桑特访问北京时，针对中国人民银行官员保证"1999年中华人民共和国将继续坚持人民币不贬值"的承诺，认为"中国对亚洲金融危机采取了负责任态度"，他还附和布莱尔、希拉克的评论，称赞中国已是"地区经济与金融稳定的支柱"。①自此，中国获得了"负责任大国"的声誉，开启了中国与东盟关系长

---

① 金淩远：《迎接挑战：中国大战略与国际安全》，王军、林民旺译，社会科学文献出版社，2008，第6章。

足发展的时期。

从这一案例的发展过程中可以看到，东盟国家、西方国家最初都没有预计到中国将采取负责任的行为，特别是当西方盟友日本采取"以邻为壑"的做法时，更没有任何理由期待中国采取利他主义的做法。中国保持人民币不贬值，明显地背离他们的行为预期。为解释这一不合意行为，他们依据"中国行为的动机是利己主义的"来作出理解。当最终这一解释也站不住脚的时候，才不得不归结到中国真的是"负责任的大国"。而日本在金融危机中声誉受损，是因为其行为低于国际社会对它的普遍预期。可以看出，这一案例很好地印证了理论框架中关于国家声誉形成的解释逻辑。

四、结论

国际关系研究的思想家、理论家都看到了声誉具有的重要作用，当下对中国崛起的思考也离不开对国家声誉的研究。本文着重从学理上对国家声誉问题进行了考察，总结了已有的相关研究，提出了一个理解崛起国声誉塑造和变迁的分析框架，并进行了简要的验证。这一分析框架提出，崛起国可能享有修正主义者、机会主义者和融合主义者的声誉。声誉的维持与变化取决于崛起国行为是否与人们的预期相符。当行为与人们的预期相符时，国家声誉能得到维持，而行为与人们的预期相悖时，根据环境因素的不同情况，则可能导致声誉改善或者受损。国家政权更替容易导致声誉的重构。1997 年亚洲金融危机时期，中国获得"负责任大国"声誉的例子很好地证明了这一理论框架的因果逻辑。

这一分析框架有助于理解中国应该如何塑造国际声誉。首先要看到，由于中国被西方国家普遍认为是机会主义者，因此中国提升国家声誉的空间巨大。其次，金融危机的例子表明，获得良好的国家声誉是需要付出昂贵代价的，尤其是在敌对国家之间，这是其归因逻辑决定的。再次，我们也要认识到，声誉并不是一笔可以不断享用的资源。它是国际政治中的绝对稀缺品，获得难，但破坏它却非常容易。领导人更替、国内政治变迁都会影响国家声誉的延续。同时也要看到，新领导人上台之初是塑造国家声誉的最佳时期。最后，由于民主政体的变动性，导致声誉的保持期限短，而中国政治制度的稳定性则有利于国家声誉的延续。

本项研究仍然存在一些问题需要进一步思考，例如一个领域的声誉是否可以转移到另一个领域，如经济合作中的遵约声誉是否能延伸至安全领域？多种矛盾的国家声誉之间会产生什么影响，如安全领域的遵约声誉与经济领域的违约声誉会产生什么结果？这些问题都有待于在经验研究中进一步深入探讨。

首脑外交中的廉价信号传递
及其可信度识别*

曹德军**

摘 要 作为一种特殊的外交沟通形式，面对面的首脑外交具有廉价信号的传递功能。然而主流的外交信号研究忽视了廉价信号的社会互动基础，理性主义与认知主义均难以解释首脑外交的关系性特质。面对面互动中的领导人更容易捕捉对方释放的故意信号与非故意信号，近距离观察内隐的意图信息与情感标志，增进彼此熟悉度。揭示首脑外交的社会互动进程，有助于理解廉价信号的可信度机制。面对多重信号线索的领导人会基于细微印象，综合对比标志与信号、语言信息与非语言信息的匹配性，并用关系性思维识别廉价信号的可信度。对 1961 年赫鲁晓夫与肯尼迪维也纳会晤及 1985 年戈尔巴乔夫与里根日内瓦会晤的案例分析表明，首脑外交有助于领导人将注意力聚焦于对方的情绪反应，形成一种双向的情感连带。当面对面互动使两国领导人产生情绪共

---

* 原文发表于《世界经济与政治》2022 年第 5 期。本文是国家社会科学基金青年项目"后疫情时代中美竞争的战略叙事建构与变迁机制研究"（项目批准号：21CGJ005）的阶段性成果。感谢《世界经济与政治》匿名评审专家的建设性修改意见，文责自负。

** 曹德军，现为中国人民大学国际关系学院副教授。

鸣时，他们更容易理解对方的真实意图；当领导人表示愿意为维持互动进程投入时间与精力时，这种互惠性承诺将促进廉价信号的可信度感知。关系主义的信号分析强调，领导人面对面互动形成的情绪共鸣与关系契约，有助于培育和提升国家间信任关系。

关键词 面对面外交；廉价信号；情感能量；关系契约；可信度感知

一、引言

在信息不对称条件下，国家间意图的可信度（credibility）感知依赖于信号传递与甄别互动。长期以来，主流国际关系文献受理性主义影响，认为传递昂贵信号（costly signal）是提升可信度的关键。[①] 然而，实践表明低成本或廉价的面对面外交（face-to-face diplomacy）也能有效塑造领导人之间的可信度感知。例如冷战初期，美苏领导人在面对面会谈中相互争吵和试探，廉价的信号传递塑造了不可信的负面印象。1961 年 6 月，美国总统约翰·肯尼迪（John F. Kennedy）与苏联领导人尼基塔·赫鲁晓夫（Nikita Khrushchev）在维也纳首次见面，赫鲁晓夫的愤怒表演与肯尼迪的受挫情绪让双方难以理解彼此的真实意图，削弱了廉价信号的可信度。在冷战缓和阶段，面对面的首脑外交在意图识别方面也发挥着重要作用。[②] 1972 年，理查德·尼克松

---

① James Morrow, "The Strategic Setting of Choices: Signaling, Commitment, and Negotiation in International Politics," in David A. Lake and Robert Powell (eds.), *Strategic Choice and International Relations* (Princeton: Princeton University Press, 1999), pp. 77–114.

② David Reynolds, *Summits Six Meetings That Shaped the Twentieth Century* (Philadelphia: Basic Books, 2007), pp. 2–5.

（Richard Nixon）和列昂尼德·勃列日涅夫（Leonid Brezhnev）在莫斯科会谈后达成一系列重要的战略承诺，传递出美苏战略缓和的外交信号。相关研究表明，正是在 1985 年前后罗纳德·里根（Ronald Reagan）和米哈伊尔·戈尔巴乔夫（Mikhail Gorbachev）的多次面对面"清谈"中，刻板印象的敌意逐步消失，正向的情绪共鸣与互惠性承诺促进了后续一系列"建设性互动"。[①]

面对面沟通是一种特殊的外交互动形式，具有重要的信号分析功能。[②] 正如美国前国务卿马德琳·奥尔布赖特（Madeleine K. Albright）在回忆录中写道："在担任国务卿的这些年里，我发现跨国旅行沟通是最有效的，面对面会议也最具建设性。"[③] 科林·鲍威尔（Colin Powell）也认为，"会面沟通，胜过文书交流"。[④] 面对面互动包括昂贵信号与廉价信号，后者常常发挥潜移默化的沟通功能。然而主流文献过度关注昂贵信号传递，忽视了对面对面互动中的廉价信号（cheap signal）及其可信度的研究。为何有些面对面互动促进了领导人的可信度感知，而有些面对面互动却恶化了信任关系？在何种条件下，面对面外交中的廉价信号是可信的？通过反思既有信号理论文献，本文尝试探讨首脑外交中廉价信号及其可信度的识别逻辑。

① George P. Shultz, *Turmoil and Triumph: My Years as Secretary of State* (New York: Scribner's, 1993), p. 530; Ronald Reagan, *The Reagan Diaries* (New York: Harper Collins Publishers, 2007), p. 337; Andrei D. Sakharov, *Moscow and Beyond, 1986 to 1989* (New York: Alfred A. Knopf, 1991), pp. 22–23.

② Seanon S. Wong, "Mapping the Repertoire of Emotions and Their Communicative Functions in Face-to-Face Diplomacy," *International Studies Review* 22, no. 1 (2018): 1–21; Marcus Holmes, *Face-to-Face Diplomacy: Social Neuroscience and International Relations* (New York: Cambridge University Press, 2018), pp. 2–9.

③ Madeleine K. Albright, *Madam Secretary* (New York: Miramax Books, 2003), p. 277.

④ Colin Powell, *It Worked for Me: In Life and Leadership* (New York: Harper Collins, 2012), p. 56.

二、既有文献中的廉价信号研究

外交信号是一种显示不可观察意图的可观察媒介。既有文献围绕信号可信度问题展开了诸多争论，形成两大分析范式：其一，理性主义学者秉承经济学的成本—收益逻辑，认为昂贵信号比廉价信号更可信。其二，认知主义学者基于心理学的冷认知与热认知理论，强调主观判断决定可信度感知。关于廉价信号是否可信，这两种范式也存在不同看法：理性主义否认廉价信号的价值，认为面对面外交难以识别信号可信度，而认知主义认为私下声明、廉价话语与象征性信号可以塑造可信度感知。

（一）昂贵信号与廉价信号

鉴于国家间意图不可直接观察，外交沟通需借助可观察的信号媒介展示不可观察的私有信息。[①] 理性主义者依据成本差异区分了昂贵信号与廉价信号。[②] 该逻辑认为，昂贵信号附着不可逆的高成本利益约束，可作为一种筛选门槛将可信者与不可信者分离开来。如果一个国家愿意承担观众成本、军事动员、签订盟约、自我约束、加入国际机制等沉没成本（sunk costs）与缚手成本（hands-tying costs），实际上就作出了不可撤销的承诺。违背这种承诺遭受的损失越大，则该承诺越

---

① 信息不对称（asymmetric information）是指互动双方各自拥有对方所不知道的私有信息，或者说某些博弈者拥有其他人不拥有的信息。参见 A. Michael Spence, "Signaling in Retrospect and the Informational Structure of Markets," *American Economic Review* 92, no. 1 (2002): 434–459。

② James Fearon, "Signaling Foreign Policy Interests: Tying Hands Versus Sinking Costs," *Journal of Conflict Resolution* 41, no. 1 (1997): 68–90.

可信。① 安德鲁·基德（Andrew Kydd）将昂贵信号定义为"如果违约则损失惨重的约束性信号"。② 通过施加较高的违约成本，昂贵信号能够分离不同类型的行动者，因而比廉价信号更可信（只有可信者愿意发送昂贵信号）。

认知主义分析反对成本—收益学说，指出可信度的关键在于信号接收者的主观信念。不论信号如何昂贵，最终都要通过信念过滤后才能被理解。尽管并不否认昂贵信号在某些条件下的作用，但是认知主义者反对唯成本论的机械思维。政治心理学家罗伯特·杰维斯（Robert Jevis）曾质问："如果廉价话语不起作用，那为何领导人都在反复展示，而且也很在意对方展示的廉价信号？"③ 凯伦·雅希-米洛（Keren Yarhi-Milo）发现，显著生动的廉价信号常常比昂贵信号更令人印象深刻，从而改变可信度感知。④ 这意味着低成本的廉价信号能塑造主观预期，因此是可信的。⑤ 实际上，可信度是一种主观信念，并非必然与昂贵成本相关。

昂贵信号与廉价信号的二元划分体现了理性主义与认知主义长期的认识论差异。为追求简约和可证伪性，昂贵信号理论大多依赖抽象的逻辑演绎，偏好博弈论和实验研究法，忽略现实外交的社会情境。不同的是，认知主义强调领导人受情绪、认知与偏见影响，采取"启

① 托马斯·谢林：《军备及其影响》，毛瑞鹏译，上海人民出版社，2011，第 31 页。

② Andrew Kydd, "Trust, Reassurance, and Cooperation," *International Organization* 54, no. 2 (2000): 333.

③ 罗伯特·杰维斯：《信号与欺骗：国际关系中的形象逻辑》，徐进译，中央编译出版社，2017，第 10—23 页。

④ Keren Yarhi-Milo, *Knowing the Adversary: Leaders, Intelligence, and Assessment of Intentions in International Relations* (Princeton: Princeton University Press, 2014), pp. 1-20.

⑤ Anne Sartori, *Deterrence by Diplomacy* (Princeton: Princeton University Press, 2005), p. 6.

发式认知法则"快速推断对方意图，很多时候并不遵循成本—收益的逻辑。[①] 上述争论为理解外交信号提供了学理基础，但存在一定局限：理性主义路径将利益偏好看作外生给定的，难以解释外交沟通的动态塑造过程；[②] 认知主义也没有探究主观认知所嵌入的社会互动关系，心理感知并非原子式孤立的，而是需要嵌入社会关系予以理解。[③]

（二）面对面外交与非面对面外交

外交沟通形式有别，领导人见面与不见面的信号逻辑是不同的。非面对面外交是通过外交系统、情报渠道、文书电报与视频电话等形式进行的"非在场"外交形式，面对面外交则是领导人当面沟通、近距离接触的"身体在场"外交。本文主要关注面对面互动中的廉价信号。从概念上看，廉价信号是指低成本或非约束性的信号类型。[④] 在领导人面对面互动过程中存在丰富的廉价信号，包括礼节性寒暄、低成本话语等语言信息以及象征性姿态、微表情和无意识动作等非语言信息。当然，廉价信号可以当面传递，也可以不见面展示。依据外交形式（见面与否）与信号成本（昂贵与否）两个维度，外交信号可划分为传统昂贵信号、面对面昂贵信号、传统廉价信号与面对面廉价信号

---

① 启发式认知是一种"快速和节俭"的非理性信息处理原则，参见 Amos Tversky and Daniel Kahnerman, "Judgment Under Uncertainty: Heuristics and Biases," *Science* 185, no. 4157（1974）：1124–1131; Gerd Gigerenzer and Daniel G. Goldstein, "Reasoning the Fast and Frugal Way: Models of Bounded Rationality," *Psychological Review* 103, no. 4（1996）：650–669。

② 余文全：《超越理性假定：情绪、信念与国家决策行为》，《外交评论》2018 年第 2 期，第 134 页。

③ Todd Hall and Keren Yarhi-Milo, "The Personal Touch: Leaders' Impressions, Costly Signaling, and Assessments of Sincerity in International Affairs," *International Studies Quarterly* 56, no. 3（2012）：560–573.

④ Robert J. Aumann and Sergiu Hart, "Long Cheap Talk," *Econometrica* 71, no. 6（2003）：1619–1660.

四种类型（见表1）。

表1　面对面外交的信号传递类型

信号成本	外交形式	
	不见面	见面
昂贵	Ⅰ 传统昂贵信号	Ⅱ 面对面昂贵信号
廉价	Ⅲ 传统廉价信号	Ⅳ 面对面廉价信号

资料来源：笔者自制。

　　就昂贵成本信号而言，领导人见面与否也会影响其信号可信度。一是传统昂贵信号，主要依靠不可撤销的（irreversible）成本抑制投机与违约冲动。[1] 在领导人不见面的情况下，事后观众成本与事前沉没成本信号作为倒逼手段，让领导人别无选择，只能坚守承诺。[2] 二是面对面昂贵信号，强调见面时释放的不可撤销信号。领导人直接见面也可能触发机会成本和潜在声誉成本，[3] 尤其是在敌对国家之间。马特·马里斯（Matt Malis）与阿拉斯泰尔·史密斯（Alastair Smith）提出一个领导人正式访问的信号解释机制，即 A 国领导人访问敌对的 B 国（例如美国总统尼克松访华），可以向 A 国国内反对派传递强烈的昂贵信号，即敌对国 B 国愿意接待 A 国领导人，表明对其稳定执政的信心，这样有助于威慑反对派，增强 A 国领导人的政治生存能力。当然，面对面的首脑外交并不必然触发昂贵成本信号，触发观众成本与沉没成

---

①　Janice G. Stein, "Detection and Defection: Security 'Regimes' and the Management of International Conflict," *International Journal* 40, no. 4 (1985): 599-627.

②　林民旺：《国内观众成本理论与国际合作》，《教学与研究》2009 年第 2 期，第 81—90 页。

③　例如 1978 年，以色列领导人梅纳赫姆·贝京与埃及领导人穆罕默德·萨达特在美国马里兰州的戴维营达成战略和解，却在事后遭遇了昂贵的观众成本：和解举动招致埃及国内极端势力的仇视，1981 年 10 月 6 日萨达特在阅兵中被刺杀。

本的前提是见面的公开性和观众的惩罚能力。[①] 鉴于本文关注的是廉价信号，对此不再展开论述。

就廉价信号而言，领导人见面与否对可信度有重要影响。一是传统廉价信号，主要通过外交声明、情报研判和电话电报等不见面形式传递信号。例如，在古巴导弹危机中美苏领导人没有见面，但是双方都密切关注对方的声明，肯尼迪在讲话中使用威胁和警告的词汇，这是一种廉价信号，也能在某些条件下塑造苏联领导人的判断。[②] 二是面对面廉价信号，这是本文的研究对象（见表1第四象限）。作为独特而直接的沟通形式，面对面廉价信号传递具有关系性特点。[③] 相较于其他外交信号类型，面对面外交在信号可信度识别方面具有三个优势。

首先，面对面外交呈现的意图信息更丰富多元。面对面的首脑外交不仅可以直接观察对方的行动选择，倾听其廉价话语内容，还可以识别情绪标志（index）、无意识反应、面部表情、身体姿态和声音语调等非语言信息，为推断可信度提供更多线索。换言之，身体同时在场使得信息捕获的内容更加全面，包含直接信息与内隐信息。因此，在话语信息、行动信息与非语言信息的交叉检验下，领导人更容易判断信号的真伪与可信度，对无意识泄露的私有信息进行甄别比对。

其次，面对面直接互动有助于捕捉可信的标志信息。私有信息主要分为信号与标志两类。信号是行为体为达到既定目的有意呈现出来的可观察信息。既然是有意识的呈现，信号就有可能被操纵，因此信

① Seanon S. Wong, "Who Blinked? Performing Resolve (or Lack Thereof) in Face-to-Face Diplomacy," *Security Studies* 30, no. 3 (2021): 419–449.

② 在危机与冲突情境中，领导人见面本来是违背现实经验的，因此面对面首脑外交的启动需要一定条件。感谢匿名评审专家的提示。

③ Erving Goffman, "The Interaction Order: American Sociological Association, 1982 Presidential Address," *American Sociological Review* 48, no. 1 (1983): 3.

号并不天然具备可信度。① 与之不同，标志是无意识呈现的外在信息，具有"内生的"可信度。② 在非面对面外交中，领导人由于存在时空隔离，内生可信的标志信息往往难以直接观察。眼见为实，当面直接观察对方的表情、姿态和动作等细节有助于发现欺骗线索或漏洞。③

最后，面对面外交的情绪感染力强，容易留下深刻印象。领导人的注意力分配受直觉或情绪感染影响。基于第一手信息或互动体验，领导人更依赖用细节和情绪推测对方意图。④ 作为有情感的个体，私人互动中的大多数印象其实来自快速启发式认知捷径，这更容易留下深刻记忆。例如，美国前国务卿希拉里·克林顿（Hillary R. Clinton）在回忆录中写道，在 2012 年 6 月举行叙利亚问题会谈期间，"领导人进入一个长方形的谈判房间，对方的面部表情一目了然，人们一度互相喊叫，甚至拍打桌子"。⑤ 这种现场情绪表达让当事人印象深刻。

三、首脑外交中的面对面互动与信号识别

面对面外交是身体在场的最直接沟通方式，在不断试探与熟悉的过程中，可信度识别受互动进程约束。⑥ 嵌入社会互动关系网络的领导人基于细微印象，综合行动信号、语言信号与非语言信号，用关系主

① 狄亚哥·甘贝塔：《解码黑社会》，任羽中、匡国鑫译，华夏出版社，2011，第 7 页。

② 比如，说谎时表情不自然、瞳孔放大或脸红出汗，谈判时手部动作有时也会超出控制范围，紧张的人常常不自主地坐立不安，这都传递了难以伪装的信号与标志。

③ 露丝·雷斯：《情感的演化》，李贯峰译，华中科技大学出版社，2020，第 73 页。

④ Keren Yarhi-Milo, *Knowing the Adversary: Leaders, Intelligence, and Assessments of Intentions in International Relations*, pp. 18–20.

⑤ Hilary R. Clinton, *Hard Choices* (New York: Simon & Schuster, 2014), p. 458.

⑥ Charles S. Taber and Milton Lodge, "Motivated Skepticism in the Evaluation of Political Beliefs," *American Journal of Political Science* 50, no. 3 (2006): 755–769.

义思维评判可信度。[1] 互动进程能否产生情绪共鸣或化学反应影响着会谈的整体氛围。尤其是一对一会谈具有很强的互动性，对方反应的语气、神态与速度等都能揭示部分私有信息。因此，面对面会谈有助于甄别信息、感受诚意、澄清意图与促进熟悉度，烘托出现场才能感受的情绪氛围。[2]

（一）关系视角下的可信度识别

无政府状态中的信息不对称难题困扰着国家间信任。很多时候，领导人即便通过情报获取了充足信号，但关键时刻还是希望试探性地亲自见面。这意味着面对面互动本身是不可忽视的变量，是对信号可信度的最终确认。传统的学术争议往往忽视了面对面互动的重要意义，理性主义者关注外生的利益和风险计算；认知主义者关注可信度的心理属性与认知机制，主体间的心理猜测可能引发单边默契问题。[3] 然而主流理论淡化了社会互动进程本身的力量，理性主义者将互动进程虚化为利益博弈的背景；认知主义者尽管考量了社会背景，但大多从单边视角看对方，而非从双边互动的角度理解社会互动关系本身。因此，要充分理解面对面外交的信号可信度问题，就需要找回社会互动的关系变量。

一方面，关系主义视角更加综合，可以整合多元变量。理性主义的昂贵信号模型难以刻画现实外交的复杂性与动态性。理性选择更多

---

① David H. Dunn, "How Useful Is Summitry?" in David H. Dunn (ed.), *Diplomacy at the Highest Level: The Evolution of International Summitry* (London: Macmillan Press Ltd., 1996), pp. 249–252.

② G. R. Berridge, *Diplomacy: Theory and Practice (5th Edition)* (New York: Palgrave Macmillan, 2015), pp. 191–192.

③ 尹继武：《单边默契、信号表达与中国的战略选择》，《世界经济与政治》2014年第9期，第4—33页。

的是一种理论假设，而非现实。面对面互动的领导人很多时候依靠直觉式的便捷启发方式理解对方。在识别廉价信号的可信度互动中，感觉或直觉比理性计算更重要。当然也不应过分夸大心理认知因素的影响，关键是解释互动所嵌入的关系进程。[①] 关系主义视角强调的是互动进程所产生的"情感能量"（emotional energy），这是双向互动的共享情感；心理学关注的情感则内生于个体，不强调主体间互动与共享。[②]

另一方面，关系主义视角更加动态，关注社会化进程。[③] 认知主义者常常将可信度与可信赖性/可靠性（trustworthiness/reliability）概念相混淆。实际上，可信度是一个指向性概念，是"互动中的一方对另一方所传递信息的可靠程度判断"；[④] 而可信赖性/可靠性是一种属性概念，涉及能力或道德品性等。[⑤] 两者都是信任的必要不充分条件。信任是一个关系互动概念，除了可信度与可信赖性感知，还需考虑互动的

---

① Roy F. Baumeister and Elen Bratslavsky, "Bad Is Stronger than Good," *Review of General Psychology* 5, no. 4 (2001): 323；叶航、陈叶烽、贾拥民：《超越经济人：人类的亲社会行为与社会偏好》，高等教育出版社，2013，第82页。

② 参与互动仪式的行动者在情感共享中满足互惠预期。情感唤起存在一个递减的边际效用，在某一点上达到高峰，超过这一点相互间的情感唤起会消退。参见兰德尔·柯林斯《互动仪式链》，林聚任、王鹏、宋丽译，商务印书馆，2012。

③ Thomas Risse-Kappen "Ideas Do Not Float Freely," in Richard Ned Lebow and Thomas Risse-Kappen (eds.), *International Relations Theory and the End of the Cold War* (New York: Columbia University Press, 1995), p. 188.

④ 有学者将 credibility 翻译为"信誉"或"公信力"，但汉语中的"信誉"很多时候是一种声誉类型，与历史记录有关；"公信力"也特指公共权力或制度获取观众信任的能力，这与 credibility 的本义存在出入。信号角度的"可信度"体现的是意图互动，即观众判断信号传递者展示的信号是否真实。这种判断与内生的"值得信赖或可靠"属性无关，而是对其外显的信号或标志的真实性判断。

⑤ Margaret Levi and Laura Stoker, "Political Trust and Trustworthiness," *Annual Review of Political Science* 3, no. 1 (2000): 476.

社会情境。[①]

简言之，可信度识别不是利益激励的理性计算，也非简单的心理变化，而是一个双向的社会化过程。江忆恩（Alastair Iain Johnston）指出，外交行为体的接触在大多数时候都是为了"影响他人的想法"，说服、劝说或引导对方接受并内化特定新事实、规范和因果信念。[②] 面对面外交互动中的社会化进程会让领导人努力通过对方的眼睛理解互动，可信的印象塑造根本上来自互动关系，而非外生利益约束和内生品质属性。[③]

（二）高质量面对面互动的必要条件

可信度嵌在互动实践进程中，面对面互动中的廉价信号需要在稳定预期中感受其可信度。换言之，不是所有的面对面互动都能产生积极效果，开展高质量的面对面互动需要一定的条件。

第一，面对面互动需要有连续性，单次见面很难建立彼此的熟悉度。建立熟悉度需要一连串的互动链条，多次互动有助于渐进式地积累可信度基础。研究发现，熟悉度越高，更可能构建积极的互惠预期。[④] 可信度建构是一个反复波折的过程，如果没有频繁的互动，可信度建构过程就会中断。实际上，可持续的互动在对话者之间形成了一种社会默契：继续保持接触本身就是一种积极信号；如果就此中断见

① Brian C. Rathbun, "It Takes All Types: Social Psychology, Trust, and the International Relations Paradigm in Our Minds," *International Theory* 1, no. 3 (2009): 346.

② Alastair Iain Johnston, "Treating International Institutions as Social Environments," *International Studies Quarterly* 45, no. 4 (2001): 489.

③ Sergey Smolnikov, *Great Power Conduct and Credibility in World Politics* (Cham: Palgrave Macmillan, 2018), p. 215.

④ 张伟、王行仁：《仿真可信度》，《系统仿真学报》2001 年第 3 期，第 312—314 页。

面机会，则会传递负面信号。[1] 即使对话最终没有解决问题，维持互动本身就是善意。[2] 例如，从1985年开始，戈尔巴乔夫与里根连续进行了高密度互动，最终取得重大突破，签署了《苏联和美国消除两国中程和中短程导弹条约》（简称《中导条约》）。[3] 每次会谈结束时，双方都会主动约定下次见面时间。"经过反复一对一直接、认真的会谈，彼此发现保持互动是值得的。"[4] 延续关系的承诺让共识氛围越来越浓厚。[5]

第二，互动沟通需要互惠性反馈，而非单向性交流。实现同步理解与共情，重要的是进行互惠性反馈。一方作出并兑现承诺，另一方积极反馈，这种良性关系契约（relational contract）有助于培育信任。正如查尔斯·奥斯古德（Charles Osgood）提出的"紧张缓和的渐进互惠"（graduated reciprocation in tension reduction）逻辑所言：为营造良性氛围，发起国领导人先采取单方面的微小步骤，表明积极意愿；而接收国领导人需要及时反馈，同步的互惠性反馈更具可信度。[6] 相反，缺乏互惠的单向交流会损伤可信度基础。例如，1985年日内瓦会晤结束后，里根在未与苏联领导人商议的情况下单方面透露敏感细节，戈

① Neta Crawford, "Homo Politics and Argument (Nearly) All the Way Down: Persuasion in Politics," *Perspectives on Politics* 7, no. 1 (2009): 107.

② Ronald Reagan, "Diary Entry, 15 February 1983," in Douglas Brinkley (ed.), *The Reagan Diaries* (New York: Harper Perennial, 2007), p. 131; Anatoly Dobrynin, *In Confidence: Moscow's Ambassador to America's Six Cold War Presidents* (New York: Times Books, 1995), pp. 517–522.

③ George Shultz, *Turmoil and Triumph: My Years as Secretary of State*, p. 463.

④ Mikhail S. Gorbachev, *Memoirs* (New York: Doubleday, 1996), p. 457.

⑤ "Joint Soviet-United States Statement on the Summit Meeting in Geneva," Reagan Library, December 2, 2021, https://www.reaganlibrary.gov/research/speeches/112185a.

⑥ 该战略的关键在于引起反馈性互惠，在小范围内冒足够的风险，以激发对手的积极反馈，从而逐步降低紧张强度。参见 Charles E. Osgood, *An Alternative to War and Surrender* (Urbana: University of Illinois Press, 1962), pp. 88–89。

尔巴乔夫对此感到非常愤怒。这说明了双向沟通的重要性，没有尊重与平等的交往就难以培育可信氛围。① 概言之，领导人不是以线性方式而是以关系性思维感受诚意、确认可信度。②

第三，互动中的多重信号需要前后一致，不一致则会降低可信度。领导人在近距离观察对方时可能获得丰富而杂乱的信息，他们不可能穷尽所有线索再进行决策，而是会依赖启发式认知捷径进行比对。如果多元信号之间不匹配或缺乏一致性，则会引发怀疑与警惕。一致性匹配体现在两方面：一是无意识信号与有意识信号的匹配。如果一位领导人信誓旦旦表示信守诺言，但对方捕捉到其身体姿势、面部表情等无意识信号与之不一致，那么就会将其视为欺骗、操纵与掩饰迹象，降低信号可信度。二是情感信号与非情感信号的匹配。言行如果与情感表达不一致也会引发怀疑。例如在眼神接触上，领导人在说话时真诚凝视对方能更容易产生共鸣感受，目光躲闪与表情呆滞等不匹配信息则让信号显得不可信。

近距离面对面互动产生了理性主义与认知主义无法解释的问题。领导人有时并不关心利益得失，而是关注对方是否维持关系的连续互惠；领导人不仅揣摩对方心理，也在乎对方反馈的信息匹配性；领导人甚至会关注细微的无意识信息，将其作为可信度的标志信号。由此，理解面对面互动的廉价信号可信度，需要构建一个反映互动进程的关系性解释框架。

---

① Tuomas Forsberg, "Power, Interests and Trust: Explaining Gorbachev's Choices at the End of the Cold War," *Review of International Studies* 25, no. 4 (1999): 621.

② George P. Shultz, *Learning from Experience* (Stanford: Hoover Institution Press, 2016), p. 37.

四、廉价信号的可信度识别：一个关系性解释框架

从微观互动角度理解，面对面的首脑外交是一个长长的互动仪式链，能产生巨大的情感能量与关系契约。[①] 关系性解释框架认为，面对面互动是塑造廉价信号可信度的根本动力和自变量，而嵌入互动过程的情感能量与关系契约构成中介变量，揭示可信度的塑造机制。[②] 在情感能量塑造方面，无意识信号与有意识信号、情感信号与非情感信号的匹配性影响着可信度感知。[③] 在关系契约方面，互惠预期与关系延续有助于推进渐进互惠，以一方的善意吸引对方更大的互惠性反馈。这意味着，如果面对面互动未能触发情感能量与关系契约，那么僵硬的见面难以建构可信度认知。

（一）情感能量与匹配性验证

在面对面互动中，行动者注重检验多重信号的一致性，当多种信息相互匹配和支撑时，则可信度感知会得到强化。[④] 认知主义从单边和内向的视角关注了情感认知，将可信度还原为内在属性[⑤]，这种思路无

---

① Erving Goffman, "Communication Conduct in an Island Community" (PhD Diss., Chicago University, 1953), p. 349.

② Pavel Palazhchenko, *My Years with Gorbachev and Shevardnadze: The Memoir of a Soviet Interpreter* (University Park: Pennsylvania State University, 1997), p. 156.

③ Judee K. Burgoon, "Nonverbal Signals," in Mark L. Knapp and Gerald R. Miller (eds.), *The SAGE Handbook of Interpersonal Communication* (London: SAGE, 1994), pp. 35-40.

④ Robert Jervis, *The Logic of Images in International Relations* (New York: Columbia University Press, 1989), pp. 30-50.

⑤ George E. Marcus, "Emotions in Politics," *Annual Review of Political Science* 3, no. 1 (2000): 224; Jonathan Mercer, "Emotional Beliefs," *International Organization* 64, no. 1 (2010): 1-31.

法理解面对面互动塑造的共享情感，即情感能量。情感能量是一种双向、持续稳定的共享情感，而不是个体的内在短期冲动。[1] 借鉴兰德尔·柯林斯（Randall Collins）的互动仪式链理论，可将廉价信号识别的第一种机制归纳为相互关注/情感连带模型。

一方面，双向互动的共享情感有助于准确捕捉可信度线索。面对面的首脑外交是一个高度符号化的过程，充满情感交流。在高密度互动中，个体的内心情感经过升华与碰撞上升为共享的情绪氛围，即情感能量。根据社会互动理论，身体在场的互动仪式就是一个情感变压器，它输入来自各方的情绪信息，然后经过互动实践将其变成输出的情感能量。[2] 例如，领导人会谈中的握手、拥抱、微笑示意、交换礼物、座次安排和集体合影等可以公开表达尊重/不尊重或善意/敌意，展示共享的情绪共鸣。[3] 镜像神经元理论已经证实，行动者在观察对方采取相同行为时会产生同步的感知，就如同在照镜子一样，相互情绪感染的领导人"镜像"了对方的想法。[4]

另一方面，面对面的相互关注为多重信号检验创造了条件。社会互动理论指出，面对面互动进程不仅充满自我利益权衡，还包括对他人反应的密切关注。[5] 互动者需要不断寻找多重信号匹配的证据，"听

① Randall Collins, *Interaction Ritual Chains* (Princeton: Princeton University Press, 2004), pp. 135–136.

② Seanon S. Wong, "Mapping the Repertoire of Emotions and Their Communicative Functions in Face-to-Face Diplomacy," pp. 1–21.

③ Erving Goffman, *Strategic Interaction* (Philadelphia: University of Pennsylvania Press, 1969), p. 136.

④ Marco Iacoboni, "Imitation, Empathy, and Mirror Neurons," *Annual Review of Psychology* 60, no. 1 (2008): 653 – 670; Marcus Holmes, *Face-to-Face Diplomacy: Social Neuroscience and International Relations*, pp. 5–15.

⑤ Erving Goffman, *Interaction Ritual: Essays on Face-to-Face Behaviour* (Garden City: Doubleday Anchor, 1967), p. 28.

其言"且"观其行"。如果一方领导人缺乏对对方的关注，对方无法跟上其传递的情感信号与非情感信号、语言信号与非语言信号的节奏，那么可信度感知就会大大降低。查尔斯·达尔文（Charles R. Darwin）指出："那些面部和身体的情绪表达动作比语言更真实地揭示了他人的想法和意图。"① 而且在相互关注中形成情感同步，会让互动节奏相对融洽，领导人更容易检验接收到的多重信号。② 相反，那些相互关注错位的领导人会发现彼此缺乏共同语言或存在不和谐的节奏拉扯，如争夺发言权、打断对方讲话节奏、提高讲话声音与语调，这将削弱合作与互惠的可信度感知。③

（二）关系契约与互惠性反馈

塑造廉价信号可信度的第二个中介变量是关系契约，即嵌入在持续关系网络的互惠性反馈与承诺。嵌入互动进程的领导人如果愿意在一段关系中投入时间与精力，那么维持关系的努力本身就是一种积极承诺，可以避免沉没成本和关系中断的风险。不同于后果性逻辑，关系理性通过实践建立彼此熟悉度和习惯，降低单次博弈的误解风险。所谓关系契约，是指双方达成的维持关系的约束性承诺：如果双方都愿意被锁定在长期互惠关系中，基于未来的长远利益预期将促进双方保持克制。拉长互动仪式链条的好处在于为信任试探留下更多

---

① Charles R. Darwin, *The Expression of the Emotions in Man and Animals* (London: John Murray, 1999), p. 359.

② Monique Scheer, "Are Emotions a Kind of Practice (and Is That What Makes Them Have a History)? A Bourdieuian Approach to Understanding Emotion," *History & Theory* 51, no. 2 (2012): 193–220.

③ Randall Collins, *Interaction Ritual Chains*, pp. 139–140.

回旋空间。[1] 由此，面对面互动建立的关系契约平衡了当下利益与情感以及未来利益与情感，将互动者的时间视野拉长，避免因冲动和短视破坏互信建立的良性预期。[2]

首先，相互依赖的互动链条诱发互惠性反馈。面对面首脑外交的可信承诺需要反复互动产生的熟悉度进行支撑。[3] 反复的社会互动凝结着社会成员的共同期待，着眼未来的持续互动有利于避免单次博弈的赌博倾向。[4] 一般而言，持续的关系连带可以稳定互惠预期，提高合作协调性，缓解被剥削的恐惧。同时，当互惠性反馈获得成功并被反复验证后，这种互动仪式链条就会社会化扩散，稳定互动者的常态预期。正如诺伯特·伊莱亚斯（Norbert Elias）断言的那样，相互依赖的互动链条随着时间推移将产生社会化的互惠规范。[5] 魏玲指出，社会化关系中的"清谈"看似成本廉价，却可以传递协商与合作的互惠预期。[6] 在首脑外交中，领导人坚持见面本身就是积极信号。20 世纪 80 年代美国国务卿乔治·舒尔茨（George P. Shultz）指出，维持关系进程所形

---

① "关系"可定义为所有行动单元之间的直接互动联结。关系契约在经济学、法学与社会学领域得到了较多关注，是不同于理性工具性契约的关系约束。其在国际关系中的应用，参见曹德军《关系性契约与中美信任维持》，《世界经济与政治》2015 年第 9 期，第 82—103 页。

② 参见 Ian R. Macneil, *The New Social Contract: An Inquiry into Modern Contract and Relations* (New Haven: Yale University Press, 1980)；伊恩河·麦克尼尔：《新社会契约论》，雷喜宁、潘勤译，中国政法大学出版社，2004。

③ Joshua D. Kertzer and Brian C. Rathbun, "Fair Is Fair: Social Preferences and Reciprocity in International Politics," *World Politics* 67, no. 4 (2015): 613-655.

④ Erving Goffman, *Strategic Interaction*, p. 8.

⑤ Norbert Elias, *On the Process of Civilisation: Sociogenetic and Psychogenetic Investigations*, Vol. 3 (Dublin: University College Dublin Press, 2012), p. 57.

⑥ 魏玲：《第二轨道进程：清谈、非正式网络与社会化——以东亚思想库网络为例》，《世界经济与政治》2010 年第 2 期，第 19—34 页；魏玲：《关系平衡、东盟中心与地区秩序演进》，《世界经济与政治》2017 年第 7 期，第 38—64 页。

成的互惠期待是"信任互动的硬币"。①

其次，着眼未来的关系契约会约束机会主义冲动。定期的面对面会谈可以提高欺骗和背叛的关系成本。在面对面互动的早期阶段，可信度稀薄，欺骗的成本并不高，但随着面对面互动的互惠关系不断强化，欺骗一旦被发现会产生连锁反应，降低后续见面的可能性。现实主义者认为面对面互动充满欺骗与虚张声势，因此不可信，这种思路忽视了关系连带的约束力量，多轮博弈中的"未来长阴影"可以改变决策者偏好。② 正如弗朗索瓦·德·卡利埃尔（Francois De Callieres）指出："（投机式欺骗）是一个重大错误……是一个看似聪明的冒险做法，长期打交道的政治家需要建立面向未来的声誉，最可信的沟通是可持续的。"③ 领导人在会谈结束时表达下次继续见面的愿望，是一种愿为未来关系投资的积极信号。在不确定环境中，识别欺骗是一个长期进化的学习过程，而最好的学习就是在持续的关系中积累经验。冷战初期，美苏领导人见面频次很低，但到了20世纪80年代互动频次开始急剧提升。冷战后期持续的互动让双方发现，着眼长远是实现和确保本国利益的必经之路。连续接触更能准确把握可信度。

综上所述，廉价信号可信度识别取决于面对面互动进程本身，而嵌入互动进程的情感能量与关系契约作为中介变量进一步塑造了可信度感知，呈现匹配性检验与互惠性约束两大机制（如图1）。面对面的首脑外交是独特的，如果领导人不见面，则缺乏情感能量与关系契约

---

① George P. Shultz, *Learning from Experience*, p. 37.

② Bruce Russett and Miles Lackey, "In the Shadow of the Cloud: If There's No Tomorrow, Why Save Today?" *Political Science Quarterly* 102, no. 2（1987）: 259-272; George J. Mailath and Larry Samuelson, *Repeated Games and Reputations: Long-Run Relationships*（New York: Oxford University Press, 2006）, p. 8.

③ Francois De Callieres, *On the Manner of Negotiating with Princes*（Notre Dame: University of Notre Dame Press, 1963）, pp. 31-32.

的双重驱动。需要说明的是，同步互动中的情感能量与连续互惠中的关系契约是同时嵌入关系互动进程的两个独立变量。没有领导人直接的面对面互动，就不会有情感共鸣和关系约束。从方法论角度看，两个变量相互独立才能避免内生性问题，但共同嵌入关系进程并不影响两者的独立性。[①]

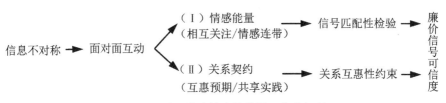

图 1　面对面外交的廉价信号可信度机制

资料来源：笔者自制。

五、冷战时期美苏领导人的面对面互动

为检验变量关系，下文以冷战期间的美苏面对面首脑外交为案例展开分析。尽管冷战案例非常丰富，但为捕捉关键的因果关系，本文案例聚焦在最典型的两次美苏首脑外交，即 20 世纪 60 年代赫鲁晓夫与肯尼迪维也纳会谈以及 20 世纪 80 年代戈尔巴乔夫与里根日内瓦会谈。案例选择遵循两个标准：一是典型性。许多定性方法论著作都主张用"最不可能"和"最可能"的案例来检验理论，这其实强调了案例选取的典型性。[②] 就美苏关系而言，20 世纪 60 年代和 80 年代是冷战中典型的两个阶段，其互动进程中的情感能量与关系契约如果能被识

---

①　Joel Sobel, "A Theory of Credibility," *The Review of Economic Studies* 52, no. 4 (1985): 557-573.

②　案例选择的方法可参见 Alexander L. George and Andrew Bennett, *Case Studies and Theory Development in the Social Sciences* (Cambridge: MIT Press, 2005), chapter 4。

别，就可以有力验证本文逻辑。二是可比性。求异法通过控制初始条件，然后观察结果的差异，以厘清变量关系。本文选取的这两个案例的初始条件是相似的（敌意程度都很高），但最终结果（可信度感知）存在差异，由此倒推情感能量与关系契约两个中介变量可能发挥了作用。[①]

（一）20世纪60年代赫鲁晓夫与肯尼迪的面对面互动

1961年6月的美苏领导人维也纳会谈几乎成为冷战剧本最经典的注脚。会谈前美苏领导人彼此怀有敌意，当时矛盾的焦点集中在柏林问题上。一开始赫鲁晓夫积极挑战现状，要求西方国家在六个月内结束对西柏林的占领。[②] 为弄清楚赫鲁晓夫的动机，肯尼迪寻求与赫鲁晓夫进行首次会谈，以验证自己的初始信念。传统的理性主义逻辑似乎难以解释，如果双方敌意很高，为什么还要见面？实际上，敌对领导人并非不可见面，试探性见面是为了确认对方意图和收集信息。如果试探性见面能够持续下去，就为情感能量与关系契约发挥作用提供了空间，否则戛然而止的会谈反而会强化不信任氛围。

为试探对方，美苏领导人答应迈出第一步，进行面对面接触。会谈倡议最开始由肯尼迪发出，他相信当两个人坐在一起讨论重大问题时，"会产生不同的能量"。[③] 为扭转"猪湾事件"[④] 的不利影响，他还

----

① John Gerring, "What Is a Case Study and What Is It Good for?" *American Political Science Review* 98, no. 2 (2004): 341–354.

② Aleksandr Fursenko and Timothy Naftali, *Khrushchev's Cold War: The Inside Story of an American Adversary* (New York: W. W. Norton, 2006), p. 208.

③ Ralph G. Martin, *A Hero for Our Time* (New York: Norton, 1983), p. 351.

④ 1961年4月17日，美国雇佣军从古巴南部的猪湾吉隆滩登陆入侵古巴，被称为"猪湾事件"。"猪湾事件"不但是一次美国在军事上的失败，而且让刚上任90天的肯尼迪信誉大失。

希望通过面对面会谈了解苏联行为背后的动机：苏联究竟是防御性地关注自身安全，还是进攻性地推广"世界革命"。无论结果如何，见面试探将为双方"按下敌对暂停按钮"提供机会。实际上，美苏都希望超越单纯的遏制与反遏制循环，依靠会谈防止两国竞争从冷战升级为热战。① 赫鲁晓夫也提及潜在的共同利益，包括共同消除核战争恐惧、核试验污染和军备竞赛的沉重经济负担等。他一方面需要取得具体的外交成果以应对国内改革压力，另一方面需要了解美国新总统的意图。1960年11月8日美国总统选举甫一结束，赫鲁晓夫就表示希望"恢复第二次世界大战时的苏美合作精神"，搭建"相互理解的桥梁"。② 试探性的第一次见面将奠定双方信任的基调。但是这次面对面互动的结果却不尽如人意。

首先，面对面互动中的节奏不合拍削弱了双方的情感同步。在维也纳会场双方首次握手时，彼此稍显尴尬，身材胖矮的赫鲁晓夫与年轻魁梧的肯尼迪形成鲜明对照。③ 两人的巨大差异和陌生感使得第一次见面未能激发情感共鸣。肯尼迪事后指出，这次会面强化了彼此的刻板印象，产生了明显的距离感。④ 为扭转"猪湾事件"导致的不利局面，肯尼迪决定"以牙还牙"，"再也不能让步"。⑤ 在会谈中，双方围绕意识形态问题激烈争吵起来。赫鲁晓夫认为，以美国为首的西方国

---

① David Reynolds, *Summits Six Meetings That Shaped the Twentieth Century*, pp. 170–172.

② U. S. Department of State, *Foreign Relations of the United States (FRUS), 1961–1963*, Vol. 5 (Washington, D. C. : U. S. Government Printing Office, 1995), p. 136.

③ U. S. Department of State, *Foreign Relations of the United States (FRUS), 1961–1963*, Vol. 5, pp. 172–173.

④ Richard Reeves, *President Kennedy: Profile of Power* (New York: Simon & Schuster, 1993), pp. 175–178.

⑤ Robert F. Kennedy, *Thirteen Days: A Memoir of the Cuban Missile Crisis* (New York: W. W. Norton, 1968), pp. 24–27.

家必须承认共产主义存在的事实。对此，肯尼迪反击认为，苏联正试图消灭与美国结盟的"自由国家"，这是美国"非常严重的关切"。[1] 在大多数争议与分歧中，肯尼迪都强调双方要避免"错误估计对方"，赫鲁晓夫则一直宣称"我将埋葬你"。[2] 赫鲁晓夫相信，只有恐吓与愤怒才能"让敌人像我们害怕他们一样害怕我们"。[3] 在交谈的气势上，赫鲁晓夫使肯尼迪处于被动地位，双方并未留下多少好感。[4] 随后争吵转向核试验问题，肯尼迪希望在这个问题上取得突破。而赫鲁晓夫强调，只有在"全面彻底裁军"的情况下才会让步。随着争吵升级，会谈氛围变得更加紧张，双方错过了达成谅解的机会。[5] 当肯尼迪再次表现出坚定态度，赫鲁晓夫大声咆哮："美国想羞辱苏联，这是不能接受的。"[6] 由于缺乏基本的情感共享和相互关注，会谈的互动节奏脱节。

其次，赫鲁晓夫语言与非语言信号的不匹配削弱了肯尼迪的可信度感知。见面时双方的误解很深，赫鲁晓夫轻视年轻的肯尼迪，肯尼迪则先入为主地认为赫鲁晓夫会延续斯大林时期"与西方全面对抗"的政策。会谈中赫鲁晓夫对美帝国主义特别是对柏林问题的一系列猛烈攻击打乱了肯尼迪的会谈预期。在会谈现场，赫鲁晓夫喋喋不休地讲述苏联的信念，即共产主义不是靠武力取得了胜利，而是人心

---

[1] U. S. Department of State, *Foreign Relations of the United States (FRUS), 1961-1963*, Vol. 5, p. 178.

[2] Michael R. Beschloss, *Mayday: Eisenhower, Khrushchev and the U-2 Affair* (New York: Harper & Row, 1986) , p. 195.

[3] Aleksandr Fursenko and Timothy Naftali, *Khrushchev's Cold War: The Inside Story of an American Adversary*, p. 43.

[4] U. S. Department of State, *Foreign Relations of the United States (FRUS), 1961-1963*, Vol. 5, p. 187.

[5] Benjamin C. Bradlee, *Conversations with Kennedy* (New York: W. W. Norton, 1975) , p. 126.

[6] Richard Reeves, *President Kennedy: Profile of Power*, p. 162.

所向的必然趋势。肯尼迪则坚持认为："人们应该有选择的自由。"①
苏联领导人经常表现得咄咄逼人，但是美国情报分析指出，赫鲁晓
夫言行不一："他突然爆发的愤怒很多时候就是假装，敏感的赫鲁晓
夫不愿意暴露他的致命弱点。"② 赫鲁晓夫多次提到肯尼迪很年轻，表
面上很和善，实际上是暗示他"缺乏威严"。美国国务卿迪安·腊斯克
（Dean Rusk）在回忆录中指出："他（赫鲁晓夫）从来没有把这当作
一种赞美。"③ 赫鲁晓夫在第一天会谈结束后表示："（肯尼迪）这个人
非常缺乏经验，甚至不成熟。"他认为肯尼迪"像一个小男孩"。④ 当
肯尼迪识别了赫鲁晓夫的言行不一或多重信号不匹配时，就表示出对其
信号可信度的怀疑。在与赫鲁晓夫话不投机的漫长争论中，肯尼迪感觉
经历了"从未有过的艰难时刻"。⑤

再次，赫鲁晓夫情绪化的强制威胁抑制了肯尼迪的互惠性反馈。
在1961年维也纳会谈中，赫鲁晓夫多次采取咄咄逼人的态度，有意识
地利用情绪化武器威胁对方。一般而言，领导人会避免公然在会谈中
威胁对方，以维持基本的关系。但赫鲁晓夫经常虚张声势。⑥ 与肯尼迪
的精英形象不同，赫鲁晓夫出身卑微、性格敏感，总是对国内外真实
的或想象中的威胁保持警惕。赫鲁晓夫也不善于掩饰情绪，脾气暴躁，

---

① Strobe Talbott (ed.), *Khrushchev Remembers: The Last Testament* (Boston and Toronto: Little, Brown and Company, 1974), p. 499.

② U. S. Department of State, *Foreign Relations of the United States (FRUS), 1961-1963*, Vol. 5, pp. 216-225.

③ Dean Rusk, *As I Saw It* (New York: W. W. Norton, 1990), p. 220.

④ Seanon S. Wong, "One-Upmanship and Putdowns: The Aggressive Use of Interaction Rituals in Face-to-Face Diplomacy," *International Theory* 13, no. 2 (2020): 26.

⑤ David Halberstam, *The Best and the Brightest* (New York: Random House, 1972), pp. 96-97.

⑥ U. S. Department of State, *Foreign Relations of the United States (FRUS), 1961-1963*, Vol. 5, pp. 216-225.

常常被简单的问题所挫败和激怒。① 其口头禅与修辞威胁遵循着"如果你不……我就惩罚你"的强制逻辑，挫伤了肯尼迪的互惠预期。在首次会谈中，赫鲁晓夫首先发表长篇大论，表示各方有必要与民主德国从法律上终止第二次世界大战。如果美国拒绝合作，苏联将单独与民主德国签署和平条约。肯尼迪反击认为，如果美国失去保卫柏林的权利，那么"没有人会对美国的承诺和保证有任何信心"。② 苏联领导人则不断提醒：在雅尔塔，罗斯福曾承诺美国军队只会在欧洲停留几年；在日内瓦，艾森豪威尔曾承认柏林局势"不正常"。赫鲁晓夫两次提到第二次世界大战中牺牲了 2 000 万苏联人，而美国的死亡人数仅有 35 万。他隐晦地补充说，其中就包括他的儿子。负面的情绪化强制没有给予肯尼迪充分的尊重和表达空间，单方面压制显然难以达成信任谅解。③

最后，双方关注的焦点差异使得后续互动缺乏延续。尽管赫鲁晓夫也对首次见面充满期待，但他不理解肯尼迪为何看起来"优柔寡断"。④ 虽然两位领导人都希望举行会谈，但双方的关注点完全不同。肯尼迪受到美国国内的巨大压力，要求阻止苏联的核试验，而赫鲁晓夫认为禁止核试验应该在优先事项清单中处于次要地位，⑤ 未对肯尼迪关于禁止核试验的提议作出积极回应。肯尼迪还提出在太空方面进行合作，但苏联的反应也很冷淡。为了在"猪湾事件"后巩固自己的威

① David Halberstam, *The Best and the Brightest*, p. 95.

② 参见亚历山大·福尔先科、蒂莫西·纳夫塔利《赫鲁晓夫的冷战：一个美国对手的内幕故事》，王立平译，人民出版社，2012。

③ Benjamin C. Bradlee, *Conversations with Kennedy*, p. 126.

④ Michael R. Beschloss, *The Crisis Years: Kennedy and Khrushchev, 1960–1963* (New York: Harper Collins, 1991), p. 225.

⑤ Aleksandr Fursenko and Timothy Naftali, *Khrushchev's Cold War: The Inside Story of an American Adversary*, p. 354.

信，肯尼迪坚持认为，与苏联会谈的重点是"表明美国对和平与自由的持久关注"，反击苏联的全球扩张。而苏联领导人不仅在公开场合拒绝让步，私下里甚至表示肯尼迪比他儿子还要年轻（赫鲁晓夫的长子与肯尼迪同龄），不过是一个"花花公子"。① 共同议题的缺乏导致双方话不投机，尴尬互动的氛围破坏了后续见面的基础。

整体而言，维也纳会谈中的领导人互动缺乏情感能量与关系契约驱动，廉价信号的可信度不足。② 就情感能量而言，维也纳会谈中双方缺乏相互关注与共同的互动节奏。在"猪湾事件"背景下，赫鲁晓夫认为肯尼迪缺乏决心，而肯尼迪对赫鲁晓夫的傲慢与粗鲁言行颇为不满。双方的面对面交流最终在无休止的对立和威胁中结束。就关系契约而言，维也纳会谈不具有连续性，双方缺乏对未来关系的积极预期。这种"暂时性会谈"类似于单轮博弈，缺乏可信度的关系基础。③ 在此次会谈后的 6 年内，美苏领导人不曾再次见面。④

（二）20 世纪 80 年代戈尔巴乔夫与里根的面对面互动

有关冷战为什么会和平结束的争议往往低估了首脑外交塑造信任的价值。⑤ 尽管美苏长期保持战略不信任，但 20 世纪末两国领导人的

① David Reynolds, *Summits Six Meetings That Shaped the Twentieth Century*, pp. 180–188.

② 格雷厄姆·艾利森、菲利普·泽利科：《决策的本质：还原古巴导弹危机的真相》，王伟光、王云萍译，商务印书馆，2015，第 102 页。

③ G. R. Berridge, *Diplomacy: Theory and Practice (5th Edition)*, pp. 181–190.

④ 直到 1967 年 6 月，美国总统林登·约翰逊与苏联部长会议主席阿列克谢·柯西金才在葛拉斯堡罗举行了美苏领导人的又一次面对面会谈。

⑤ 参见 Odd Arne Westad, *The Cold War: A World History* (New York: Basic Books, 2019)；Melvyn P. Leffler, *For the Soul of Mankind: The United States, the Soviet Union, and the Cold War* (New York: Hill and Wang, 2008)；梅尔文·莱弗勒：《人心之争：美国、苏联与冷战》，廖蔚莹译，华东师范大学出版社，2012。

高密度面对面会谈为冷战结束创造了特殊的信任氛围。有资料显示，戈尔巴乔夫和里根之间的情感传递与私人互动对于可信度识别具有重要意义。① 实际上，1985 年前后美苏领导人面对面会谈的氛围并不乐观。在 20 世纪 80 年代中后期冷战还未结束、柏林墙仍然屹立的背景下，双方领导人传递和解善意的过程并非一帆风顺。② 1981 年 1 月，里根入主白宫，他对苏联的态度是"采取长期战略攻势"，主张开展大规模军备竞赛以拖垮苏联经济。1983 年 3 月，里根发表了著名的"邪恶帝国"演讲，将苏联描述为狂热的、撒旦式的"邪恶帝国"。③ 此后他公开提出"战略防御计划"（SDI，即"星球大战"计划），助推了冷战竞争的第二波紧张高潮。随着被称为"反共斗士"的里根继续释放大量强硬信号，戈尔巴乔夫对美国战略意图产生了怀疑。在这样的敌对氛围中，1985 年的日内瓦会谈完全是试探性的，重在熟悉彼此。这次会谈开启了意料之外的美苏一系列后续会谈。那么日内瓦会谈是如何建构美苏信任螺旋的呢？从关系主义角度可以进行如下理解。

第一，面对面互动中的相互关注激活了共享的情感能量。日内瓦会谈尽管充满试探和冲突，但是会谈过程中的渐进接触本身就在潜移默化地塑造彼此预期，而且为后续情绪共鸣作出了铺垫。1985 年 11 月 19 日，戈尔巴乔夫在日内瓦第一次见到里根时，就快步走上去握住对

---

① 解密的苏联与美国档案以及当事者回忆录和口述史都提供了关于面对面外交的丰富的原始证据，可以据此仔细追踪互动关系中的意图传递和解读机制。参见 David Reynolds, *Summits Six Meetings That Shaped the Twentieth Century* (Philadelphia: Basic Books, 2007); George P. Shultz, *Turmoil and Triumph: My Years as Secretary of State*。

② Marcus Holmes, *Face-to-Face Diplomacy: Social Neuroscience and International Relations*, pp. 82-86.

③ Ronald Wilson Reagan, "The Evil Empire," in Janet Podell and Steven Anzovin (eds.), *Speeches of the American Presidents, 2nd Edition* (New York and Dublin: The H. W. Wilson Company, 2001), pp. 882-886.

方的双手，展示了标志性的微笑。双方尽管互不信任，但争取共识却是共同诉求。在初始信任方面，里根显然对戈尔巴乔夫意图的怀疑更强烈，美国政府难以确定"新思维"是否可信。[①] 有资料显示，这次面对面互动在很大程度上增进了彼此的了解。[②] 在第一次面对面会谈中，预定会谈时间为 15 分钟，但实际上持续了一个小时，这在一定程度上表明双方有较强的互动需求。[③] 为展示自己的真实意图，戈尔巴乔夫在并不友好的氛围中坚持向美国传达和平意图。[④] 戈尔巴乔夫在回忆录中提到了"互动移情"以及"站在里根立场上"看问题的意义："对话是非常有建设性的……而且我们越了解对方就越可信。"[⑤] 苏美双方的官员都证实了这一观点，时任苏联翻译帕维尔·帕拉钦科（Pavel Palazhchenko）指出，直觉在两人身上发挥了特殊作用，特别是戈尔巴乔夫感触良多。[⑥] 例如，在说服美国削减核武库时，戈尔巴乔夫至少停顿了 30 秒后说："总统先生，我不同意你的观点，但我相信你说的是真心话。"[⑦] 缓和的语气引起了里根的目光注视。双方都在向对方澄清自己的意图，努力走出阴暗的猜疑隧道。[⑧] 在面对面互动中，里根认为戈尔巴乔夫考虑得很长远；戈尔巴乔夫也确认了美国的意图不

---

① 参见米·谢·戈尔巴乔夫《改革与新思维》，岑鼎山等译，世界知识出版社，1988。

② Richard Rhodes, *Arsenals of Folly: The Making of the Nuclear Arms Race* (New York: Knopf Doubleday Publishing Group, 2007), p. 187.

③ Richard Rhodes, *Arsenals of Folly: The Making of the Nuclear Arms Race*, p. 188.

④ 参见 Don Oberdorfer, *The Turn: How the Cold War Came to an End, the United States and the Soviet Union, 1983-90* (London: Jonathan Cape, 1992)。

⑤ Mikhail Gorbachev, *Memoirs*, pp. 405-408.

⑥ Pavel Palazhchenko, "A Perspective from Moscow," in Kiron K. Skinner (ed.), *Turning Points in Ending the Cold War* (Stanford: Hoover Institution Press, 2007), p. xiii.

⑦ Jack Matlock, *Autopsy on an Empire: The American Ambassador's Account of the Collapse of the Soviet Union* (New York: Random House, 1996), pp. 169-173.

⑧ Richard Rhodes, *Arsenals of Folly: The Making of the Nuclear Arms Race*, p. 210.

是进攻性的，而是防御性的。

第二，多重信息的匹配验证与一致性强化了可信度感知。冷战是安全困境的产物，但之前美苏领导人对此避而不谈。戈尔巴乔夫意识到，缓解安全困境的第一步是直面矛盾，努力打破猜疑螺旋。[1] 20 世纪 80 年代中后期，苏联领导人释放了大量试探信号。面对面接触中的相互关注为多重信号检验创造了条件，而直接互动本身增进了美苏对彼此的了解。[2] 两人从一开始的紧张与不和谐的节奏拉扯转变为后来的赞赏与认同。例如，双方在面对面情绪感染中达成了核战争是不道德的共识。在这一共识的指引下，双方进一步签署了《中导条约》。[3] 会后，里根表示他愿意相信戈尔巴乔夫，因为苏联的行动与话语信号是前后一致的。[4] 这说明信念的转变在很大程度上是因为廉价信号发挥了增信释疑的作用。里根在回忆录中写道："我们的分歧是非常根本的，但他（戈尔巴乔夫）也决心采取措施确保和平。这与我们完全一致，这是最关键的一点。"[5] 戈尔巴乔夫的助手阿纳托利·切尔尼亚耶夫（Anatoly Chernyaev）也提到，"戈尔巴乔夫上台后不久，美国认为苏联首次做到了言行一致"。[6] 基于情感能量的激励，美苏双方同意于 1986 年 10 月 11—12 日在雷克雅未克再次会面。

---

[1] Alan Collins, *The Security Dilemma and the End of the Cold War* (New York: St. Martin's Press, 1997) , p. 157.

[2] Ronald Reagan, "Diary Entry, 15 February 1983," in Douglas Brinkley (ed.), *The Reagan Diaries*, p. 131; Anatoly Dobrynin, *In Confidence: Moscow's Ambassador to America's Six Cold War Presidents*, pp. 517–522.

[3] George P. Shultz, *Learning from Experience*, p. 37.

[4] Anatoly Chernyaev, *My Six Years with Gorbachev* (State College: Pennsylvania State University Press, 2000) , p. 60; Mikhail Sergeevich Gorbachev, *Memoirs*, p. 457.

[5] Ronald Reagan, *An American Life* (New York: Simon and Schuster, 1990) , p. 643.

[6] Anatoly Chernyaev, *My Six Years with Gorbachev*, p. 44.

第三，单方面的渐进让步诱发了对方的互惠性反馈。互惠性反馈的难点在于冲突双方缺乏首先发起和解的激励。[1] 然而在关于《中导条约》的面对面谈判中，美国对苏联方面的削减要求远大于苏联对美国的要求，这种不对称反映出美国的不信任程度更高，因此美国一开始怀疑并主张忽视苏联的廉价信号。在面对面互动中，苏联领导人展示的前期让步并不仅仅是一种象征姿态，而是呼吁互惠性反馈的政治姿态。[2] 因此，戈尔巴乔夫宣布停止在欧洲部署 SS-20 导弹甚至单方面暂停核试验，其目的是诱发对等反应，向美国传递积极的善意信号，诱发互惠性和解。[3] 对此，里根政府在试探和观察中认识到戈尔巴乔夫倡议的建设性。[4] 如果双方都重视首脑外交中的情感传递、意义塑造与话语框定等廉价信号，那么着眼于未来长期互惠的关系契约约束，有助于克服短期博弈的机会主义冲动。在首次见面中，双方的微小让步实质性地缓解了美苏敌对与猜疑氛围，为进一步见面沟通做了良好铺垫。一方面，里根发现戈尔巴乔夫"与其他苏联领导人不同"，具有"建设性的诚意"；另一方面，戈尔巴乔夫逐渐转变了对里根仇共、仇苏的刻板印象，认为在互惠预期下美国是值得信赖的。[5]

---

[1] Mikhail Gorbachev, *Perestroika: New Thinking for Our Country and the World* (London: Harper Collins, 1987), p. 225.

[2] Andrei D. Sakharov, *Moscow and Beyond, 1986 to 1989*, pp. 22-23.

[3] 一开始美国的反应是消极的，原因有三点：首先，美国想使其核武库现代化，以加强其在军备控制谈判中的谈判地位。因此，美国认为该倡议是一种施压策略，而非合作的尝试。其次，美国认为禁止核试验是无法核查的。最后，由于苏联已经完成了核武器测试，该倡议不过是一种扰乱美国核试验的伎俩而已。上述三种担忧都会让美国怀疑戈尔巴乔夫倡议的可信度。美国也无法确定苏联是否能遵守承诺，也有理由怀疑苏联在"虚情假意"。

[4] Richard A. Bitzinger, "Gorbachev and GRIT, 1985-1989: Did Arms Control Succeed Because of Unilateral Actions or in Spite of Them?" *Contemporary Security Policy* 15, no. 2 (1994): 75.

[5] Tuomas Forsberg, "Power, Interests and Trust: Explaining Gorbachev's Choices at the End of the Cold War".

第四，维持后续关系的承诺强化了可信承诺约束。冷战结束前，美苏领导人会面释放了大量意图信号。如果没有美苏领导人的面对面互动，这些廉价信号的迹象可能被忽视或被认为是不可信的。① 在昂贵信号之外，里根也意识到戈尔巴乔夫与众不同的诚意。② 冷战斗争使美苏习惯性地将对方视为具有极大恶意的他者，这种战略叙事在冷战初期尤为突出。③ 随着会谈的临近，里根开始谈论可以消除的"误解"，而不是谈论苏联的所谓"邪恶本质"。④ 尽管难免争吵，但事实上他们之间产生了理解的火花，双向面向未来克制短期机会主义冲动。⑤ 里根写道："很明显，戈尔巴乔夫和我之间产生了化学反应，产生了非常接近友谊的东西。"⑥ 这种感觉显然是相互的，形成了可信度的主观信念。里根在回忆录中指出："乔治（舒尔茨）和我都不敢相信发生了什么。我们得到了令人意外的协议。随着（第二天的）进行，我感觉到一些重要的事情正在发生。"⑦ 首脑外交有效降低了美苏之间的陌生感，助推两国在冷战后期采取了互惠性安抚行动，确保了国际秩序的平稳过渡。

概言之，1985 年美苏领导人日内瓦会谈是一次成功的外交沟通，

① Andrew H. Kydd, *Trust and Mistrust in International Relations* (Princeton: Princeton University Press, 2005), pp. 217–219.

② George P. Shultz, *Turmoil and Triumph: My Years as Secretary of State*, p. 1015.

③ Lynn Boyd Hinds and Theodore Windt, Jr., *The Cold War as Rhetoric: The Beginnings, 1945–1950* (Westport: Praeger, 1991); Martin Medhurst, et al., *Cold War Rhetoric: Strategy, Metaphor, Ideology* (East Lansing: Michigan State University Press, 1997); 曹德军：《大国竞争中的战略叙事：中美外交话语博弈及其叙事剧本》，《世界经济与政治》2021 年第 5 期，第 51—79 页。

④ Raymond L. Garthoff, *The Great Transition: American-Soviet Relations and the End of the Cold War* (Washington, D. C.: Brookings Institution, 1994), p. 235.

⑤ Anatoly Chernyaev, *My Six Years with Gorbachev*, p. 85.

⑥ 转引自 David Reynolds, *Summits: Six Meetings That Shaped the Twentieth Century*, p. 363。

⑦ Ronald Reagan, *An American Life*, p. 677.

后续一系列会谈使双方的可信度感知发生转变，原本将苏联称为"邪恶帝国"的里根改称对方为"建设性伙伴"并签署了一系列重大协议。① 如果没有双方努力促成的多次面对面互动，冷战是否会以和平方式结束以及美苏能否达成战略性谅解都是存疑的。经过高密度的连续性面对面外交和接触，双方达成一种关系契约：不论面临何种分歧，双方都应努力坐下来讨论如何克服分歧，寻求相互理解。② 实际上，面对面会谈对美苏关系和解是关键性的，其塑造的情感能量与关系契约的双重驱动强化了彼此廉价信号的可信度感知。里根评价道："一个深刻的、历史性的转变正在发生。这次见面绝不是第二轮冷战的中场休息。"③

（三）案例比较与总结

冷战时期美苏领导人的两次关键会谈产生了显著不同的效果，互动中的廉价信号可信度构建也存在差异（见表2）。1961 年美苏领导人维也纳会谈因情感能量和关系契约不足而失败，随后美苏领导人中断了面对面会谈。一方面，赫鲁晓夫捕捉到肯尼迪的紧张与焦虑，强化了对其软弱和虚张声势的印象；另一方面，肯尼迪无法理解赫鲁晓夫的易怒和粗暴态度，强制性的情绪与最后通牒威胁让基本的情感能量荡然无存。④ 在这次领导人会谈中，嵌入互动关系的情感能量与关系契约也降至低点，将美苏第一轮冷战竞争推向高潮。而在 1985 年美苏领

① Ronald Reagan, *The Reagan Diaries*, p. 337.

② Marcus Holmes, *Face-to-Face Diplomacy: Social Neuroscience and International Relations*, pp. 93–95.

③ 引自 George Shultz, *Turmoil and Triumph: My Years as Secretary of State*, p. 1003。

④ Seanon S. Wong, "Who Blinked? Performing Resolve (or Lack Thereof) in Face-to-Face Diplomacy".

导人日内瓦会谈过程中，互惠性反馈创造出特殊的可信度感知。戈尔巴乔夫和里根之间的情感传递与私人互动对探测真实意图意义重大。1985—1988 年，双方采取了一系列面对面行动，澄清了彼此的意图，最终减少了相互不安全的意图信念。正如戴维·雷诺兹（David Reynolds）所说，里根与戈尔巴乔夫的会晤"有助于确保冷战不是在一声巨响或呜咽中结束，而是在一次握手中结束"。①

表 2　美苏首脑外交的案例比较

信号分析	20 世纪 60 年代赫鲁晓夫与肯尼迪维也纳会谈	20 世纪 80 年代戈尔巴乔夫与里根日内瓦会谈
面对面会谈前的敌意	高：在见面之前，赫鲁晓夫轻视肯尼迪的年轻；肯尼迪认为赫鲁晓夫会延续斯大林的全面对抗政策。双方在性格、教育经历和政治经验上缺乏交集	高：在见面之前，戈尔巴乔夫认为里根强硬固执，并不是一个好的谈话对象；里根认为戈尔巴乔夫与其前任领导人没有区别，苏联依然是"邪恶帝国"
面对面会谈后的敌意	高：激烈争吵，会谈气氛僵化。赫鲁晓夫捕捉到肯尼迪的紧张与焦虑，强化其软弱印象；肯尼迪认为赫鲁晓夫的粗暴态度、愤怒情绪与最后通牒威胁削弱了情感能量。结果诱发古巴导弹危机和越战升级	低：互动化解紧张与猜忌，实现战略性和解。在多次试探中，戈尔巴乔夫转变对里根仇共、仇苏印象，认为在互惠预期下对方值得信赖；里根发现戈尔巴乔夫"与其他苏联领导人不同"，具有建设性的诚意
因果解释	情感能量低：语言与非语言信号不一致；关系契约低：互惠预期低，展示相互威胁话语（最后通牒、愤怒情绪）破坏实践共同体	情感能量高：语言信号与非语言信号基本一致；关系契约高：互惠预期较高，努力相互安抚
廉价信号识别	不可信	可信

① David Reynolds, *Summits: Six Meetings That Shaped the Twentieth Century*, pp. 110–120.

信号分析	20 世纪 60 年代赫鲁晓夫与肯尼迪维也纳会谈	20 世纪 80 年代戈尔巴乔夫与里根日内瓦会谈
关系延续性	领导人会谈中断了 5 年，关系契约连续性不足	开启前所未有的密集互动，后续进行了 11 次会谈，直至冷战结束

资料来源：笔者自制。

注：1985 年日内瓦会谈后，美苏密集举行了 11 场面对面会谈，包括 1986 年 10 月雷克雅未克会谈（里根与戈尔巴乔夫）、1987 年 12 月华盛顿会谈（里根与戈尔巴乔夫）、1988 年 5 月莫斯科会谈（里根与戈尔巴乔夫）、1988 年 12 月纽约会谈（里根、戈尔巴乔夫与美国候任总统老布什）、1989 年 12 月马耳他会谈（戈尔巴乔夫与老布什）、1990 年 5 月华盛顿会谈（戈尔巴乔夫与老布什）、1990 年 9 月芬兰赫尔辛基会谈（戈尔巴乔夫与老布什）、1990 年 11 月在巴黎举行的欧洲安全与合作组织首脑会议上的会谈（戈尔巴乔夫与老布什）、1991 年 7 月在伦敦举行的七国集团与苏联的 "7+1" 领导人会谈（戈尔巴乔夫与老布什）、1991 年 7 月莫斯科会谈（戈尔巴乔夫与老布什）和 1991 年 10 月马德里会谈（戈尔巴乔夫与老布什）。

依据面对面外交的关系性解释框架，情感能量与关系契约影响廉价信号的可信度感知差异。[①] 20 世纪 60 年代初期赫鲁晓夫与肯尼迪维也纳会谈实现了有限信息沟通，但情感共鸣与关系连带不足使得可信度不高。这种对廉价信号可信度的消极评价的原因在于：一方面，维也纳会谈中的情感能量低，语言信号与非语言信号不一致；另一方面，双方领导人的关系契约低，相互威胁的话语（最后通牒、愤怒情绪）破坏了互惠预期。而 20 世纪 80 年代中后期戈尔巴乔夫与里根日内瓦会谈在相互敌对的冷战阴霾下较大程度地提升了情感能量与关系契约，促进了冷战和平终结。其原因在于：一方面，双方互动情感能量高，语言信号与非语言信号基本一致；另一方面，日内瓦会谈中的关系契

---

① 需要说明的是，一个正面案例和一个负面案例的设计是为了突出极端情况下的因果机制检验效果。当然还存在很多模糊案例，情感能量与关系契约之间可能存在不同步现象，例如高情感能量与低关系契约的组合可能让可信度归因难以清晰判断。实际上，这些模糊案例是对极端案例或理想案例的进一步复杂化，需要更精细的条件识别和分析。

约高，不信任氛围下的互惠预期得到了对方的积极反馈。

六、结论

跨越时空限制的面对面互动是一个关系的塑造过程。嵌入该进程的可信度感知逻辑难以用理性主义的成本约束和认知主义的心理情感等变量进行解释。领导人是否进行面对面沟通会产生显著差异。如果连对方的姿态、表情和举止等非语言信息都无法观察，那么就会失去可信度感知的重要甄别手段。廉价信号的可信度需要从关系角度进行理解：当领导人面对面身体在场时，他们会反复观察标志与信号、语言信号与非语言信号的一致性；互惠性与连续性的见面有助于约束双方的欺骗动机，构成一种面向未来和长远关系的关系契约。情感能量与关系契约是衍生自面对面互动进程的中介变量，二者将领导人见面的过程与廉价信号可信度建构联系起来。

关系主义的可信度逻辑为理解外交廉价信号提供了新思路，是对理性主义与认知主义逻辑的补充。这一方法将利益计算、情感认知和社会互动统一起来，以更好地体现现实外交互动进程的综合性和复杂性，其学理价值体现在两方面：一方面，廉价信号研究修正了主流昂贵成本外交信号逻辑。廉价信号的物质成本相对较低，却具有塑造可信度的重要功能。在面对面互动中，如果不理解廉价信号的政治含义，将会错过许多达成一致、积累可信度的机会。在 1985 年日内瓦会谈中，美苏领导人同步感知彼此的诚意，并用非语言信息进行确认，展示了廉价信号的可信逻辑。另一方面，关系主义方法关注社会互动，提出了一个综合性分析框架。外交信号的价值在于显示不可观察的私有信息（意图、决心与类型等）。^① 既有研究尽管意识到信号传递与甄别是一体两面，但不能清楚地论证可信度感知是如何建立起来的。面对面互动中的情感连带、共同关注与互惠预期、共享实践两大要素是在动态外交沟通过程中形成的，通过互动视角理解信号可信度有助于避免静态化与物质化的信号认知偏见。

需要注意的是，廉价信号也可能被操纵。面对面互动的领导人可能出于国内外政治的需要进行表演，这是由信号互动的复杂性所致。^② 首脑外交可被隐喻为一种前台的"政治戏剧"，领导人在舞台上进行自我展示的印象管理，释放多种形式的廉价信号。^③ 这些廉价信号究竟是真实的意图表达还是虚假的政治表演，只能具体情况具体分析。此外，鉴于首脑外交的记录主要源自官方档案材料、传记和回忆录等材料，这些资料难免存在自我美化的可能。例如，很多首脑会谈的官方记录尽量展示会谈氛围的"成功与友好"，往往凸显比常规外交谈判更亲切的氛围。^④ 再加上会谈进程无法公开观察，就容易给研究客观性带来挑战。这是外交史研究中的共性难题，唯有通过扩大材料选择范围和类型，去伪存真、去粗取精，方可有助于深入理解面对面外交的关系互动本质。

---

① Amos Zahavi, "Mate Selection-A Selection for a Handicap, " *Journal of Theoretical Biology* 53, no. 1 (1975) : 205–214; Tim Guilford and Marian Stamp Dawkins, "Receiver Psychology and the Evolution of Animal Signals, " *Animal Behaviour* 42, no. 1 (1991) : 1–14.

② Robert B. Edgerton, *Rules, Exceptions, and Social Order* (Berkeley: University of California Press, 1985) , pp. 7–14.

③ Erving Goffman, *The Presentation of Self in Everyday Life* (Garden City: Doubleday Anchor Books, 1959) , p. 242; Eric Ringmar, " Performing International Systems: Two East-Asian Alternatives to the Westphalia Order, " *International Organization* 66, no. 1 (2012) : 1–25.

④ John Young, " A Case Study in Summitry: The Experience of Britain's Edward Heath, 1979 – 1974, " *The Hague Journal of Diplomacy* 1, no. 3 (2006) : 261–293.

国内观众成本与印度国际危机谈判行为[*]

谢　超[**]

摘　要　传统观众成本理论关注领导人在危机谈判中创造和展示观众成本的能力，但是无法解释在观众成本很高的情况下，领导人为何作出有悖于国内观众偏好的选择。为此本文试图建立一个事件关注度和国内惩罚能力的双变量解释框架，并以印度为例考察领导人的危机谈判策略与面临的国内制约之间的互动机制。自独立以来，印度多次面临与中国、巴基斯坦和孟加拉国等主要邻国的国际危机局面，其采取的国际危机谈判策略往往被认为是不加选择的强硬战略。但通过研究可以发现，印度危机谈判行为呈现的一味强硬策略并没有违背国内观众成本机制，恰恰相反，这是印度领导人面临有关国内制约的结果，只是在不同时期的国内政治背景下呈现的内容和形式有所不同。

关键词　印度；危机谈判；观众成本；事件关注度；国内惩罚；印巴关系；中印关系

* 原文发表于《外交评论》2016年第6期。本文得到清华大学国际关系学系博士生学术新人奖的资助，感谢阎学通、李泉、庞珣的指导意见，本研究还得益于作者在牛津大学和尼赫鲁大学的访学研究，感谢 Walter Ladwig Ⅲ、Kate Sullivan、Rosemary Foot、Nicola Horsburgh、Shyam Saran、Varun Sahni、Srikanth Kondapalli、Swaran Singh、Madhu Bhalla 和 Manish Dabhade 提供的看法和建议。

** 谢超，现为复旦大学国际问题研究院副研究员。

观众成本理论是危机谈判和国际合作领域应用广泛的理论之一。[①]该理论的重要假设之一是，代议制国家领导人能以更可靠的方式创造和展示国内观众成本，从而强调本方谈判立场的可信度，以迫使对方让步和避免危机升级。[②] 因此，在国内观众成本机制下，代议制国家更可能通过和平方式解决冲突，而这也为所谓的"民主和平论"提供了理论支持。[③] 但是观众成本理论面临的挑战之一是，其无法解释在观众成本很高的情况下，领导人为何作出与国内观众偏好相反的策略选择，从而在解释国家的具体危机谈判行为时遇到很多困难。例如，作为代议制国家，印度危机谈判行为的特殊性在于：第一，与大多数代议制国家领导人一样，印度领导人也善于制造和展示国内观众成本，但此举并不能迫使对手让步，反而在很多情况下导致危机升级，这也使得其主导下的南亚次大陆成为世界上冲突最频繁、烈度最高的地区之一；第二，无论达成协议与否，印度领导人更可能会因为作出让步而受到惩罚，"对于（参加谈判）的部长们来说，以受伤的英雄姿态两手空空回国，优于在谈判中作出让步而带回来一份协议"；[④] 第三，印度人的危机谈判也因此以强硬著称，他们总是坚持强硬立场而不让步，在其

---

① 在本文中，危机谈判指的是为了管理危机，国家采取的意在影响对手国家行为的行动；危机则指的是一种冲突态势，即冲突一方或各方都威胁使用武力、开始展示武力或使用了武力。如无特别说明，本文的危机谈判指的是国际危机谈判，观众成本指的是国内观众成本。参见 Russell J. Leng, "Reagan and the Russians: Crisis Bargaining Beliefs and the Historical Record," *The American Political Science Review* 78, no. 2 (1984): 338–355。

② Branislav L. Slantchev, "Audience Cost Theory and Its Audiences," *Security Studies* 21, no. 3 (2012): 379.

③ Joe Eyerman and Robert A. Hart, Jr., "An Empirical Test of the Audience Cost Proposition: Democracy Speaks Louder than Words," *Journal of Conflict Resolution* 40, no. 4 (December 1996): 597–616.

④ Amrita Narlikar, "Peculiar Chauvinism or Strategic Calculation: Explaining the Negotiation Strategy of a Rising India," *International Affairs* 82, no. 1 (January 2006): 72.

谈判对手看来，类似策略被称为"不加选择的强硬"（indiscriminate toughness）或"说不"（Just say no）战略。^① 但这种策略忽视了政策选择的灵活性，有时甚至忽视了以小让步换取更大收益的常识，由此引发了学界对印度国际危机谈判行为的持续研究兴趣。本文注意到，自中国政府加强周边外交以来，南亚在中国外交版图上的重要性日益凸显，考虑到印度在南亚的传统影响力，有必要加强对印度与南亚邻国之间的历史冲突和危机谈判行为的了解和研究。鉴于中国与印度也是邻国，两国关于边界问题的历史冲突和谈判仍有待突破，理解和研究印度的危机谈判行为，将有助于中国在这一地区开展周边外交和中印两国关系的长远发展。

一、关于印度危机谈判战略的既有解释及不足

一般认为，国家间的实力对比影响领导人在国际谈判中的战略选择，但是这一路径无法有效解释印度的谈判行为。美国是当前体系的主导国，实力远优于印度，中国实力略强于印度，巴基斯坦实力略弱于印度（至少在东巴被分割出去之后是如此），孟加拉国的实力则远逊于印度，但是在与这些不同实力类型的国家谈判时，印度基本上都坚持一味强硬的策略。而在谈判实践中，如果对手可以预测你的策略选择，往往会导致己方付出较高的代价。此时即使你的实力要强于对手或占据更有利的谈判位置，但由于对手可以预判你的立场，从而可以作出有针对性的部署，以减少自身损失、增大你的成本。即使对于实力超群的大国如美国来说，情况也是如此。在海湾战争中，美国一味

① Stephen P. Cohen, *India: Emerging Power* (Washington D. C. : Brookings Institution Press, 2001) , p. 85.

强硬的逼迫战略最终迫使伊拉克军队更加顽强地抵抗，其结果是美国军队不得不付出更大努力才能制服对手。[1] 因此，对于领导人来说，更合理的做法是根据情况灵活选择强硬或妥协策略。一些研究表明，在冷战期间，苏联在应对美国战争威胁时，如果后者发出明确的毫无妥协余地的动武威胁信号，其威慑效果反而不如包含一定退让余地的威胁信号好。[2] 再以中国为例，虽然相对实力略强于印度，但在面对危机时，也会根据对手的不同而采取不同的策略。比如，长期以来，中国都是对扩张主义国家采取强硬策略，对现状国家则采取安抚政策。[3] 因此，我们需要寻找实力以外的因素来解释印度的战略选择。

官僚政治学说认为，国家对外谈判策略的选择是国家官僚机构内部博弈的结果。印度的官僚机构队伍包括两个序列，一个是公务员序列，另一个是外交官序列，后者以谈判立场强硬而闻名。[4] 本文充分认识到这一解释的合理性，但对于国际危机谈判而言，往往都是时间紧迫且有较高的保密要求，能够参加谈判的人员往往仅限于最高领导人和有限的几个高级官员，因此，在实际研究中，学者们很难明确区分特定决策中各官僚部门利益的影响，相反在这种"小集团"决策的情况下，领导人需要说服的人员范围更小，因而可以发挥相对更大的影

---

① Steven Greffenius and Jungil Gill, "Pure Coercion vs. Carrot-and-Stick Offers in Crisis Bargaining," *Journal of Peace Research* 29, no. 1 (February 1992): 39-52.

② Russell J. Leng, "Reagan and the Russians: Crisis Bargaining Beliefs and the Historical Record".

③ Nie Hongyi, "Explaining Chinese Solutions to Territorial Disputes with Neighbour States," *Chinese Journal of International Politics* 2, no. 4 (2009): 487-523. For China's accommodating position and its domestic constraints, see M. Taylor Fravel, "Regime Insecurity and International Cooperation: Explaining China's Compromises in Territorial Disputes," *International Security* 30, no. 2 (Fall 2005): 46-83.

④ Yaacov Vertzberger, "Bureaucratic Organisational Politics and Information Processing in a Developing State," *International Studies Quarterly* 28, no. 1 (March 1984): 69-95.

响力。① 退一步来说，即使官员的训练和任职经历可以作为考察战略决策的重要因素，在实际研究中也很难区分领导人和官员的价值观与社会普遍价值观之间的差异。再者，官僚机构间的博弈结果并不是只有强硬一途，妥协也是可能的结果，因此，官僚政治学说需要解释为何不同的官僚机构都会选择"说不"策略，特别是考虑到机构之间的不同利益时，官僚政治学说的解释力被进一步削弱。

战略文化学说则试图填补以上解释的不足。有学者追溯印度零和现实主义思想的历史和文化渊源，发现其从历史上就具备坚持"说不"的传统。② 例如，通过对梵文经典《摩诃婆罗多》的解读，学者们发现印度谈判行为具有类似的历史根源。③ 但是限制战略文化解释力的是，对于印度这样有着悠久历史的文明古国来说，我们总是可以找到各类经典著作，其中不乏观点相反的论述，因此很难建立和论证特定文献与领导人谈判策略选择之间的因果关系。④ 实际上在不同时期、不同领导人期间，印度都存在关于尼赫鲁主义（自由主义）、新自由主义、现实主义和超级现实主义等不同外交理念之争，对于外部威胁有

① Robert Jervis, *Perceptions and Misperception in International Politics* (Princeton: Princeton University Press, 1976), p. 28.

② George K. Tanham, *Indian Strategic Thought: An Interpretive Essay* (Washington D. C. : RAND National Defense Research Institute, 1992); A. Z. Hilali, "India's Strategic Thinking and Its National Security Policy," *Asian Survey* 41, no. 5 (September/October 2001); Rodney Jones, *India's Strategic Culture*, prepared for Defense Threat Reduction Agency, U. S. , October 31, 2006; Timothy D. Hoyt, "India's Grand Strategy: Some Preliminary Thoughts," *Changing Military Dynamics in East Asia*, Policy Brief 5, January 2012.

③ Amrita Narlikar and Aruna Narlikar, *Bargaining with a Rising India: Lessons from the Mahabharata* (Oxford: Oxford University Press, 2014).

④ Alastair Iain Johnston, "Thinking about Strategic Culture," *International Security* 19, no. 4 (Spring 1995): 32–64.

着不同甚至是相互对立的看法。① 因此，印度战略文化只能作为一个区别于印度与其他国家战略选择的"松散"变量，并不能作为"预测印度外交、军事或安全行为的严格指标"，② 最终我们可能很难界定特定国家独特的战略文化。例如，在印度和中国的古代经典文献中，都可以发现很多强调现实主义思维的论述，③ 但两国的谈判战略和行为存在很大不同，因此本文认为，虽然战略文化学说有助于我们理解特定战略选择背后的历史和文化影响，但是无法给出严格科学的实证解释。

二、观众成本理论的两种研究路径

鉴于以上解释的不足，本文认为应当从观众成本理论出发，深入考察观众成本的形成和作用机制对于印度危机谈判行为的影响。观众成本理论被广泛应用于危机谈判领域，该理论关于观众成本的论争可分为理性选择路径和理性行为体路径。④ 观众成本被定义为领导人从公开承诺或威胁中退让所可能遭受的国内惩罚。⑤ 该理论强调，代议制拥

① Kanti Bajpai, "War, Peace and International Order: India's View of World Politics," in Harvard Academy for International and Area Studies, Project on Conflict or Convergence: Global Perspectives on War, Peace and International Order, Weatherhead Center, 1998; Kanti Bajpai, "Pakistan and China in Indian Strategic Thought," *International Journal* 62, no. 4 (Autumn 2007): 805–822; Stephen P. Cohen, *India: Emerging Power*, Chapter 2.

② Rodney Jones, *India's Strategic Culture*, p. 4.

③ George J. Gilboy and Eric Heginbotham, *Chinese and Indian Strategic Behavior: Growing Power and Alarm* (Cambridge: Cambridge University Press, 2012).

④ Jonathan Mercer, "Rational Signaling Revisited," in James W. Davis (ed.), *Psychology, Strategy and Conflict Perceptions of Insecurity in International Politics* (New York: Rutledge, 2013), p. 64.

⑤ Michael Tomz, "Domestic Audience Costs in International Relations: An Experimental Approach," *International Organization* 61, no. 4 (Fall 2007): 821–840.

有更有效的手段去惩罚失责的领导人。依据严厉程度的不同，这种惩罚可包括领导人民调支持率走低、推行政策的国内阻力加大、在选举中被淘汰出局，更严厉的惩罚则包括接受司法审判等。① 国内观众的制约使得领导人在谈判中的承诺或威胁更可靠，不过不同路径对于观众成本作用机制的解释存在差异。

依据传统的理性选择路径，由于观众成本来自国内观众对领导人的惩罚能力，考虑到选民可能发动的惩罚，领导人的理性选择就是坚持已经公开发出的威胁，也即坚持强硬路线而不退让，② 于是，危机谈判的艺术成为领导人制造和展示观众成本之争。詹姆斯·费伦认为，为了在危机谈判中获得优势，领导人会主动制造和展示观众成本，以便将自己坚持强硬立场的态度传递给对手。③ 早期研究表明，国内观众惩罚失责领导人的能力与后者是否兑现承诺存在很强的相关性，而代议制国家由于具备更有效的惩罚机制，使得其领导人展示的观众成本更加可靠，④ 因此代议制国家领导人能以更加有效的方式向对手传递政策意图信号，相互之间实现更有效的沟通，从而降低冲突升级的可能性。⑤ 至于为何代议制国家的行为比其他国家更可信，肯尼斯·舒尔茨

① Heins Goemans, "Which Way Out? The Manner and Consequences of Losing Office," *Journal of Conflict Resolution* 52, no. 6 (2008) : 771-794.

② James D. Fearon, "Domestic Political Audiences and the Escalation of International Disputes," *The American Political Science Review* 88, no. 3 (1994) : 577-592.

③ James D. Fearon, "Signaling Foreign Policy Interests: Tying Hands versus Sinking Costs," *The Journal of Conflict Resolution* 41, no. 1 (1997) : 68-90.

④ Joe Eyerman and Robert A. Hart, Jr., "An Empirical Test of the Audience Cost Proposition: Democracy Speaks Louder than Words"; Peter J. Partell and Glenn Palmer, "Audience Costs and Interstate Crises: An Empirical Assessment of Fearon's Model of Dispute Outcomes," *International Studies Quarterly* 43, no. 2 (June 1999) : 389-405.

⑤ Joe Eyerman and Robert A. Hart, Jr., "An Empirical Test of the Audience Cost Proposition: Democracy Speaks Louder than Words".

认为，代议制国家领导人有信息优势，可以利用信息不对称而实际上不执行其公开承诺或威胁的政策，这种政策不确定性是损害谈判信号可信度的主要原因之一，因此，他强调主要反对党的作用，并据此提出了代议制国家克服信息不对称困境的机制。① 舒尔茨进一步指出，由于代议制国家领导人更容易受到反对党的弹劾，谈判行为对其任期的影响更直接，因此其谈判行为可信度更高。②

理性选择路径下的研究则进一步强调领导人言行一致和反对派挑战政府的能力对于观众成本机制的重大影响。领导人累积言出必践的信誉，可以在未来的冲突中获得行为可信度高的声誉，也就是说当领导人对国内民众信守承诺时，他的外交战略更加可信和有效。③ 对政体案例数据库的测试表明，观众成本能否发挥作用有赖于反对派挑战政府政策的能力。④ 但是，在国内政治实践中是否真实存在观众成本呢？通过对民意调查结果的实验分析，迈克·汤姆兹找到了有关实证支持，他发现观众成本普遍存在于国内民众中，特别是那些政治活跃人群，他们对国家政策的影响更加直接，并且关心领导人是否信守承诺，是否在谈判中展示出坚毅的决心，而对于未能兑现诺言的国家领导人，他们更有可能发起国内惩罚。⑤ 也就是说，相对于考察领导人在危机谈

① Kenneth A. Schultz, "Domestic Opposition and Signaling in International Crises," *The American Political Science Review* 92, no. 4 (1998): 829-844.

② Kenneth A. Schultz, "Looking for Audience Costs," *The Journal of Conflict Resolution* 45, no. 1 (2001): 32-60.

③ Alexandra Guisinger and Alastair Smith, "Honest Threats: The Interaction of Reputation and Political Institutions in International Crises," *The Journal of Conflict Resolution* 46, no. 2 (2002): 175-200.

④ Brandon C. Prins, "Institutional Instability and the Credibility of Audience Costs: Political Participation and Interstate Crisis Bargaining, 1816-1992," *Journal of Peace Research* 40, no. 1 (January 2003): 67-84.

⑤ Michael Tomz, "Domestic Audience Costs in International Relations: An Experimental Approach".

判中的公开表态，国内观众的惩罚能力对于危机谈判策略选择更有预测作用。

然而，对于观众成本理论的理性选择路径，一些学者质疑其作用机制。杰西卡·韦克斯发现，在制造国内观众成本方面，代议制国家领导人并不拥有独特优势，大多数非代议制国家的政治体制也可以产生观众成本，当他们的领导人作出对外威胁但未能兑现时，也同样面临国内精英的国内制裁。① 后续研究也发现，当选举偏见较低、现任领导人执政基础脆弱时，选举威权主义政权也可以发出可信度高的谈判信号。② 不同数据库提供的实证案例挑战了所谓的民主信号可信论，例如亚历山大·唐斯和托德·萨克泽在审查相关研究中应用较广的数据后发现，既往研究包含了与观众成本无关的低水平和其他类型的冲突，使得这些研究的最终分析结果具有误导性，剔除这些无关数据之后的分析表明，代议制国家发出的威胁，其成功率并未显著高于其他国家。③

理性选择路径的不足还在于，其未能合理纳入理性行为体主观能动性的影响。杰克·斯奈德和伊瑞卡·柏格哈德认为，作为理性行为体，领导人并不会被动承受国内观众可能发动的惩罚，而且他们也并不希望失去外交政策选择的灵活性，因此通常会避免作出明确的威胁或刚性的承诺。④ 此外，作为理性行为体的国内观众，更关心领导人政

---

① Jessica L. Weeks, "Autocratic Audience Costs: Regime Type and Signaling Resolve," *International Organization* 62, no. 1 (Winter 2008): 35-64.

② Brandon J. Kinne and Nikolay Marinov, "Electoral Authoritarianism and Credible Signaling in International Crises," *Journal of Conflict Resolution* 57, no. 3 (June 2013): 359-386.

③ Alexander B. Downes and Todd S. Sechser, "The Illusion of Democratic Credibility," *International Organization* 66, no. 3 (2012): 457-489.

④ Jack Snyder and Eerica D. Borghard, "The Cost of Empty Threats: A Penny, Not a Pound," *American Political Science Review* 105, no. 3 (2011): 437-456.

策的实质内容，而不是领导人在公开场合作出怎样的承诺或威胁，特别是当事件关系到切身利益和价值观好恶时，他们更关心政策实质内容对于自己的影响。① 也就是说，这些因素基本上并不受领导人口头威胁或承诺的影响。

此外，国内制约能否实现还受到事件关注度的影响，包括国内观众能够获得的信息种类和信息量大小。这可以分为多种情况，领导人可以对外封锁危机信息，当国内观众甚至不知道有一场危机正在发生时，国内制约也就无从谈起。领导人可以选择在成功把握更大时发起或卷入危机冲突。领导人或者可以发出相对模糊的威胁，从而在退让时强调对手已经满足了己方的谈判诉求。领导人还可以强调出现了新的情况，使得转变谈判策略具备说服力，公众因此发起制裁的可能性会降低。② 在这些情况下，领导人都有可能减少国内惩罚的可能性。还有一个有利于领导人的因素是，在和平环境下，国内民众更关心国家的经济和税收，因此相对于外交危机，公众对前者的关注度更高，对后者的关注度更低，从而从总体上降低了触发观众成本的概率。③ 也就是说，相对于政体类型，事件关注度对军事冲突是否升级更有预测作用。

---

① Jack Snyder and Eerica D. Borghard, "The Cost of Empty Threats: A Penny, Not a Pound".

② Matthew S. Levendusky and Michael C. Horowitz, "When Backing Down Is the Right Decision: Partisanship, New Information, and Audience Costs," *The Journal of Politics* 74, no. 2 (2012): 323–338.

③ Douglas M. Gibler and Marc L. Hutchison, "Territorial Issues, Audience Costs, and the Democratic Peace: The Importance of Issue Salience," *The Journal of Politics* 75, no. 4 (2013): 879–880.

三、观众成本与领导人谈判灵活性：
一个初步的理论框架

本文认为，作为理性行为体的领导人和国内观众都具有一定程度的政策偏好，此时应重点关注两者偏好不一致的情况，即领导人面临国内观众成本制约时保持政策灵活性的能力。讨论国际谈判，在涉及政策偏好时，应充分关注影响观众成本作用机制的两大因素，即国内惩罚与事件关注度对领导人谈判战略选择的重大影响，前者反映领导人面临的国内制约，后者反映领导人保留政策灵活性的能力。

国内惩罚涉及国内选民惩罚领导人的手段，对领导人的战略决策构成制约，使公众政策偏好得到尊重。广义的国内惩罚体现为民众通过游行示威等手段，对政府或立法机构施加压力。虽然不排除民众在一些极端情况下通过暴力形式表达立场，但对于大多数代议制国家而言，国内惩罚主要是通过国家制度中的权力制衡而实现的，包括行政、立法和司法等各部门之间的相互制衡。美国作为典型的三权分立国家，在国际谈判中往往援引立法机构的限制，来向对手国家传达己方无法从既有立场退步的信息。[①] 在一些场合中，司法机构也可以通过判决和作出宪法解释等，对政府行为进行监督和制约。因此，对于领导人所代表的行政部门而言，国内惩罚通常体现在选举惩罚或司法监督等方面。

领导人及其政府在国内的权力地位可以反映其可能受到的国内制约的程度。在代议制体系中，执政党在议会中的席位比例可以作为一

---

① Thomas C. Schelling, *The Strategy of Conflict* (Cambridge: Harvard University Press, 1960), pp. 19-28.

个量化的衡量指标。具体到各国不同的执政方式，如果是多党联合执政，那么执政联盟的组成方式和主导政党在联盟内的影响力也可以成为考察的指标。如果是联邦制国家，还需要考虑所在政党能控制多少地方政府及其议会，在特定条件下，这些次国家行为体可以在外交政策方面发挥独特的影响力，例如当地方政党参与联合执政时，便具备了一定的影响外交决策的能力，可实现对领导人外交决策的制约。特别是当危机谈判涉及民众或特定地方群体的利益或好恶时，公众可能会密切关注外交政策的进展，使得发起国内惩罚的可能性增加，对决策者的制约力度相对加大。

事件关注度涉及信息提供的方式和信息量的多少。一般认为，当事件关注度低时，领导人的决策空间增大，有机会执行自己偏好的战略；而当事件关注度高时，领导人的决策空间减小，受到国内观众的制约则加大。在极少数情况下，当事件关注度非常高时，领导人仍可能选择与公众偏好相悖的政策，此时领导人需要准备好接受国内观众的惩罚，但是即使考虑到领导人有可能坚持自己的政策偏好，也并不能认为领导人此时拥有不受限制的选择空间，无论是在代议制国家还是非代议制国家，如果领导人与民众之间存在严重分歧，其政策合法性将受到质疑，这将严重影响其他政策的推行和危机的后续处理。

观众成本实现的前提之一就是一定程度的信息透明度，以确保公众能够接收到领导人的外交立场和政策成败的消息，[1] 这也是考察代议制响应能力的关键条件。[2] 媒体通过对特定问题报道量的多寡和报道侧

① Philip B. K. Potter and Matthew A. Baum, "Democratic Peace, Domestic Audience Costs, and Political Communication," *Political Communication* 27, no. 4 (2010): 453-470.

② Paul Burstein, "The Impact of Public Opinion on Public Policy: A Review and an Agenda," *Political Research Quarterly* 56, no. 1 (2003): 30.

重点的不同，可以将其日程下的事件关注度传递给公众。这一作用机制发生的前提条件是存在一定程度的开放政治体系和媒体体系。① 因此，在考察事件关注度时，媒体的重要作用得以凸显。研究显示，相对于国内问题，公众对于外交事件的进展关注不够，在很大程度上，外交仍是政治精英的舞台。② 但是这并不意味着事件关注度对于观众成本理论机制不具有现实意义，实际上，政治精英对特定政策的讨论越激烈，公众意见被激发的可能性越高，因此，公众或特定群体能够获得的信息和信息量，是考察国内观众成本制约领导人决策的重要方面。

从实践来看，两个维度之间是相互影响的，例如当事件关注度提高时，会提升触发国内惩罚的可能性，原因在于当国内惩罚的绝对能力不变时，事件关注度的提高降低了反对派发动惩罚时的协调成本，使得制裁能力相对提高。同样，在惩罚能力提升时，如议会或法院的裁决不利于领导人，可能会引发媒体的高度关注，原本相对沉默的民意将被激发，相对降低了反对派发动舆论攻势的难度。

结合以上分析，如图1所示，本文建立危机谈判下国内观众成本与领导人政策灵活性的解释框架。在国内惩罚能力和事件关注度两个维度的综合影响下，领导人在危机谈判时的政策灵活性可以分为四种情形：情形一，当国内惩罚能力高、事件关注度高时，领导人从公开立场退让引发的观众成本最高，此时领导人的政策灵活性最小。原因在于此时国内观众密切关注谈判进展，同时具备有效的惩罚手段，领导人在谈判中的策略选择受到的制约大。而在情形四中，国内观众惩

① Maxwell McCombs, *Setting the Agenda: The Mass Media and Public Opinion* (Cambridge: Polity Press, 2004) , pp. 36–37.

② Devesh Kapur, "Public Opinion and Indian Foreign Policy, " *India Review* 8, no. 3 (2009) : 288–289.

罚能力低、事件关注度低，领导人从公开立场退让引发的观众成本最低，原因在于国内观众不太关注谈判情况，同时惩罚手段有限，领导人在谈判中的策略选择受到的制约小。

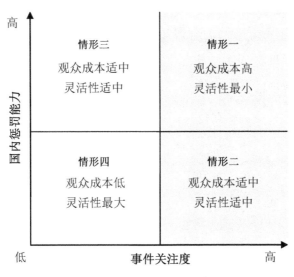

图1 危机谈判下领导人的政策灵活性

资料来源：笔者自制。

在情形二和情形三中，国内观众对领导人决策的制约处于适中水平。此时，国内惩罚能力和事件关注度在两个维度上各有一个处于较低值，而另一个处于高值区间，且其可以由较高向最高一段波动，即仍有可能上升到高值。在这两种情形下，危机初期反映出的观众成本对于领导人谈判灵活性的制约是适中的，领导人政策灵活性也是适中的。但如果该维度上升到极值，那么领导人受到的制约将增大，政策灵活性就会减少。根据上述解释框架，本文的案例部分将梳理印度早期和后期的谈判行为，重点观察印度谈判行为在不同时期的相同点和不同点，考察特定维度处于低水平而另一维度值变化时的国内观众成本情况，以及由此产生的对领导人战略选择的制约效果。

四、印度早期的国际危机谈判行为

本文把印度国际谈判经历划分为早期和后期，早期主要指的是尼赫鲁家族早期统治时期（1947—1989 年），包括但不限于尼赫鲁时期（1947—1964 年）、英迪拉·甘地时期（1966—1977 年、1980—1984 年）和拉吉夫·甘地时期（1984—1989 年），后期则主要指的是 1989 年以后至今，两个时期的划分大体上以冷战为界。本文发现，第一，印度领导人善于制造和展示观众成本，这符合代议制制约机制在制造国内观众成本方面有效性的判断；第二，印度能以有效可靠的方式制造观众成本，但这并不意味着它就能理所当然地迫使对手让步；第三，当它的对手也选择制造国内观众成本的谈判方式时，危机升级就成为最可能的均衡结果。① 因此本文认为，印度危机谈判行为呈现的一味强硬策略并没有违背国内观众成本机制，恰恰相反，其领导人面临的正是有关机制的内在制约，只是在印度政治背景下呈现的内容和形式有所不同，对印度早期国际危机谈判的案例研究也支持上述判断。

（一）1960 年印中边界谈判与印中关系

首先来看尼赫鲁时期。他本人一度身兼总理和外交部长两个重要职位，在他任印度总理期间，国大党在印度人民院的多数党地位十分稳定，历次大选中的席位数占比分别达到 74.40%（1952 年）、75.10%（1957 年）和 73.10%（1962 年），可以说无论是国大党还是他本人在

---

① Ahmer Tarar and Bahar Leventoglu, "Public Commitment in Crisis Bargaining," *International Studies Quarterly* 53, no. 3 (2009): 817–839.

当时的印度都有着极高的影响力。[1] 这突出表现在他采取秘密外交的形式处理了很多国际冲突，例如1954年7月，印度军队通过尼提山口向中国西藏地区渗透，中国政府对此提出强烈抗议，最终该事件通过印度外交人员与中方的秘密接触而化解。[2] 这类例子常见于尼赫鲁早期（至少是1959年之前）的中印边界问题解决，两国关于边界问题的分歧通过尼赫鲁与周恩来总理的私人外交得到管控。以上情况符合前文框架中的情形四，即国内观众对领导人的惩罚能力很弱，同时谈判信息被严格控制，由此使得尼赫鲁在此类国际危机谈判中面临很小的国内制约，决策灵活性很高。实际上这涉及一类特别的危机战略决策，即通过秘密外交的方式化解潜在的军事冲突，[3] 那些可能上升为冲突的事件被以私人外交的形式消除，甚至可能都没有发展为危机。

当然这并不能说明尼赫鲁在做危机决策时完全不受国内制约的影响，在很多情况下，特别是无法以秘密外交控制谈判信息时，随着国内观众成本被触发和逐渐上升，他的危机决策同样受到国内力量的制约。这种制约除了代议制下更大范围的民意限制，很多时候还来自国大党内部的不同声音。[4] 尼赫鲁在印中1960年边界谈判的战略决策就是这样的一个案例，符合上述框架提到的情形二，即虽然国内惩罚能力仍处于较低水平，但事件关注度上升并由较高向高值一端波动，国内观众成本随之上升，领导人面临的国内制约增大，最终丧失决策灵活性。

---

① 数据来源参见 Election Commission of India, http://eci. nic. in/。

② Alexander B. Downes and Todd S. Sechser, "The Illusion of Democratic Credibility".

③ Keren Yarhi-Milo, "Tying Hands Behind Closed Doors: The Logic and Practice of Secret Reassurance," *Security Studies* 22, no. 3 (2013): 405–435.

④ Rudra Chaudhuri, "The Limits of Executive Power: Domestic Politics and Alliance Behavior in Nehru's India," *India Review* 11, no. 2 (2012): 95–115.

至少在 1959 年之前，印度政府一直严格控制与中国关于边界纠纷问题的外交信息，其国内多数讨论都是媒体的猜测和揣摩，并没有得到证实。① 而在 1959 年 8 月 25 日至 1960 年 4 月 19 日，印中两国关于边界问题的争议上升，两国总理之间的私人外交已经无法解决双方的分歧。随着双方在边界的冲突和对峙加剧，印度国内各种政治流言和猜测迅速增加。在 1959 年 9 月初的一次国会讲话中，尼赫鲁突然宣布将公开过去五年来与中国在边界问题上的来往文件，并以政府白皮书的形式定期向公众发布有关进展情况。即使不考虑边界问题的敏感性，单就整体外交行为而言，这一决定相当于为公众提供了充分的不受任何限制的信息渠道，而这是十分罕见的行为。实际上，根据后来担任过印度外交部外交秘书梅赫塔回忆，这是尼赫鲁个人的即兴决定，当时他并没有跟身边人提及，事前也没有在外交决策小圈子内进行任何商议和讨论。② 在无限制的信息供应下，印度媒体开始深挖文件信息，陆续出台的新闻报道激发了民众的民族主义情绪，认为印度政府在印中边界问题上过于软弱。③ 国大党内部也开始质疑尼赫鲁的政策，尼赫鲁政府承受的国内压力日益增大。

在缺少足够证据的情况下，我们很难理解尼赫鲁此举背后的真正原因。作为经验丰富的领导人，他对民意的驾驭和控制并不陌生，例如在同时进行的另一场与葡萄牙人关于果阿归属问题的谈判中，他已

---

① J. Bandyopadhyaya, *The Making of India's Foreign Policy: Determinants, Institutions, Processes, and Personalities* (Bombay: Allied Publishers, 1970), p. 131.

② Jagat S. Mehta, *Negotiating for India: Resolving Problems through Diplomacy (Seven Case Studies 1958–1978)* (Manohar, 2007), p. 74. 当时作为印度外交部中国事务负责人，梅赫塔直接参与了 1960 年的谈判。在印中关系最困难时期，他被派驻北京担任驻华临时代办（1963—1966 年），并在 20 世纪 70 年代后期担任外交秘书（印度外交公务员系列最高职位，相当于常务副部长）。

③ "Nehru's Policies Assailed in India," *The New York Times*, September 14, 1959.

经从激发的民意中收获了巨大的支持，在谈判中占据了有利的位置。[1]
有研究指出，尼赫鲁在果阿事件中选择使用武力的时机与中印边界冲
突的升级密切相关，果阿事件加强了公众主张采取强硬政策的情绪，
从战略影响上看，加快了中印边界战争的到来。[2] 因此，在与中国的正
式谈判开始前，民众获得了前所未有的大量信息，媒体对白皮书的深
挖报道更把民众对此事件的关注度提高到前所未有的水平，此举极大
地推动了印度国内的反华民族主义情绪。

　　由此不难预见，印度国内观众开始发声，对即将到来的印中边界
谈判施加压力。反对党要求政府在未来谈判中不能再作出任何让步，
一封由来自7个政党62名议员签名的公开请愿书被呈送给尼赫鲁，要
求他"不要把任何印度土地割让给中国"。当时的人民联盟在人民院只
拥有4个席位，但反对态度最激烈，该党在总理官邸外组织了一场大
规模示威，呼吁"不许割让印度领土"。[3] 而当时正值年度预算审议期
间，尼赫鲁和国大党有理由担心激昂的民意会让各反对派联合起来阻
挠预算法案，显然政府需要向反对派作出承诺不会在印中边界问题上
让步，才有可能平息民众和反对派的抗议。[4] 实际上，尼赫鲁也是这么
做的，他开始在各种场合表达政府的强硬立场。因此当周恩来总理抵
达德里开始谈判时，尼赫鲁在两国边界问题上的立场其实已经固化，
几乎没有任何回旋余地。有分析指出，此时尼赫鲁哪怕是接受中方提

① Alexander B. Downes and Todd S. Sechser, "The Illusion of Democratic Credibility".

② 陶亮、李敏：《尼赫鲁对果阿问题的处理与1962年中印边界冲突》，《南亚研究》2014年第2期，第87—105页。

③ Paul Grimes, "India Leaders Warn Nehru," *The New York Times*, New Delhi, April 5, 1960.

④ Jagat S. Mehta, *Negotiating for India: Resolving Problems through Diplomacy*, pp. 76–79.

出的暂时保持边界现状的建议，也可能带来严重的政治后果。[①] 印度国内政治气氛决定了双方通过谈判无法取得任何实质成果，冲突升级已经无法避免。

（二）贝鲁巴里飞地与印巴、印孟关系

贝鲁巴里飞地（Berubari Enclaves）位于原东巴基斯坦（现孟加拉国）北部和印度交界（主要位于西孟加拉邦）地区，分析飞地交换和由此涉及的划界问题，可以帮助我们审视印度在相关危机谈判中的行为，特别是在事件关注度基本保持不变的情况下，国内惩罚能力的不同对印度领导人谈判战略选择的制约。自印巴分治之后，两国即在边界划定和领土归属问题上冲突频频，就贝鲁巴里飞地问题而言，印度有 106 块飞地位于东巴基斯坦（现孟加拉国）境内，后者有 92 块飞地在印度境内。为缓和两国在边界问题上的紧张态势，印度总理尼赫鲁与巴基斯坦总理努尔于 1958 年 9 月签署《关于印度—东巴基斯坦边界的协定》（又称《尼赫鲁—努尔协定》），决定双方各自向对方移交己方境内的对方飞地。[②] 双方领导人都认可对方采取切实行动解决飞地问题的态度，也希望借此协定永久性地解决印度与东巴一侧的划界问题，并为双方全部边界的最终划定奠定基础。

根据这份协定，印度交出的飞地面积略多，反对派借此强烈指责尼赫鲁政府损害印度国家利益，主要涉及的西孟加拉邦更是强烈反对该协定，即便当时是国大党控制着西孟加拉邦政府。西孟加拉邦内的民族情绪上升，无论根据协定能换来多少巴方土地，将部分西孟加拉

---

① Alan Lawrance (ed.), *China's Foreign Relations Since 1949* (London: Routledge and Kegan Paul, 1975), pp. 124–125.

② "Storm over Berubari," *The Economic Weekly*, December 10, 1960.

邦土地交给巴基斯坦的做法本身，就会严重损害当地民众感情和居住在飞地内印度国民的切身利益，邦议会号召成立了贝鲁巴里保卫委员会。[1] 包括人民党在内的反对党也提出强烈抗议，后来曾担任印度总理的瓦杰帕伊也在积极组织群众集会和游行示威。[2] 为加强对联邦政府的制约，西孟加拉邦政府还将此事诉至最高法院，并获得有利的最终裁决，规定凡涉及印度领土（1950 年 1 月 26 日印度宪法生效之时属于印度的土地）的国家间土地交换，必须经过宪法修正案的批准，[3] 而类似修正案要求议会三分之二多数票批准。

在本案例中，地方民众和反对派推动邦政府在有关问题上采取强烈抵制的政策，并且最终利用印度联邦制度下行政、司法和立法等部门之间的权力制衡，加强了对尼赫鲁领导下的行政力量的制约。现实情况迫使尼赫鲁不得不投入更多的政治资源，最终于 1960 年 12 月 28 日通过宪法第 9 修正案，该修正案专门批准在边界划定后，印度政府可以向巴基斯坦转让特定领土。[4] 但此时印巴两国关于克什米尔问题的冲突日益加剧，执行《尼赫鲁—努尔协定》的最佳时机已经过去，最终修正案也没有真正得到执行。在印度联邦制度的框架下，地方政府绝少涉及外交事务，此次西孟加拉邦政府的行动，几乎可以算是地方政府抵制联邦政府重大外交决策并第一次取得成功的案例。时至今日，困扰人们的问题则是，如果飞地交换能尽早执行，从而为两国政府就领土问题确立一个政治协商的先例，是否会有助于解决两国其他地区的边界问题。

---

① "Storm over Berubari," *The Economic Weekly*, December 10, 1960.

② M. G. Chitkara, *Bangladesh: Mujib to Hasina* (New Delhi: APH, 1997), p. 124.

③ Lorenz Lüthi, "Sino-Indian Relations, 1954–1962," *Eurasia Border Review* 3 (2012): 116.

④ *The Constitution (Ninth Amendment) Act, 1960*, accessed April 6, 2016, https://www.india. gov. in/my-government/constitution-india/amendments/constitution-india-ninth-amendment-act-1960.

1971 年第三次印巴战争后，东巴独立并成立孟加拉国，同时也继承了贝鲁巴里飞地问题。1974 年，时任孟加拉国总理穆吉布·拉赫曼与英迪拉·甘地签订了《印度—孟加拉国边界协定》，双方都表示尽快实现飞地领土的交换，以尽早划定双方边界。[①] 孟加拉国议会于当年年底批准了该协定，但是英迪拉在寻求印度议会批准时遭遇了强大的阻力。这些制约力量与尼赫鲁遭遇到的反对力量大体相同，都来自西孟加拉邦和联邦议会内的反对派。他们除了宣布该协定有损印度领土主权，还指责执政的国大党政府对孟加拉国非法移民问题过于软弱。[②] 其间，英迪拉领导的国大党内部也出现分裂，不断有核心领导人离开另组新党。同时为了应对日益兴起的反对派，英迪拉政府宣布实行国家紧急状态，从 1975 年开始直到 1977 年才结束，这直接导致她输掉了 1977 年大选。虽然 1980 年她利用人民党执政业绩不佳的机会重新上台执政，但动荡的政局严重削弱了国大党的统治基础，英迪拉在内政外交上受到的国内制约明显增加。[③] 考虑到当初以尼赫鲁极高的威望和国大党当时的一党独大地位，他在推动边界协定的宪法修正案时都遭遇了强大阻力，一个地位更弱势且个人威望受损的英迪拉政府面临的国内反对派制约则更大，她既无精力也无有效力量推动新的宪法修正案。

此后直至拉吉夫·甘地时期，印度政府对于印孟边界仍没能最终划定，面临的反对力量也与尼赫鲁和英迪拉时期大致类似，主要是西孟加拉邦和印度人民党（原人民同盟），从而使印孟边界纷争一直陷于

---

① N. S. Jamwal, "Border Management: Dilemma of Guarding the India-Bangladesh Border," *Strategic Analysis* 28, no. 1 (2004): 5–36.

② Sinderpal Singh, *India in South Asia: Domestic Identity Politics and Foreign Policy from Nehru to the BJP* (Abingdon: Routledge, 2013), p. 109.

③ Shashi Tharoor, *Reasons of State: Political Development and India's Foreign Policy under Indira Gandhi 1966–1977* (New Delhi: Vikas, 1982).

持续未决的状态，这也阻碍了两国关系的正常发展。2001 年 4 月 16—
19 日，印度与孟加拉国发生小规模边界冲突。印方表示冲突导致 16 名
印方士兵死亡，不过孟方则宣称在付出较小伤亡的情况下击毙了 400
名印度士兵。[①] 这也被认为是印度与孟加拉国两国自 1971 年以来的第
一次武装冲突，两者关系也因此时好时坏。

五、国内政治演变对印度国际谈判行为的影响

冷战后，印度经历了一段较长时间的高速发展，但是我们观察到
印度在国际危机谈判中仍在一味坚持强硬策略，在某些问题上的强硬
态度甚至有所加强。本文认为，印度国内的社会和政治环境变化，使
得事件关注度和国内惩罚能力两个因素在新时期的表现方式和内容都
有所变化，并且变化的方向总体上帮助国内观众加大了对领导人谈判
政策选择的制约。

首先，可以考察政府与媒体关系以及后者在整体外交中的作用。[②]
在美苏两极对峙的时代，尼赫鲁提出并实践的不结盟框架主导了印度
外交，尼赫鲁去世之后，英迪拉·甘地和拉吉夫·甘地等尼赫鲁家族
成员先后担任总理，印度外交共识基本得到延续。冷战之后，印度战
略界关于外交政策的共识开始分化，媒体对于不同政见的报道日益增
多。此外，印度媒体的独立报道能力也在增强。很多媒体不再单纯依
赖政府拨款，从企业获得的广告收入增加，商业团体代表的不同利益

---

① Willem van Schendel, "The Wagah Syndrome: Territorial Roots of Contemporary Violence in South
Asia," in Amrita Basu and Srirupa Roy (eds.), *Violence and Democracy in India* (Calcutta: Seagull Books,
2006), pp. 55–57.

② Sanjaya Baru, "The Influence of Business and Media on Indian Foreign Policy," *India Review* 8,
no. 3 (2009): 266–285.

也成为媒体内容的重要来源。技术的发展和大型媒体集团的出现，也在某种程度上推动了媒体的报道能力，社交媒体的发展更促进了信息传播，这些因素使得媒体对政治议程设定的影响力上升。[①] 因此，外交理念的多样化扩大了内容供给，报道能力的提升有助于不同派别发声，两者叠加的影响客观上使得在同等条件下危机事件关注度更容易上升，反对党和各利益集团可以更有效地利用媒体发出自己的声音，推动大众对事件的关注和讨论。

其次，印度国内政治碎片化提高了国内观众的惩罚能力。碎片化的表现之一在于印度政坛有意义的政党（即在人民院中能获得至少一个席位的政党）数量不断上升。表现之二是 1989 年之后，印度没有出现一个可以控制人民院多数席位的单一政党，这与尼赫鲁时期国大党长期占据 70% 以上席位和英迪拉时期总体保持多数党的情况完全不同，联合执政成为常态，执政联盟内小党（主要是地区政党）的影响力上升。[②] 与此相对应，联邦权力呈分散化趋势，能制约和影响政府和领导人决策的行为体增多。第一，相对于全国性的政党，地方政党规模往往相对较小，代表的民众利益更加集中，党内成员对于特定政策感受到的利益得失更直接，这使得地方政党更有动力在特定议题上发起对领导人的惩罚。[③] 第二，在联合执政时代，大党在组建执政联盟时依赖

① Teresa Joseph, "Mediating War and Peace: Mass Media and International Conflict," *India Quarterly: A Journal of International Affairs* 70, no. 3 (2014): 225–240.

② 2014 年大选，印度人民党成为自 1989 年以来第一个获得人民院多数席位的政党，但它仍是以政党联盟的方式参选并联合执政，这也从技术和实际操作层面保持了联合政府的形式。其他证据也表明碎片化趋势还将持续。在 2014 年大选后，在人民院获得至少一个席位的政党数量从上次大选的 35 个上升到 36 个。数据来源参见 Election Commission of India, accessed April 12, 2016, http://eci.nic.in/。

③ Adam Ziegfeld, "Coalition Government and Party System Change: Explaining the Rise of Regional Political Parties in India," *Comparative Politics* 45, no. 1 (2012): 69–87.

于众多小党的支持，意味着打破执政平衡（执政联盟在人民院拥有的多数席位）所需要的边界席位数趋少，拥有较少席位数也能对执政联盟的存续产生影响。① 因此，一些地区政党通过参与政党联盟，得以在胜选之后进入联合政府，换来了比自身规模更大的影响力，在一定程度上具备了影响特定政策议程的能力。

总体上看，这些新现象都进一步加大了领导人在危机谈判中受到的国内制约。本节将首先选取 1990 年危机和 1999 年卡吉尔危机，进一步考察国内惩罚能力的不同对领导人在危机谈判中的制约情况的不同。其次还将选取和对比印度在 2001—2002 年以及 2008 年恐怖袭击之后的两次危机谈判，观察事件关注度和国内惩罚能力的变化对于领导人战略选择的制约情况，并结合上文提出的解释框架，考察在触发观众成本的情况下，领导人在危机谈判中选择让步是如何支付观众成本的。

（一）1990 年危机和 1999 年卡吉尔危机

1990 年 1 月 21 日，在印控克什米尔地区，警察对支持独立的抗议人群开枪，造成 50 人死亡。巴基斯坦对此予以强烈谴责，却引发印度的强烈不满，后者指责巴基斯坦长期在该地区从事反印分裂活动，事件很快发展为大规模边界军事对峙，由此演变为 1990 年印巴危机。在印度方面，当时执政的人民联盟本身是一个松散的政党联盟，在人民院的席位数远未过半，最终是在席位数排名第三的印度人民党的支持下，组成了印度第一个少数政府。② 政府在危机谈判中面临巨大的压

---

① 谢超：《印度政党政治碎片化的成因和历程》，《国际政治科学》2015 年第 4 期，第 45—71 页。

② 1989 年印度大选，在人民院全部 545 个席位中，国大党获得 197 席，人民联盟获得 143 席，均未过半数，印度人民党排名第三，获得 85 个席位。

122

力，维·普·辛格总理面临民众要求采取强硬政策的巨大压力，外围盟友印度人民党也主张印军应跨过实际控制线，动用武力摧毁武装分子在巴基斯坦境内的训练营地。① 重压之下，印度政府开始在边境地区进行大规模军事动员，巴基斯坦则暗示将动用核武器应对印军可能的入侵。② 面对巴方的威胁，刚刚落选的前总理拉吉夫·甘地则暗示了印度秘密发展的核武器项目：“我知道可以采取哪些措施。我也知道还可以动用哪些备用手段和能力。问题是，我们现在的政府有那个胆量吗?”③ 在4月10日面对议会的质询时，为了表明政府"不再软弱"，辛格总理表示，政府已经"从心理层面开始应对战争"，如果巴基斯坦部署核武器的话，"我想我们别无选择，只有针锋相对"。④ 印巴双方都暗示动用核武器的强硬姿态无疑大大加剧了边境对峙的紧张局势，危机不断升级。

刚组阁不久的人民联盟政府本就立足未稳，虽然由于国内观众高昂的反巴基斯坦情绪，政府被迫采取强硬措施，但缺乏执行到底的政治意愿和能力。最终在美国的斡旋下，冲突双方都从战争威胁中退让，并于6月底之前撤军。印度政府旋即宣布，鉴于巴方同意关闭境内的武装分子训练营，在印方谈判诉求得到满足的情况下决定撤军。但是政府在危机中的表现备受各方指责，在危机缓和过程中印度方面作出

---

① P. R. Chari, et al. , *Perception, Politics and Security in South Asia: The Compound Crisis of 1990* (London: Rutledge Curzon, 2003) , p. 61.

② Seymour M. Hersh, "A Reporter at Large: On the Nuclear Edge, " *The New York Times*, March 29, 1993; Devin T. Hagerty, " Nuclear Deterrence in South Asia: The 1990 Indo-Pakistani Crisis, " *International Security* 20, no. 3 (Winter 1995/6) : 79–114.

③ "India Urged to Attack Camps in Pakistan over Strife in Kashmir," *Financial Times*, April 9, 1990.

④ "Indian Premier Warns of Danger of Kashmir War," *Financial Times*, April 11, 1990; "VP Urges Nation to Be Ready as Pak Troops Move to Border, " *Times of India*, April 11, 1990.

的实质让步，特别是巴方的成功核威慑吸引了国际社会的关注，并遏制了印方的入侵威胁。① 因此政府对于让步的解释并没有得到其外围盟友的认可，印度人民党与执政的人民联盟之间的嫌隙加大，最终印度人民党很快就宣布不再支持后者，执政联盟被迫解散，也就是说，政府为自己在危机谈判中的让步行为支付了高昂的观众成本。

1999 年卡吉尔危机则从某种程度上展示了事件关注度升高以及由此带来的国内观众成本对领导人的制约情况。1999 年 5—7 月，印巴双方围绕印控克什米尔地区的卡吉尔高地的控制权发生了一系列武装冲突，这是自第三次印巴战争以来持续时间最长、伤亡最严重的冲突，也是两国在 1998 年进行系列核试验、成为公开的核武器拥有国之后的第一次武装冲突。② 从媒体报道能力方面来说，得益于媒体播放技术和能力的提高，这也成为南亚第一个电视播放的危机。③ 由于媒体的高度介入，这场危机的事件关注度很快上升并在一段时间内保持高水平，政府的危机应对策略受到的国内制约加大。最初印度政府对于巴基斯坦武装人员在卡吉尔地区的渗透反应很慢，直到媒体介入后，特别是印方沙鲁巴·卡利亚上尉及其手下的 5 名士兵据信在被俘后被巴方虐打致死的照片刊登后，印度民众受到巨大冲击，反巴情绪迅速被点燃，当时的瓦杰帕伊政府被迫采取快速果断的应对措施。④

瓦杰帕伊政府是印度历史上第一个通过最低共同行动纲领执政的

① Devin T. Hagerty, "Nuclear Deterrence in South Asia: The 1990 Indo-Pakistani Crisis".

② 冲突共造成 1 000 多人死亡，已经满足了关于战争的一般定义。关于伤亡人数的评估，可参见 India Kargil Review Committee, *From Surprise to Reckoning: The Kargil Review Committee Report* (London: SAGE Publications, 2000), p. 23。

③ P. R. Chari, et al., *Four Crises and a Peace Process: American Engagement in South Asia*, p. 145.

④ "Pakistan 'Tortured Indians to Death'," *The Independent*, June 12, 1999.

政党联盟，与前几任政府的松散联盟不同，最低共同纲领确立了政党联合执政的基础，这也成为之后历届联合政府的标准操作。得益于稳定的执政地位和前景，印度政府充分利用此次危机进行了一场国际宣传战，事实也证明这一策略非常奏效。以往在印巴冲突中，以美国为首的一些西方国家往往呼吁印方采取克制，而这次是印度第一次在外交宣传中占得上风。在整个危机期间，印度各大报纸的头版头条几乎都被有关危机的新闻占领，一方面向国际社会传达了印度作为负责任的核武器拥有国的自我克制以及邻国武装分子的狂热形象，另一方面成功唤起了国内民众对于事件的关注。[1] 从印度国内民众被激发出强烈的民族主义和反巴基斯坦情绪来看，这个时候任何呼吁克制或缓和的主张都显得不合时宜，[2] 此举也间接地帮助政府成功传达了上下齐心一致应对危机的可靠信号，减少了反对派的力量。

危机最终以巴基斯坦撤回武装人员、双方各自回到实际控制线以内而结束。无论领导人是主动还是被动，印度在这一时期内的危机谈判中采取了更强硬的策略，体现了一些学者观察到的一味强硬的战略特点。卡吉尔冲突中印方强硬的武力应对措施在国际国内都获得支持，通过有效地制造和展示国内观众成本的方式迫使对手让步，这种成功案例的示范效应，更是加强了领导人采取强硬策略应对危机的偏好。危机结束后，印度议会成立卡吉尔战争评估委员会，对整个事件进行整体评估，最终的报告认可了政府在危机发生后的表现，尤其是媒体所发挥的作用，并建议设立相关机构，以确保在类似危机中尽可能打

---

① Arthur J. Tellis, *Limited Conflict under the Nuclear Umbrella: Indian and Pakistani Lessons from Kargil* (Santa Monica: RAND Corporation, 2011) , p. 24.

② "India after Kargil: Diplomacy & Politics, " *India Focus* 4, no 3 (August 1999) .

造一个政府需要的国际国内形象。①

（二）瓦杰帕伊政府与 2001—2002 年危机

2001—2002 年危机由印度遭受的系列恐怖袭击引起。2001 年 10 月
1 日，印度查谟和克什米尔邦议会遭受恐怖袭击，印度民众由此群情激
奋，要求采取强硬措施严惩袭击者。与卡吉尔危机中反应较慢不同，
瓦杰帕伊政府很快作出回应。印度在印巴边境集结了将近 50 万名士
兵，这是印度历史上最大规模的军事动员。② 印度军方也把此次军事动
员命名为"帕拉克拉姆行动"（Operation Parakram），暗示这不是演习，
而是一次严格意义上的军事行动。危机谈判中的观众成本信号主要有
两种方式，一是制造如果他们未能兑现承诺或威胁之后可能受到损失
的观众成本，二是采取军队动员等一些事前就需要较高成本的措施。③
危机谈判中，在边境陈兵通常也被认为是最可靠的强硬信号，意味着
在发起大规模军事动员之后，瓦杰帕伊如果选择让步就需要付出高昂
代价，而他显然希望借助这样的信号发出可信的战争威胁，迫使巴基
斯坦方面作出让步，停止对恐怖分子的支持并且从边境撤军。

但是印方的强硬策略并没有奏效，反而招致巴基斯坦武装分子的
更多报复。12 月 13 日，印度议会大厦遭受恐怖袭击，印方的调查指向
来自巴基斯坦境内的极端组织虔诚军（LeT）和穆罕默德军（JeM）。④
与卡吉尔冲突时类似，印方提供的证据以及媒体报道引发的反巴基斯

---

① India Kargil Review Committee, *From Surprise to Reckoning: The Kargil Review Committee Report*,
pp. 214-219.

② S. Paul Kapur, "India and Pakistan's Unstable Peace: Why Nuclear South Asia Is Not like Cold
War Europe," *International Security* 30, no. 2 (2005): 127-152.

③ James D. Fearon, "Signaling Foreign Policy Interests: Tying Hands versus Sinking Costs".

④ "Police Claim 'Clinching Evidence'," *The Hindu*, December 15, 2001.

坦情绪，使得任何反对强硬措施的声音都不合时宜。媒体铺天盖地的报道助推了事件的关注度，印度民众每天都能读到关于危机进展的最新消息，极高的事件关注度也意味着对领导人策略选择的极大制约。瓦杰帕伊政府接连采取强硬措施。12 月 21 日，宣布召回驻巴基斯坦大使，这是自 1971 年印巴战争以来印方首次采取类似行动。印度方面还切断了与巴基斯坦的陆路联系，这被外界视为明确的动武信号。[①] 边境对峙危机不断升级，交火事件时有发生。

瓦杰帕伊政府还希望通过胁迫外交的方式迫使巴基斯坦方面作出让步，在 2002 年 1 月 5—6 日的南亚国家区域合作峰会期间，巴基斯坦领导人穆沙拉夫提议举行双边会谈，但瓦杰帕伊表示拒绝，并提出会谈的两个前提，一是巴方立刻宣布打击恐怖主义，二是向印方引渡与袭击有关的 20 名恐怖分子。[②] 1 月 12 日，巴方领导人发表电视讲话，表示巴基斯坦致力于打击恐怖主义，但明确拒绝了印方引渡恐怖袭击分子的要求，即只满足了印方的第一个谈判要求。印方坚持要求巴基斯坦方面满足己方的全部要求，两国在边境的紧张局势虽有所缓和但对峙仍在继续。此时巴政府也面临巨大的国内压力，自己的让步并没有换来局势的缓和，因此很快收回了打击恐怖主义的承诺，在印控克什米尔地区的分裂运动和武装渗透仍在继续。5 月 14 日，印度查谟和克什米尔邦再次发生恐怖袭击，3 名武装分子袭击了一辆旅游大巴，造成 30 人死亡。[③] 边境紧张局势再次加剧，直到 2002 年 10 月，印巴双方才在国际社会的不断斡旋之下先后宣布撤军。

---

① "Angry India Recalls High Commissioner to Pak," *The Times of India*, December 22, 2001; "Is It War? India Recalls Envoy to Pakistan," *Arab News*, December 22, 2001.

② "Musharraf, Vajpayee Shake Hands at Summit," *USA Today*, January 5, 2002; "Blair Challenges Pakistan: Pressure on Musharraf to Curb Kashmir Militants," *The Guardian*, January 6, 2002.

③ "Gunmen Kill 30, Including 10 Children, in Kashmir," *The New York Times*, May 15, 2002.

在此次危机中，瓦杰帕伊听取了卡吉尔评估报告的建议，加强了对媒体的控制和引导。后来的统计数字显示，媒体报道的高峰期出现在两个时候，一是2001年12月议会大厦袭击发生后的第7个星期，二是危机发生后的第6个月，即旅游大巴遇袭事件后，当时印方威胁发动军事袭击。[①] 综观印度政府整个危机期间的表现，虽然它可以宣称"军队已经实现了预定目标"，所以决定撤军，[②] 但有分析指出，印度是在美国的压力下才没有发动大规模袭击。[③] 值得注意的是，至少有两次印度发出明显的动武威胁，但瓦杰帕伊最终并没有兑现，一次是2001年12月13日，还有一次是2002年1月2日。[④] 一般的判断是，代表强硬策略的胁迫外交在危机中的作用有限，尤其是双方都拥有核武器的事实，使得印巴发生全面战争的可能性很低，也过于危险。

瓦杰帕伊政府开始转变对巴基斯坦的一味强硬战略，并于2003年4月正式恢复因为卡吉尔冲突而暂停的印巴双边对话，相当于在某种程度上承认了一味强硬策略作为主导思想的局限性。[⑤] 但是，这种政策转变并没有赢得大众的一致认可，2004年大选时他领导的全国民主同盟也意外落败。虽然输掉大选有多种原因，国内经济表现不如其竞选口号"辉煌印度"那么亮眼，但其任内的外交成绩作为最大亮点也没有获得民众的认同，这也成为其在危机期间多次从动武威胁中退让所付出的代价。

① P. R. Chari, et al., *Four Crises and a Peace Process: American Engagement in South Asia*, p. 181.

② Government of India, Ministry of Defence, *Annual Report 2002–2003*, p. 4.

③ Polly Nayak and Michael Krepon, "U. S. Crisis Management in South Asia's Twin Peaks Crisis," in Zachary S. Davis (ed.), *The India-Pakistan Military Standoff: Crisis and Escalation in South Asia* (New York: Palgrave MacMillan, 2011), pp. 143–186.

④ Stephen P. Cohen, *Shooting for a Century: the India-Pakistan Conundrum* (Washington, D. C. : Brookings Institution Press, 2013), p. 58.

⑤ P. R. Chari, et al., *Four Crises and a Peace Process: American Engagement in South Asia*, p. 183.

（三）辛格政府与 2008 年危机

对于后续领导人来说，2001—2002 年危机谈判的教训是成也媒体，败也媒体，瓦杰帕伊利用媒体制造和展示观众成本，但在谈判结果不尽如人意的情况下，反而放大了自身的失误。后来的印度领导人吸取经验教训，在利用媒体方面表现得更加谨慎，如曼莫汉·辛格政府（下文简称辛格或辛格政府，区别于前文提及的另一位印度总理维·普·辛格）在 2008 年恐怖袭击中的表现就更加稳健，少了一些胁迫，多了一些克制。

2008 年 11 月 26—29 日，印度孟买遭受多次恐怖袭击，共造成 200 多人死亡。袭击发生后，辛格政府在引导媒体方面更加克制，并没有一味地煽动民众的反巴基斯坦情绪。首先，政府要求孟买市民停止在社交媒体上更新有关危机处置情况，[1] 类似的直接干预是不常见的，但有效地减少了恐慌和仇恨情绪的蔓延；其次，在随后的电视讲话中，辛格选择的说法是，来自巴基斯坦的未知组织发动了此次袭击，从措辞上承认巴基斯坦的国民政府可能并没有直接卷入此次事件，[2] 巴方也坚决否认政府知晓有关袭击的消息。[3] 在政府的引导之下，印度国内媒体的报道更加谨慎，更多的是在讨论和反思印度自身的安全管理漏洞，关于危机谈判的一些消息报道更多是来自外媒。印度政府还有意加强对政府官员的约束，没有相关官员提供素材，国内媒体的消息只能更多地来自外媒。总而言之，在此次危机中，辛格政府对媒体进行了更

---

① "Gunmen Still Holed Up in Mumbai," *BBC News*, November 27, 2008.

② Randeep Ramesh, "Indian PM Accuses Pakistan Agencies of Supporting Mumbai Terror Attacks," *The Guardian*, January 6, 2009.

③ Zarar Khan, "Pakistan Denies Government Involvement in Mumbai Attacks," *Huffington Post*, December 1, 2008.

有效的管控和引导，国内观众对事件的关注更多地集中在检讨和反思国内反恐机制上，整个危机谈判期间印度领导人从较小的事件关注度中受益匪浅，政府外交谈判受到的关注和干扰较少，民众要求强硬报复措施的压力也更小，因而政府在危机谈判中拥有了更大的谈判空间。

在其他方面，辛格也吸取了瓦杰帕伊的经验教训。首先，进行了必要的军事反应，但比较克制，这种军事克制是相对于瓦杰帕伊在边境大举陈兵而言的，此次辛格没有往边境地区大规模增兵，同时在公开讲话中也没有威胁发动地面入侵，只是威胁对恐怖分子营地发动空袭等。[①] 其次，辛格充分利用国际社会的压力迫使巴基斯坦退让。随后的情况表明，辛格的策略起了效果，由于印方的军事克制，巴基斯坦方面在边境地区的主动增兵反而显得反应过激，很快又主动从边境地区撤兵。这一积极进展缓和了紧张态势，最终在印度和国际社会的压力下，巴方承认了唯一逃生的恐怖袭击者的巴基斯坦国籍，并且承诺配合印方对恐怖分子进行后续调查。

根据本文提出的国内观众成本机制，辛格与其前任瓦杰帕伊都是在稳定的政党联盟基础上组建联合政府执政，面临的国内惩罚能力大致相同，但是他们面临的事件关注度有所不同，国内观众成本及由此受到的谈判制约也因此不同。瓦杰帕伊一味依赖强硬策略，推高国内事件关注度以制造和对外展示高观众成本，却使对手在处于劣势的情况下作出更强硬的回应，最终只能在外界的压力下两次收回动武威胁。辛格政府努力减少国内民众对于危机谈判的关注，使外交谈判基本没有受到国内观众的太大制约，事件的解决基本有利于印度方面，巴基斯坦方面作出了实质性的让步，辛格政府随后在 2009 年大选中获胜并

---

① "India May Still Strike at Pakistan: US Report," *The Times of India*, December 19, 2008.

连任，部分地说明此次危机处理得到了民众的认可。

六、结论

本文建立了一个基于国内惩罚能力和事件关注度的双变量解释框架，以更好地理解和解释在观众成本很高的情况下，领导人为何作出有悖于国内观众偏好的选择。本文还对印度国际危机谈判行为进行了案例检验，发现印度在国际危机谈判中的行为符合观众成本理论的基本假设，在不同阶段国内观众成本的内容和表现形式有所不同，很多情况下都极大地制约着其领导人在国际危机谈判中的策略选择。

本文的分析表明，上述双变量的发展和变化可以影响领导人的危机谈判行为。例如在印度、孟加拉国划界问题上，国内惩罚能力的变化为事件解决提供了有益借鉴。2011 年，曼莫汉·辛格总理向议会提交关于解决印孟边境划界问题的第 119 条宪法修正案时，仍然被孟加拉邦政府和印度人民党所阻挠，但随着印度人民党组建的政党联盟于 2014 年赢得大选并上台执政，该法案于 2015 年 6 月通过。从本文的理论框架来看，原属反对力量的印度人民党成为执政党，反对派的绝对力量是减弱的，在事件关注度基本保持不变甚至有所减小的情况下，国内制约的减小使通过修正案有了可能。再如自 2008 年以后，印度政府开始区别对待巴基斯坦政府与武装分子，有意识地降低恐怖袭击发生后国内民众的反巴情绪，以控制和降低事件关注度，从而防止危机升级。也就是说，一个执政地位相对稳定的、有意识控制事件关注度的政府，有可能减少国内观众对于危机谈判的制约，扩大谈判时的战略选择。

这一发现对于理解中印边界谈判也有积极意义。在研判印度政府是否可能改变与中国边界冲突的态度和谈判策略时，要注重对印度国内政治的观察：一是要注意其国内惩罚能力维度的影响，一个保有相对稳定执政地位的政府意味着反对派力量较小，能够发起的国内制约相对较小，这也是为何印度大选产生相对强势领导人时，国内和国际社会对其为中印边界谈判带来突破总是有所期待，而一个弱势政府提出要打破双方边界谈判僵局，则并不会被特别认真对待；二是应当关注政府及其领导人在事件关注度上的表现，如是否主动营造有利气氛以推动谈判，或是在出现边界对峙时主动引导国内媒体减少煽动性报道，这也是为何印方领导人访问中国时，往往会主动管控边界对峙等不利于高访的媒体报道，而中方领导人访问印度时，印度政府并不会主动管控印度媒体对边界事件的炒作，反而希望借此在边界问题上对中方施压。因此本文认为，只有当两个因素都有利于降低国内观众成本时，才能说明该届印度政府和领导人有能力和有意愿减少国内制约，才有可能迎来谈判解决两国边界问题的真正契机。

外交承诺与战略试探：
万斯访华与中美关系正常化[*]

韩长青　吴文成[**]

摘　要　长期以来，学者们普遍认为共同利益基础是中美关系实现正常化的核心动力，但是这一解释未能说明，在长达 10 年的时间里，面临共同外部安全威胁、有明显共同利益的中美两国一直未能实现建交和关系正常化。事实上，两国间仅仅存在共同战略利益基础是远远不够的，稳固的战略关系是极其必要的补充。这种战略关系需要经过一系列高层级的战略试探而逐渐建立起来。通过这种战略试探，国家间可以逐渐明晰彼此的战略意图，有效传递己方真实的外交承诺信号，累积领导人乃至国家间的战略信任，从而使潜在的共同战略利益得以显现，并最终走向战略联合。而 1977 年美国国务卿万斯访华便是双方关系正常化陷入停滞阶段后较为重要的一次中美战略性试探。这次"探索之旅"促进了双方间的沟通和了解，双方围绕全球战略的磋商和双边关系问题

　＊　原文发表于《外交评论》2014 年第 6 期。本文系国家社科基金重大项目"20 世纪国际格局的演变与大国关系互动研究"（项目编号：11&ZD133）和国家社科基金重大委托项目"国际视野下中国共产党领导的人民战争"（项目编号：13@ZH028）的阶段性成果。

　＊＊　韩长青，现为华东师范大学人文社会科学学院历史学系助理研究员；吴文成，现为外交学院《外交评论》编审，北京对外交流与外事管理研究基地研究员。

的交锋，不仅进一步推动了双边战略对话机制的形成和延续，还澄清了相互之间的模糊认识，重新启动了停滞已久的正常化进程，为中美关系后续的加速发展和突破提供了新的契机和条件。

关键词 万斯访华；中美关系正常化；战略试探；卡特；邓小平

国家是否对结构压力自动作出回应，一直是国际关系研究的焦点问题之一，也是大国关系研究的重点之一。[①] 具体到冷战期间中美从敌对走向缓和，进而共同抵御苏联的战略攻势这一问题，一个值得探索的话题便是，面对共同的苏联威胁，中美接近是自动而顺利地实现的吗？历史事实表明，中美在意识到各自都面对一个共同威胁、实现战略联合符合双方的国家利益之后，仍然经过很多年的战略试探过程才实现了关系正常化。实际上，高层级的战略试探除了使双方能够有效规避国内政治因素的干扰，还有效降低了对各自战略意图的不信任，缓解了彼此间信号传递不畅的难题。在中美相互依赖日渐加深的今天，战略试探也都事关中美关系的全局和走向，特别是在中美发生"炸馆""撞机"等安全危机事件的紧要关头，我们都可以看到两国之间的战略试探行为。回顾冷战时期，受制于意识形态敌对的巨大压力，双方的每一次外交往来都相当困难，而为数不多的几次高级别战略试探就更显得非同一般，也更有研究意义。

---

① 用沃尔兹的话说就是，国家是否自动联合起来以制衡体系内兴起的超强国。参见 Kenneth N. Waltz, *Theory of International Politics* (New York: McGraw-Hill, 1979)。对于均势自动形成的修正如"威胁平衡论"和"利益平衡论"等观点的综述，详见孙学峰、杨原：《大国规避体系制衡之谜》，《国际政治科学》2009 年第 2 期；陈寒溪：《论华尔兹纲领的硬核与问题转换》，《世界经济与政治》2007 年第 4 期。

在历时多年的中美关系正常化进程中，除了基辛格多次访华，在卡特政府时期比较重要的举措当属 1977 年万斯访华和 1978 年布热津斯基访华了。作为中美关系解冻真正的破冰之旅，基辛格访问的战略试探意义早已为中外知晓，而国内外学术界也普遍承认 1978 年布热津斯基访华加速推动了两国关系正常化进程。但是同样作为高级别的外交特使，学界对于万斯访华推动中美关系进展的战略试探作用，却一直少有着墨。[①] 而这将是本文的努力方向，即借助近些年公开的档案资料，通过考察 1977 年万斯特使对华访问，完整地揭示中美之间战略试探的历史轨迹，剖析其历史意义与局限，增进人们对中美战略互信、中美关系模式乃至中美权力转移等重要问题的认识。

一、共同利益、成本信号与外交承诺：
对中美战略试探的理论探讨

众所周知，在 20 世纪下半叶，中国脱离苏联阵营与美国实现关系正常化，双方进而形成一种松散的联盟关系，是苏联最终在冷战竞争

---

① 谈及万斯访华及其意义的研究成果主要有：罗伯特·罗斯：《风云变幻的美中关系（1969—1989）：在谈判中合作》，丛凤辉等译，中央编译出版社，1998；William C. Kirby, Robert S. Ross, and Gong Li (eds.), *Normalization of U. S. -China Relations: An International History* (Cambridge: Harvard University Asia Center, 2006)；宫力：《通向建交之路的艰难跋涉：1972—1978 年的中国对美政策》，《党的文献》2002 年第 2 期；杨贤：《伍德科克与中美建交谈判》，《哈尔滨工业大学学报（社会科学版）》2005 年第 1 期；赵学功：《卡特政府的对华政策与中美关系正常化》，《西南大学学报（社会科学版）》2007 年第 6 期；Breck Walker, "Friends, But Not Allies-Cyrus Vance and the Normalization of Relations with China," *Diplomatic History* 33, no. 4 (September 2009)；法恩瑞：《对中美关系正常化的再评估》，《冷战国际史研究》2010 年第 2 期。

中落败的重要原因。① 而中美实现缓和并走上共同对抗苏联之路，则异常艰辛和缓慢。20世纪70年代初，苏联加速在全球扶植代理人与美国展开全面竞争，而此时陷入越南战争泥潭的美国深感左支右绌、疲于应付。在这种背景下，尼克松政府上台后，相继推出"关岛宣言"和"尼克松主义"等外交理念，释放出战略收缩信号。自此之后，美国进入了一个战略收缩期，为了在全球应对苏联咄咄逼人的战略攻势，美国逐渐将目光转向了东方。尼克松相继向中国发送了有成本的外交信号，例如"撤走了在台湾海峡巡逻的两艘驱逐舰，接着取消了部分对华贸易限制，准许美国的海外子公司与中国进行贸易，进一步放宽本国公民到中国的旅行限制"。②

对于中国而言，在20世纪60年代，中苏分裂的趋势日趋明朗，两国两党在意识形态、国家利益等方面都发生了重大分歧。苏联还在中国北部边境陈兵百万，迫使中国进行大规模的国内战争动员，开展三线建设等备战活动。为了应对来自苏联的威胁，中国开始反思自己的"一边倒"政策，进而将苏联确立为主要的安全威胁。为摆脱腹背受敌、四面出击的不利处境，毛泽东等领导人也开始将目光转向老对手美国，积极释放对美缓和的外交信号。美国一直不太相信中苏论战所反映出来的中苏分裂事实，但中国通过珍宝岛战役等事态，向美国释放了明确无误的外交信号，即中苏虽然同属社会主义国家，但面对苏联的安全威胁，中苏分裂已成为既定事实。③ 一位俄国问题专家将珍

---

① Nancy Bernkopf Tucker, "China as a Factor in the Collapse of the Soviet Empire," *Political Science Quarterly* 110, no. 4 (Winter 1995): 502; Warren I. Cohen, "Chinese Lessons: Nixon, Mao, and the Course of U. S. -Chinese Relations," *Foreign Affairs* 86, no. 2 (March/April 2007): 148-154.

② 李增田：《鲍大可与中美关系正常化》，《美国研究》2004年第2期，第92页。

③ 详见 William Burr, "Sino-American Relations, 1969: The Sino-Soviet Border War and Steps Towards Rapprochement," *Cold War History* 1, no. 3 (2001): 73-112。

宝岛战役的信号作用清晰地解释为，"毛泽东针对苏联的举动是做给美国看的"，"毛泽东看完一份关于珍宝岛事件的报告后说，中苏交战'给美国人出了个题目，好做文章了'"。①

　　然而，在中美同时面对苏联的威胁因而产生了共同的安全利益，②并且双方都释放出有成本的外交信号后，面对结构压力，中美缓和并没有如期而至。除了因为长期敌对和国内舆论宣传所带来的国内政治压力，中美之间的猜疑和不信任是妨碍两国关系实现正常化的主要障碍。③珍宝岛战役后，美方已意识到中苏分裂的事实，但对中方释放的缓和信号异常谨慎，迟迟没有作出实质性回应。④虽然在1972—1974年，受基辛格秘密访华、尼克松访华等事件的推动，中美关系有所解冻，但专家们普遍认为，从1974年到1978年，中美缓和再次停滞不前，双方矛盾重重。⑤可见，共同威胁并没有轻易地促使中美两国走向缓和与战略联合，双方对于彼此意图的判断和彼此间信任的累积，都无法从共同的外部安全威胁和潜在的国家利益聚合中推导而来。而真正突破这些意图不确定和信任缺失问题的恰恰是双方各层级的外交试探，特别是像早期的基辛格、后期的万斯那样的外交特使们反复的战

　　① 李丹慧：《1969年中苏边界冲突：缘起和结果》，《当代中国史研究》1996年第3期，第48页。

　　② 关于共同利益导致中美走向战略联合的论述，可参见陶文钊《牢牢把握中美两国的共同利益——纪念中美关系正常化30周年》，《世界经济与政治》2008年第11期，第74页；周琪：《认识共同利益是中美关系发展的关键——中美建交30周年回顾》，《世界经济与政治》2009年第11期，第9页。

　　③ William Burr, "Sino-American Relations, 1969: The Sino-Soviet Border War and Steps toward Rapprochement, " *Gold War History* 1, no. 3(2001): 73.

　　④ 张静：《从积极推动到保守谨慎——美国国务院在中美关系缓和中的角色（1969—1972）》，《中共党史研究》2013年第2期，第36—38页。

　　⑤ 陶季邑：《近年来美国学术界关于中美关系正常化研究述评》，《中共党史研究》2009年第1期，第90—91页。

略性试探在其中发挥了关键性的作用。经过长期的战略性试探，中美才逐渐明了彼此利益交汇和冲突的边界，确认各自的战略意图，初步建立起彼此的信任，进而在中美缓和进程启动 10 年后，于 1979 年才最终建交，中美联合起来制衡苏联的中美苏"大三角"也才正式成形。

即使面对共同的外部威胁，处在敌对关系中的大国为何其外交承诺需要经过双方反复的战略试探才能被彼此相信，进而实现和解和战略合作？在本文看来，这是国家意图内在具有不确定性、信号有效传递的困难、战略信任的稀缺等因素造成的。

第一，国家意图难以确定。[①] 共同战略利益的确是国家间友好关系的基础，但远非充分坚固，因为相关国家对彼此的战略意图难以把握和确定。[②] 国家的战略意图虽然并非米尔斯海默所说是"无法通过经验验证"的，[③] 但国家领导人的确很难准确地传达自身意图和承诺。按费伦的解释，意图不确定难题反映在外交政策领域，就是一国领导人难以有效地向对手传达何为自己的核心利益。[④] 通过言语宣示可能被对方

① 这里所要讨论的意图可能性是概率问题，即国家在多大程度上、需要付出多大的努力，以发射可置信信号才能了解对手的意图。而米尔斯海默是从绝对的哲学可能性角度来考察意图不确定这一问题的，而实际上绝对的不可能反过来就成为一种确信的意图，即战略制定者不需要考虑他国意图，因为他者的意图都不是良性的，国家的终极目标都是追求全球霸权。参见 John J. Mearsheimer, *The Tragedy of Great Power Politics* (New York: W. W. Norton & Company, 2002) ; John J. Mearsheimer, "China's Unpeaceful Rise, " *Current History* 105, no. 690 (2006) : 160。

② 这种"未来意图虽然非常难以确定"，但仍是有可能的，大国间可以找到合作的方法。参见 David M. Edelstein, "Managing Uncertainty: Beliefs about Intentions and the Rise of Great Powers, " *Security Studies* 12, no. 1 (2002) : 2。

③ 参见 John J. Mearsheimer, "The Gathering Storm: China's Challenge to US Power in Asia, " *The Chinese Journal of International Politics* 3, no. 4 (2010) : 383。

④ James D. Fearon, "Signaling Foreign Policy Interests: Tying Hands versus Sinking Costs, " *The Journal of Conflict Resolution* 41, no. 1 (February 1997) : 69.

视为廉价的欺骗，而其他有成本的信号①又会导致国内政治方面的风险和困难，甚至形成"承诺陷阱"。② 此外，即使某一届政府或领导人的意图确定，因为换届等原因，新领导人的意图仍然需要试探，而且新领导人对国家利益的建构也有所不同，因而对于双方共同利益的边界和重叠也有不同认知，这就更需要战略试探。

第二，外交承诺信号需要有效传递。即使是诚实而不欺骗的意图，这一私有信息也需要传递出去。而从信号传递的过程来看，传送方清晰、有成本的战略意图如何在接收方看来是可置信的，也需要双方不断地进行试探。例如在面对多重观众的情况下，即使是有成本的信号也不能按照传输者期望的那样只传递给特定的观众，整个的信息传递过程会引发意外和非本意效果。③ 另外，信号的发射和理解都依赖于具体的文本和文化背景，在跨文化语境和背景下，一国的外交承诺信号有时候非常具有象征性意义，对此韦内森作了区分，一种是"信号象征"，另一种为"焦点象征"。只有信号象征才能顺利地完成理性主义者所期望的信号传递过程，"焦点象征"由于承载信号本身在不同文化语境下的象征差异问题，会引发接收者迥然不同的解读和想象，并最

① James D. Fearon, "Signaling Foreign Policy Interests: Tying Hands versus Sinking Costs," *The Journal of Conflict Resolution* 41, no. 1 (February 1997): 68 – 90; Jessica Chen Weiss, "Authoritarian Signaling, Mass Audiences and Nationalist Protest in China," *International Organization* 67, no. 1 (Winter 2013): 1–35.

② 例如司各特的研究揭示，即使可置信的承诺在信息传递过程中也可能造成"承诺陷阱"，使可置信的威慑失效。Scott D. Sagan, "The Commitment Trap: Why the United States Should Not Use Nuclear Threats to Deter Biological and Chemical Weapons Attacks," *International Security* 24, no. 4 (Spring 2000): 97–105.

③ Xiaoyu Pu and Randall L. Schweller, "Status Signaling, Multiple Audiences, and China's Blue-Water Naval Ambition," in T. V. Paul, Deborah Welch Larson and William C. Wohlforth (ed.), *Status in World Politics* (New York: Cambridge University Press, 2014), p. 145.

终使一方有成本性的信号传递行动归于失败。① 这方面最典型的例子莫过于美国因误读中国方面释放的威胁信号而引发了中美在朝鲜战场上的大规模军事冲突。此外，有学者通过分析 1965 年中美围绕越南战争升级问题而进行的信号传递过程，也从侧面证明了中美信号传递过程必然伴随着误读和误判，需要双方反复进行高级别的外交战略试探，才能清晰地理解对方的外交承诺是讹诈还是真实反映了对方的核心利益和战略关切。②

第三，外交承诺的长期可置信需要情感因素作为支撑。可置信的外交承诺不仅需要付出成本和顺利传递，维持长期而稳定的承诺可信度更需要信任和认知等情感因素作为支撑。中美双方如果不能达成战略互信，③ 双方每次战略信息的传递都需要付出高额信号成本，这不但难以持续，也使双方每一次的信息传递都只是一次性行为，两国的外交承诺信号可信度异常脆弱，往往会因国内政治的变动如领导人更迭、突发外交纠纷而动摇。况且有成本性的信号并不是其被信任的前提保证，承诺可信与否并不能归为行为体的内在特质，对手的承诺看起来是否可置信，取决于接收者的情绪状态。④ 一些学者甚至认为，在实际生活中，国家领导人根本不在乎所谓的成本性信号，而"在很大程度

---

① Pascal Vennesson, "Lifting the EU Arms Embargo on China: Symbols and Strategy, " *EurAmerica* 37, no. 3 (September 2007) : 417–444.

② 详见 James G. Hershberg and Chen Jian, "Reading and Warning the Likely Enemy: China's Signals to the United States about Vietnam in 1965, " *The International History Review* 27, no. 1 (March 2005) : 47–84。

③ 甚至在中美建交半个世纪后，学者们还认为战略互信缺失是中美关系发展的重要障碍。参见 Kenneth Lieberthal and Wang Jisi, "Addressing U. S. -China Strategic Distrust, " Broookings Institution, March 30, 2012, accessed August 25, 2014, http://www.brookings.edu/~/media/research/files/papers/2012/3/30%20us%20china%20lieberthal/0330_china_lieberthal.pdf。

④ Jonathan Mercer, "Emotional Beliefs, " *International Organization* 64, no. 1 (January 2010) : 13–14.

上依赖于自己对他国领导人的个人判断"。① 其实，这种私人化的印象或判断就是一种信任，而信任作为一种"热认知"，属于更复杂的情感领域，需要长期的战略试探加以累积。

显而易见，对于冷战中长期互为敌人的中美两国而言，要想实现关系正常化并走向某种形式的战略联合，双方领导人都需要发出清晰的外交承诺信号。但即使双方共同面对苏联的威胁、中美实现缓和是理性的战略选择，双方传递的外交承诺信号都需要得到准确识别和有效接收。而正是得益于中美长期而反复的战略试探，双方对于各自战略意图、战略能力的信息才逐渐清晰，彼此间的战略信任也逐渐确立，从而最终实现了中美携手抵御苏联扩张的冷战格局。

二、万斯访华之缘起：
战略互疑与中美关系正常化进程的停滞

在尼克松政府时期，基辛格和尼克松等美国领导人相继访华，中美领导人对彼此的战略忧虑和利益关切都有了进一步的了解。得益于早期的战略试探，中美关系开始解冻。但在1974年后，到了福特和卡特时期，受美国领导人更迭、中国国内极左运动等国内政治因素的羁绊，双方通过前期战略试探累积的信任和可置信战略承诺被动摇了。② 中美之间再度对对方的战略意图充满忧虑，并怀疑对方是否已经抛弃了早期作出的外交承诺，例如中国方面就日益担心美国对台政策是否逐渐背离尼克松政府时期的对华承诺。中美之间的战略互疑直接影响

---

① Todd Hall, "The Personal Touch: Leaders' Impressions, Costly Signaling, and Assessments of Sincerity in International Affairs," *International Studies Quarterly* 56, no. 3 (2012): 3-6.

② 宫力：《中美关系正常化的历史考察》，《中共中央党校学报》1997年第3期，第16页。

双边关系的正常化进程，也影响双方对苏联安全威胁的判断，进一步侵蚀了中美缓和的基础。

我们知道，尼克松曾承诺将在其第二任期内同中华人民共和国实现关系正常化，然而"水门事件"的发生扭转了美国国内政治议程，不仅最终导致尼克松黯然下台，也使中美关系正常化势头被打断，陷入停滞不前的状态。福特总统于1975年12月访华，在一定程度上稳定了中美关系发展的战略基础，推进了双边合作关系，但并未从根本上排除妨碍中美关系正常化稳步推进的重大障碍。① 在若干国际、地区以及双边关系的重大问题上，双方之间的摩擦和矛盾继续增多，特别是在"断交、撤军、废约"的问题上，福特政府未能满足中方要求。福特在访华期间曾向中方表示，如能在1976年当选总统，他将依照日本模式实现中美关系正常化，但并未设定实现两国关系正常化的时间表，而是执行"维持现状、拖以待变"的政策。② 同时，在中方看来，福特政府在对苏政策上也表现出越发显著的绥靖倾向，使中方无法缓解对于美国政府立场的严重焦虑。卡特政府上台之初，把继续推进同苏联缓和置于首要地位，并未将中美关系正常化列入议事日程。中美之间在战略及双边关系等各个层面的停滞状态越发突出。③

在如何判断和应对苏联扩张战略及策略的问题上，中美之间的裂痕日渐加深，严重侵蚀了中美关系正常化的战略基础。随着越南战争

---

① 参见王巧荣《试析福特访华及其意义》，《当代中国史研究》2010年第4期，第96—102页。

② 王泰平主编《中华人民共和国外交史（第3卷）：1970—1978》，世界知识出版社，1999，第373页。

③ 关于卡特政府时期美苏关系和东西方缓和的变迁，可参考 Odd Arne Westad（ed.），*The Fall of Détente: Soviet-American Relations during the Carter Years*（Oslo and Boston: Scandinavian University Press, 1997），pp. 3–29。

结束，苏联加强了对印支半岛的渗透并极力推行其亚洲集体安全体系设想。在中国眼里，来自苏联的战略威胁不断加大。然而，毛泽东认为，苏联其实是在声东击西，它的战略重点仍然在欧洲，美国谋求同苏联缓和的设想只会助长苏联扩张势头，使苏攻美守的态势更加突出。福特政府否认苏联战略主攻方向在欧洲，一再向中方渲染苏联对中国的威胁，是企图恐吓中国充当美国的战略棋子，为美国对苏战略服务。① 中国领导人越发觉得美国政府抵制苏联霸权主义的意志正在衰退，这种迹象在尼克松下台后变得尤为明显。②

在美国应对苏东集团内部关系的"索南费尔特主义"公诸报端后，西欧舆论认为，这是欧安会之后福特政府（特别是基辛格主导的国务院）由于内部软弱而对苏联进一步推行绥靖的表现，此举必将给西欧安全造成严重后果。美方这一动向也引发了中国政府的深切忧虑。中国领导人通过《人民日报》等舆论渠道警告美国政府，美国希望用"缓和"套住苏联只是一厢情愿，"这种绥靖主义的政策已被苏修一年来的扩张行动证明完全是一种空想"，美苏"缓和"丝毫约束不了苏联的扩张行径，更无法使苏联放弃称霸欧洲的野心，"苏修的全球进攻战略决不会放松，更不会停止"。③ 中方还先后邀请施莱辛格、朱姆沃尔特来访，试图借此劝告福特政府，防止其在对苏绥靖的道路上愈滑愈远。④ 卡特总统就职后，宣布将削减美国国防预算、将部分驻韩美军撤

<hr />

① 王泰平主编《中华人民共和国外交史（第 3 卷）：1970—1978》，第 370—371 页。

② *Los Angeles Times*, February 27, 1977.

③ 任谷平：《"欧安会"后一年的局势说明了什么？》，《人民日报》1976 年 8 月 1 日，第 6 版。

④ 施莱辛格在尼克松及福特政府时期曾担任国防部长，朱姆沃尔特曾在尼克松政府担任过海军作战部长。在中国领导人心目中，这二人都以强烈抨击福特政府对苏绥靖倾向、坚决抵制苏联扩张而著称。

回国内，并急切想要同苏联达成新的军控协议。① 这些举动更是加重了中国政府对美苏媾和及其严重后果的焦虑情绪，担心卡特政府会以牺牲中美关系正常化为代价。

在台湾问题上，双方寻求解决途径的努力也进展迟缓。1975年12月，邓小平在同来访的福特总统会谈时曾谈到，中国把国际问题置于首要位置，而把台湾问题置于次要位置。② 这种表态隐含深意，表明中国领导人调整了外交政策优先选项，制止美苏缓和成为更紧迫的战略目标。然而，在中方这种重大战略姿态面前，福特政府仍不愿接受中方所坚持的"断交、撤军、废约"三项条件，中方觉得福特政府是在有意逃避《上海公报》赋予美方的政治责任。卡特在当选总统前后的一些言行，更是让中国领导人神经紧张。在同福特的电视竞选辩论中，卡特曾放言"决不会让同中华人民共和国的友谊阻断台湾人民维持独立和自由的道路"。③ 当选总统后，卡特又曾公然将中国台湾说成是中国人民的代表，并将中国台湾同中华人民共和国相提并论。④ 这些表态显然是同《上海公报》精神相抵触的。在此前后，美国还加大了对中国台湾投资贸易的力度，继续向中国台湾地区出售先进武器装备，同意中国台湾方面在美国新设立几个领事馆。这些举动均使中方极度担心，构成中美关系正常化基础的《上海公报》精神正遭受来自美方日益严重的侵蚀。

---

① *The New York Times*, February 11, 1977.

② Memorandum of Conversation, Beijing, December 4, 1975, *FRUS, 1969-1976*, Vol. XVIII, pp. 894-896.

③ Gerald R. Ford, "Presidential Campaign Debate," The American Presidency Project, October 6, 1976, accessed July 6, 2014, http://www.presidency.ucsb.edu/ws/?pid=6414.

④ Memorandum of Conversation between Huang Chen and Secretary of State Henry Kissinger and Secretary of State-designate Cyrus Vance, Washington, DC, January 8, 1977, *FRUS, 1977-1980*, Vol. XIII, China, pp. 5-6.

中美正常化进程陷入停滞，经贸关系也遇到重重阻力。两国曾于 1973 年春就如何解决双方冻结资产问题达成原则性谅解，但中方坚持将双边关系实现正常化作为先决条件，自此谈判搁浅。① 而这一问题无法解决，也妨碍了经贸关系的提升，中美双边贸易额自 1973 年起就长期在低水平徘徊。1976 年中美双边贸易额仅为 3. 36 亿美元，比 1975 年降低了 27%，仅略多于 1974 年 9. 338 亿美元的 1/3。② 美国对华出口在 1976 年急剧减少，致使对华贸易出现大额逆差，自 1971 年两国恢复直接贸易关系以来这还是首次。③ 1977 年 1 月，美国大通银行负责人戴维·洛克菲勒访华期间失望地发觉，由于中国领导人对卡特政府履行《上海公报》态度敷衍心存不满，他想要扩大在华业务的请求遭到中方的坚决回绝。④ 商务部长克里普斯认为，除西德外，欧美发达国家对华出口均大幅下挫，主要原因在于中国外汇支付困难、政局动荡，以及唐山地震等严重自然灾害的打击。⑤ 据财政部长布卢门撒尔的分析，美中贸易自 1973 年以来呈现剧烈变动，美国对华贸易在 1976 年产生总计 6 650万美元的逆差，主要是先前占对华贸易额超过 80%的美国农产品出口在近两年大幅减少所致。同时，中国石油出口徘徊不前等因素使中国外汇困难更加严重，而"极左分子同温和领导人之间在对外贸易政策上

---

① 详见 William Burr, "'Casting a Shadow' over Trade the Problem of Private Claims and Blocked Assets in U. S. -China Relations, 1972–1975," *Diplomatic History* 33, no. 2 (April 2009) : 315–349。

② *Los Angeles Times,* February 16, 1977.

③ Memorandum from the President's Assistant for National Security Affairs (Brzezinski) to Secretary of the Treasury Blumenthal and Secretary of Commerce Kreps, Washington, DC, March 7, 1977, *FRUS, 1977–1980,* "Storm over Berubari," *The Economic Weekly,* December 10, 1960. Vol. XIII, China, p. 48.

④ 戴维·洛克菲勒:《洛克菲勒回忆录》，曹彦博译，中信出版社，2004，第 274 页。

⑤ Memorandum from Secretary of Commerce Kreps to the President's Assistant for National Security Affairs (Brzezinski), Washington, DC, March 11, 1977, *FRUS, 1977–1980,* Vol. XIII, China, p. 51.

的争执"也严重限制了中国对外贸易活动的开展。^① 克里普斯认为,由于中国贸易决策深受双边政治关系状况的影响,如果美国对华采取外交承认,那么肯定会大幅增加中国对美国技术及设备的采购兴趣。^②

总统国家安全事务助理布热津斯基在给卡特总统的汇报中,更是将美国对华出口额下降的首要原因归结为,这是北京方面对美国未能同中国建立全面外交关系的经济惩罚,唯一可以确保美国对华出口大幅度增加的措施,就是对中华人民共和国给予外交承认。^③ 副国务卿哈比卜也指出,考虑到推进美中关系正常化的战略性基础(中美两国对苏联威胁的共同关切)并未发生变化,眼下两国关系现状可说是非常脆弱的,中方对正常化进程止步不前感到"沮丧",觉得美国是对中方欠下了"一笔债",美方有责任继续推进正常化进程。^④《洛杉矶时报》的一则评论回顾了自尼克松访华以来中美关系的发展势头,认为双方"最初的乐观主义已经让位于对中美友好的成本及收益加以更为冷静和现实的评估",中美关系正常化进程所失去的动力如果不能重新启动,《上海公报》就"有可能变成一个失去实质意义的虚幻的幽灵","中美关系将再次失去机会"。^⑤

---

① Memorandum from Secretary of the Treasury Blumenthal to the President's Assistant for National Security Affairs (Brzezinski), Washington, DC, March 12, 1977, *FRUS, 1977-1980*, Vol. XIII, China, pp. 52-53.

② Memorandum from Secretary of Commerce Kreps to the President's Assistant for National Security Affairs (Brzezinski), Washington, DC, March 11, 1977, p. 51.

③ Memorandum from the President's Assistant for National Security Affairs (Brzezinski) to Presidential Carter, Washington, DC, March 14, 1977, *FRUS, 1977-1980*, Vol. XIII, China, pp. 54-55.

④ Summary of Conclusions of a Policy Review Committee Meeting, Washington, DC, June 27, 1977, *FRUS, 1977-1980*, Vol. XIII, China, p. 104.

⑤ *Los Angeles Times*, February 27, 1977.

三、万斯访华之筹划：美国对华战略试探的新议程

到卡特政府时期，尽管中美关系陷入停顿和反复，但由于中美联合对抗苏联威胁的共同利益基础仍未消失，卡特政府仍有动力以美方开出的条件谋求中美关系正常化。由于缺乏高层级的战略试探机会，卡特总统和国务卿万斯等人都不确定毛泽东、周恩来之后的中国领导人时下的态度有没有变化，中美双方在尼克松时代各自对对方作出的外交承诺是否仍然有效，中方对于世界局势的看法是否发生了根本性改变。比如，1977年布热津斯基曾提出看看能否派国防部长布朗访华，卡特虽然原则上表示同意，但却要求在推动两国关系正常化时要小心谨慎，"不要像尼克松、基辛格那样去舔他们的屁股，而要小心避免与国内支持我们的力量对立起来"。[①] 中国也同样需要摸清美国的意图。在邓小平复出、"文化大革命"刚刚结束之际，"不仅中美和解的战略基础仍然存在，而且两国还有了新的共同利益。中国实行改革开放既需要一个相对稳定的国际环境，又需要外国的市场、资金和技术，而美国是西方世界的头，是最大的发达国家，从上述两方面来说，中美关系正常化都是十分重要的"。[②] 不过，中国方面也摸不清美国对诸如美苏缓和、台湾地位等问题的真实看法。在这种情况下，双方特意的高层次外交战略试探在所难免。

在卡特就职两周后，国防部长布朗便向他递交备忘录，力主继续推进对华关系正常化进程。布朗从美苏中战略大三角关系出发，认为过去几年间构建的新的中美关系已然成为美国一系列遏制苏联努力的

---

① 转引自陶文钊《邓小平、卡特与中美关系正常化》，《百年潮》2003年第3期，第6页。

② 陶文钊：《牢牢把握中美两国的共同利益——纪念中美关系正常化30周年》，第74页。

核心因素。① 他主张，美国必须推进同中国大陆的关系，这对于改善美国国家安全地位、抢占对苏战略优势有重大影响；反之，如果美国把谋求同苏联达成协议摆在优先地位，虽能暂时获利但却会使更大的长远利益受损，如果美中关系受阻乃至恶化，只会增强苏联的谈判地位，令其更加有恃无恐，② 美中在安全领域合作的程度，将显著影响苏联在今后限制战略武器谈判以及缓和外交过程中的行为，同时也可有效地延续中苏关系的分裂。③ 而在主张尽早实现美中关系正常化的政界人士当中，前参议院多数党领袖曼斯菲尔德的言论最有力度也最有影响。他在访华报告中呼吁，美国政府应立即终结同中国台湾的外交和军事关系，美国有理由将"将台湾人民安全寄托在北京方面的自我克制、善意和外交行为上"。④

根据这些意见，卡特总统授意国家安全委员会就如下三个方面的问题展开对策性研究：今后对华政策可选的方针；如何减少驻台美军；向中国转让军用技术及装备的可行性。据此布热津斯基于 1977 年 4 月初拟出了"第 24 号总统审阅备忘录"，提出在国家安全委员会协调下，国务院、财政部、国防部、中情局等机构合组政策评估机构，研究为促使北京方面以和平方式解决台湾问题，美国需要向北京方面提出什么样的最低限度要求，磋商分阶段撤出美国驻军的方式及其对美台关系的影响，并评估对华转让军用技术及装备对苏联及美国盟国可能产

① Memorandum from Secretary of Defense Harold Brown to the President's Assistant for National Security Affairs (Brzezinski), Washington, DC, February 9, 1977, *FRUS, 1977 – 1980*, Vol. XIII, China, p. 26.

② Memorandum from Secretary of Defense Harold Brown to President Carter, Washington, DC, February 9, 1977, *FRUS, 1977-1980*, Vol. XIII, China, pp. 34-35.

③ Memorandum from Secretary of Defense Harold Brown to the President's Assistant for National Security Affairs (Brzezinski), Washington, DC, February 9, 1977, p. 27.

④ *Los Angeles Times*, February 27, 1977.

生何种影响。①

在此过程中，卡特政府还采取了多方面措施，试图为中美关系提供新的推动力。其一，就全球和地区战略问题同中方保持沟通，继续维持和扩大双方的共识。布热津斯基曾提醒卡特，中国一向是从全球战略层面来看待和处理中美关系的，对于美苏关系的任何变动都是非常敏感的，从这一点来看，中美苏大三角关系有着至关重要的意义。②在布热津斯基力促下，卡特2月上旬首次接见了中国驻美联络处主任黄镇。卡特建议双方应就如何解决中东、南部非洲、限制战略武器、维持西太平洋地区安定等重大国际及地区问题保持经常性沟通和交流，双方均认为，这种战略层面的对话对于推进双边关系发展是必要而有益的。③

其二，谋求继续推进在双边关系具体问题上的沟通和谈判。黄镇在同候任国务卿万斯初次交谈时即指出，中国对于推进两国关系正常化的条件很简单，就是断交、撤军、废约三项原则。④卡特上任后曾对黄镇表示，他将继续以《上海公报》为基础发展对华关系。他对中方将以何种方式解决台湾问题表达了美方的关切，说美方长期以来都希望中方能以和平方式解决这一问题。黄镇则回敬说，台湾问题如何解

① Presidential Review Memorandum / NSC 24, Washington, DC, March 23, 1977, *FRUS, 1977-1980*, Vol. XIII, China, pp. 69-71.

② Memorandum to President Carter from Zbigniew Brzezinski on how the U. S. should inform China on present U. S. agreements with the U. S. S. R. relating to Western Europe and Japan, NATO and Nuclear Test Bans. February 7, 1977, *Declassified Documents Reference System(DDRS)*, Document Number: CK31 00098648.

③ Memorandum of Conversation between Jimmy Carter and Huang Chen, Washington, DC, February 8, 1977, *FRUS, 1977-1980*, Vol. XIII, China, pp. 21-23.

④ Memorandum of Conversation between Huang Chen and Secretary of State Henry Kissinger and Secretary of State-designate Cyrus Vance, Washington, DC, January 8, 1977, *FRUS, 1977-1980*, Vol. XIII, China, pp. 5-6.

决纯属中国内政，不容外国干涉，中方也希望和平解决，但若考虑到台湾的现状，恐怕除使用武力外别无良策。① 在资产解冻问题上，卡特政府也谋求打开突破口，为顺利开拓对华贸易关系排除障碍。黄镇表示，中方以为这并不算是个多大的问题，主张通过某种一揽子方式求得解决。② 面对美方想要早日解决这一问题的意愿，黄镇立即予以积极响应，愿意以1973年2月双方达成的原则性谅解作为今后继续谈判的起点，而把双方此后产生的分歧和枝节问题抛开不顾。③

其三，卡特政府力求维持双方高层沟通渠道，并扩大双边互访计划。卡特希望两国领导人实现互访，特别是希望中国领导人能够到访美国，黄镇则表示在美国仍旧保持同国民党当局外交关系的情况下，中国领导人不可能到访美国。④ 但是，中方同意扩大双边互访计划，将于年内派出三个代表团访美，并将接待四个美国代表团访华。卡特政府将此看作以华国锋为首的中国新一代领导层向美方发出的重要讯号。⑤ 1977年4月中旬，由10位两党议员组成的国会代表团访华，这是卡特执政以来美国政界人士对中国的首次官方访问，卡特总统还派儿子随团访华，向中国展现友好姿态。⑥ 卡特还选派伍德科克出任第四任驻华联络处主任，让他带话给中方，美中两国建立外交关系是

① Memorandum of Conversation between Jimmy Carter and Huang Chen, Washington, DC, February 8, 1977, pp. 19, 21–22.

② Memorandum of Conversation between Jimmy Carter and Huang Chen, Washington, DC, February 8, 1977, *FRUS, 1977–1980*, Vol. XIII, China, p. 25.

③ Memorandum of Conversation between Cyrus Vance and Huang Chen, Washington, DC, March 23, 1977, *FRUS, 1977–1980*, Vol. XIII, China, pp. 59–61.

④ Memorandum of Conversation between Jimmy Carter and Huang Chen, Washington, DC, February 8, 1977, p. 21.

⑤ *The New York Times*, March 14, 1977.

⑥ *Los Angeles Times*, April 5, 1977.

可取的，"我认为我可以说服美国人民接受，我愿意承担做这件事的政治责任"。①

在同一时期，1977年4月11日，国务卿万斯约见黄镇，向中方提出了赴北京访问的打算。早在卡特政府就职之前，身为候任国务卿的万斯就在同黄镇交谈时，表达过今后愿意择机访问北京的意向。② 在入主国务院后，经过系统翻检尼克松、基辛格同中国领导人的历次谈话记录，万斯了解到尼克松政府在台湾问题上向中方做过几点"承诺"。虽说卡特总统批准这些"承诺"将继续有效，但卡特政府仍想要了解新一代中国领导人在台湾问题上的立场是否有所变化，国务院也需要在全面了解中方立场的基础上，完成"第24号总统审阅备忘录"所列的研究任务。因此，派遣高级别官员到访北京，就成了卡特政府当然的选择。对卡特政府这一意向，黄镇当即给予积极响应，并建议把访问时间安排在8月下旬。③

万斯在就职之前，就已授命一部分中国问题专家会同研究美国推进中美关系正常化进程的步调。在入主国务院后，万斯向卡特总统呈递了一份报告，梳理了中美关系打开的战略背景、两国领导人历次会谈经过，以及今后会谈需要解决的重要问题，并梳理了实现对华关系正常化的各种有利和不利因素，认为既有理由迅速推进正常化进程，也有理由谨慎从事。万斯认为，实现正常化是推进对华关系的最佳选

---

① 卡特：《忠于信仰——一位美国总统的回忆录》，卢君甫等译，新华出版社，1985，第223—224页。

② Memorandum of Conversation between Huang Chen and Secretary of State Henry Kissinger and Secretary of State-designate Cyrus Vance, Washington, DC, January 8, 1977, *FRUS, 1977–1980*, Vol. XIII, China, pp. 2–3.

③ Memorandum of Conversation between Cyrus Vance and Huang Chen, Washington, DC, April 11, 1977, *FRUS, 1977–1980*, Vol. XIII, China, p. 73.

择，也是确保美国在战略大三角关系中始终占据有利地位的最佳方式。万斯主张，不要将实现对华关系正常化看成是美国不得不去履行的义务，不能以牺牲中国台湾人民的福祉和安全为代价去换取这种正常化，也不能为正常化进程人为划定时间表。鉴于中方要求美国履行解决台湾问题三项原则性条件的立场不肯放松，也不愿作出和平解决台湾问题的承诺，美国需要考虑以单方面声明的方式，明确表达美国对东亚地区保持和平和安定的严重关切，表达美国希望台湾问题得以和平方式解决的意愿，并向中方发出警告，任何军事解决台湾问题的企图都将给美中关系造成严重后果。不过，万斯认为，台湾安全不能依靠美国的条约保障，从长远来看，使北京方面保持同美国、日本等国的友好关系，使之形成某种利害关系纽带，才能最好地保障中国台湾的利益，而实现对华关系正常化，是导向这一目标的重要步骤。至于具体措施，万斯建议，可先考虑降低美国驻台"外交官员"级别，并进一步削减驻台美军数量。[1]

而布热津斯基觉得，国务院的上述意见还不足以使停滞的中美关系正常化进程重新恢复前进动力，在外交关系、战略合作、经贸往来、技术转让、文化交流五个领域，美国都可以努力推进对华关系，这几个领域也是相互促进的。在双边关系领域，既要信守尼克松和福特时期所做的承诺，也要努力说服中国接受美国对于如何解决台湾问题的一揽子方案。在战略层面，应谋求同中方达成更紧密的政策协调，并采取同中国分享有关苏联军事能力的情报信息，允许第三国对华转让军用技术及装备等实质性措施，增强中国抵制苏联威胁的军事实力。布热津斯基建议，要推进美中关系，首先要采取的步骤必须是通过万

---

① Memorandum from Secretary of State Vance to President Carter, Washington, DC, April 15, 1977, *FRUS, 1977-1980*, Vol. XIII, China, pp. 76-82.

斯的访问，为建立两国全面外交关系付出认真的努力，只不过考虑到各自在台湾问题上的立场，这一努力不会产生立竿见影的效果。万斯的访问如果成效不大，那么将考虑向中方提议由国防部长布朗于来年初春访华，以便维持双方在战略层面的对话。卡特总统批准了这一建议。①

6月底，卡特政府围绕"第24号总统审阅备忘录"的研讨工作告一段落。国务院、财政部、国防部、参谋长联席会议等部门，均赞成争取在较短时间内同中国大陆建立全面外交关系，并愿意接受北京方面在台湾问题上的三项条件，但须确保不会损害中国台湾今后享有和平未来的机会，不会妨碍美国继续同中国台湾进行经济及文化交流（还包括对台军售）。② 在政策评估会议上，针对美国在台湾问题上最低限度的要求，万斯提出了几个可选方式：中华人民共和国公开宣布它不会对台湾使用武力；美国单方面声明，希望台湾问题以和平方式得以解决，并事先得到私下保证，此项声明不会受到北京方面的公开挑战；北京私下里向美方保证它的和平意图；美国单方面声明对和平解决台湾问题的关切，但不顾及北京方面可能的反应。会议对此问题未做决定。③ 国务院为万斯访华起草了两种方案：一种方案是要以准确和详细的方式清晰地阐明卡特政府今后的政策，从而消除中国人头脑中对美方推进正常化诚意的疑虑；另一种方案是仅对美国政策意图从

① Memorandum from the President's Assistant for National Security Affairs (Brzezinski) to President Carter, Washington, DC, June 14, 1977, *FRUS, 1977-1980*, Vol. XIII, China, pp. 93-99.

② Summary of Conclusions of a Policy Review Committee Meeting, Washington, DC, June 27, 1977, *FRUS, 1977-1980*, Vol. XIII, China, pp. 101-102.

③ Summary of Conclusions of a Policy Review Committee Meeting, Washington, DC, June 27, 1977, *FRUS, 1977-1980*, Vol. XIII, China, , pp. 102-103.

多个方面加以概述，而着力打探中国人的立场。①

卡特总统接受布热津斯基的建议，决定召集一次国家安全委员会会议，以便就万斯出访北京时的双边会谈拟定基本立场，并拟定对华战略方针。② 这是卡特政府首次召开专题讨论对华政策的国家安全委员会会议，涉及多方面议题，诸如世界各地区对美中关系正常化进程的可能反应、今后以何种方式延续美台关系、台湾未来地位、是否为正常化设置时间表、推进对华战略对话及合作以便为正常化进程提供强大支持、中国推进军事现代化情形、要求中方承诺以和平方式解决台湾问题、谨慎推进国内政治议程、中方必须对美国推进正常化努力给予回应、中国新领导人对外政策的变化等等。③ 会后布热津斯基向卡特总统建议，万斯在访华期间除了同中方磋商双边关系正常化问题，还须着重就各自全球政策交换意见，这是因为迄今美中共同应对苏联的战略利益仍然构成美国对华关系的基石。万斯必须审慎准备他对美国全球政策的阐述，以便触及和回应中方对美国对苏政策的主要关切。布热津斯基也告诫卡特总统，因为正常化对中国而言堪称一个战略决策，将使中国在苏、中、美战略大三角关系中决定性地倒向美国，从自身战略地位出发，中国可能会觉得当前还不是实现正常化的最有利时机。所以，美方在正常化问题上所摆出的灵活姿态能否换得中方积极回馈，不可过于乐观。此外，布热津斯基分析，还有两方面因素可能会影响中方在战略上表现出灵活性，一是他们对卡特政府对苏政策

①　Summary of Conclusions of a Policy Review Committee Meeting, Washington, DC, June 27, 1977, *FRUS, 1977-1980*, Vol. XⅢ, China, p. 103.

②　Zbigniew Brzezinski Outlines Goals for Secretary Vance's trip to China, July 22, 1977, *DDRS*, Document Number: CK3100010933-3100010934.

③　Memorandum of Conversation, Washington, DC, July 30, 1977, *FRUS, 1977-1980*, Vol. XⅢ, China, pp. 123-132.

的稳定性、可信度、连贯性还抱有疑虑；二是他们可能觉得，苏美关系过于动荡多变、难以捉摸、危机四伏，不想涉足过深。这些考虑都需要美方在推进正常化过程中保持足够耐心。①

根据这些考虑，卡特决定，审慎地推进正常化进程，循序渐进地向中方提出建议，对存在的问题一一逐步寻求解决，"这是一个枯燥和耗费时间的进程，但是可以把完全陷入僵局的可能性缩小到最低限度"。这种方式可使双方逐渐了解对方意图，避免因某个问题难以解决而使整个正常化进程陷入僵局，也可为双方化解各自国内政治问题留出时间。② 卡特还为对华政策设定了三项指导方针，一是要确保改善关系的努力能够获得北京的回馈；二是行为举止要有耐心，要像中方那样保持自重和尊严；三是要确保正常化行动不会损害中国台湾人民对享有繁荣安定生活的信心。③ 本着卡特这一指示精神，1977 年 6 月 29 日，万斯在亚洲协会的演讲中指出，在美中关系正常化问题上，"关键是要付出共同和互惠的努力"，"我们承认，要取得进展不会那么容易，也不会立竿见影，但是本政府承诺推进这一进程，我们是带着这种观念而设法在北京进行磋商的"。④ 这表明美方希望中方在某些关键问题上作出实质性让步，国务院还特别要求报界注意万斯演说中的有关表述，意在向中国政府传递美方的这一考虑，万斯实际上是将所谓"共同和互惠的努力"作为他此次访华时的谈判方针，以便应对中方在台

---

① Memorandum from the President's Assistant for National Security Affairs (Brzezinski) to President Carter, Washington, DC, August 5, 1977, *FRUS, 1977–1980*, Vol. XIII, China, pp. 133–134.

② 卡特：《忠于信仰——一位美国总统的回忆录》，第 225 页。

③ Letter from President Carter to Secretary of State Vance, Washington, DC, August 18, 1977, *FRUS, 1977–1980*, Vol. XIII, China, pp. 134–135.

④ Cyrus Vance's Speech to the Asian Society on American's Role in Consolidating Peaceful Balance and Promoting Economic Growth in Asia, June 30, 1977, *U. S.*, *Department of State Bulletin*, August 1, 1977, pp. 141–145.

湾问题上可能的强硬立场。①

考虑到万斯访华将是卡特政府就职后的首次美中高级别磋商，国务院发言人事先特意向新闻界吹风，以免外界对此次访问过分期待或过度担忧。发言人说，万斯此访是"探索性的"，并不指望会取得重大成果或达成共同宣言，目的是同北京领导人就两国关系寻求一种解决模式的可能性进行探讨，这种模式允许美国同中国建立正常外交关系，同时保证不会使台湾担心遭到中国大陆的武装进攻。8 月 17 日，万斯赶赴戴维营，同卡特和布热津斯基一起商议他访华期间的谈判方案，三人"围着一张小桌子逐字逐句推敲让赛（万斯）带去同中国人讨论的协议草稿"。②翌日，卡特批准了万斯访华的谈判立场，指示万斯须向中国领导人强调，美方准备在全球战略、正常化进程、经济文化交流这三方面发展美中关系，具体而言，万斯首先应阐述本届政府就职以来包括如何处理对苏关系在内的政策举措，引导中国人就某些有可能展开合作的问题进行磋商。卡特指出，万斯此行的最大目标，是在同中华人民共和国建立全面外交关系的前景下，"诱使"中方在台湾问题上表现出灵活性。这就意味着，对于美方希望台湾问题将以和平方式获得解决的阐述，需要中方予以默认或明确承诺，对此不会公开加以反驳。万斯还须使中国领导人明白，美国打算继续向台湾当局提供防御性武器装备。卡特还希望，在实现正常化之前，继续拓展中美两国间的经贸往来和文化交流，因为这种拓展是符合双方利益的，也将有利于推进正常化进程。③

---

① 罗伯特·罗斯：《风云变幻的美中关系（1969—1989）：在谈判中合作》，第 142 页。

② 卡特：《忠于信仰——一位美国总统的回忆录》，第 224 页。

③ Letter from President Carter to Secretary of State Vance, Washington, DC, August 18, 1977, p. 135.

四、万斯在京：中美战略意图的碰撞

显而易见，万斯是带着很高的期待访华的，这从他带着一份拟发布的中美新公报文本可以看得出来，并且他在会谈中表示，卡特总统愿意接受中方提出的"断交、撤军、废约"三原则，而这一直被中方视为中美关系正常化的主要障碍。很显然，在 1977 年，中美关系实现正常化迎来了前所未有的历史机遇。但是在中美各自更换最高领导人之后的首轮战略试探中，一方面，中方仍然坚持世界战争在所难免的总体性判断，将美苏缓和理解为美国向苏联实行绥靖政策，在谈判中一再怀疑美国的战略能力，认为美方在对苏竞争中太软弱，敦促美国要对苏强硬起来。与此同时，由于国门初开，还不太了解美国的国内政治运作过程，未能有效顾及卡特政府所承受的国内政治压力，在对台问题上未能释放有效信号，一再提出要以武力解放台湾，没有处理好原则性与灵活性的统一，致使美方误判了中方在台湾问题上的战略意图。另一方面，囿于文化背景不同，万斯也无法理解台湾地位问题对于中国中央政府的政治价值，误以为中方抓住美方驻台代表机构名称问题不放，是步步紧逼、不肯妥协的重要表现。这些战略方面的误读和误判，最终使万斯访华的战略试探效果未尽如人意。

万斯一行于 1977 年 8 月 22 日抵达北京，8 月 26 日离京返美。在访问期间，万斯同中国领导人举行了多次会谈，随同万斯访华的副国务卿哈比卜、驻华联络处主任伍德科克、助理国务卿霍尔布鲁克、国家安全委员会官员奥克森伯格均参加了会谈。中方主要由外交部长黄华出面同万斯会谈，随着谈判进程的推进和双方在有关问题上立场逐渐明朗化，中方根据事先拟订的接待方案，副总理邓小平出面会见了万斯，驻美联络处主任黄镇、主管对美外交的副外长王海容以及新闻司司长钱其琛等外交部官员分别参与了同美方的会谈。

从会谈记录来看，双方的磋商虽然议题范围较广泛，但基本在两个层面上展开。首先就全球战略问题交换意见，然后转入对双边关系特别是两国关系正常化问题的讨论，而且两个层面的磋商互有交叉，不能截然区分和孤立看待。华国锋、邓小平、李先念等中国领导人对苏联威胁和全球战略态势的认知，仍然秉承毛泽东、周恩来生前的基本观点，认为美苏争霸必然导致世界大战，苏联打着缓和的旗号，扩张态势咄咄逼人，在美苏全球竞争的许多方面都占据了上风，不仅打破了美国一向引以为傲的战略优势，还打破了全球战略平衡，美苏力量对比进一步发生有利于苏联的变化。华国锋在向中共十一大所做的政治报告中，对这一世界观作了全面表述。① 万斯一行飞抵北京时，正值中共十一大完成所有议程并宣布闭幕，华国锋当选为中共中央主席，标志着中国建立新的政治格局。在北京街头穿行时，万斯一行感受到了此次会议对中国政治、经济生活的意义。②

黄华同万斯接连举行了四次会谈。头两次主要由万斯谈。万斯启程前，卡特政府曾讨论过华国锋的政治报告，深知中方战略忧虑和关切所在。万斯在会谈中着重强调美国有能力维持同苏联进行全球竞赛的战略优势并能继续强化这种优势，意在顾及中方对于苏联的战略关切，随后才提出对如何推进中美双边关系的主张。在黄华举行的欢迎晚宴上，万斯便试图打消中方对美国战略意图的担心，他强调："我们

---

① 华国锋：《在中国共产党第十一次全国代表大会上的政治报告》（单行本），人民出版社，1977。

② Cyrus Vance, *Hard Choices: Critical Years in America's Foreign Policy* (New York: Simon and Schuster, 1983), pp. 79-80.

正在加强我国和传统盟国的关系。我们寻求改善同过去的对手的关系。我们将保持强大和常备不懈的国防，以防范任何挑战。"① 万斯表示，由"水门事件"引发的宪法危机已经结束，美国今后不会再推卸其全球责任。卡特政府将研究分阶段撤出驻扎在韩国的地面部队，但将继续保留驻扎在那里的海空军力量；通过加强北约来强化北大西洋同盟体系，维持东西欧军事力量的平衡；通过正在伦敦举行的西方七国首脑会议采取措施，遏制西欧经济衰退及通货膨胀，以加强西方同盟的经济基础。② 关于美苏竞争态势，万斯强调，当前美苏军事力量对比大体上处于均等状态，但美国仍然掌握强劲的对苏战略威慑能力，并在国会大幅度增加军事预算的支持下，增强在军事、政治、战略等领域同苏联进行全球竞争的态势，因而美国有能力维护全球战略均衡。③ 万斯还向中方介绍了卡特政府应对非洲之角、南部非洲、中东等地区紧张局势的对策。面对苏联在这些地区越发强劲的扩张势头，黄华对美国能否在全球及双边关系层面维持同苏联的均衡态势深表忧虑。万斯强调，美苏竞争不仅在军事和战略层面展开，还在政治和价值观等层面展开，所以美方也从多方面入手加以因应，苏联在索马里、埃塞俄比亚等不发达地区的行为反倒挫伤了其在这些地方的影响力，同时苏联自身经济增长持续放缓，美国不仅能够在军备领域保持同苏联竞赛的均衡态势，更能够在政治及经济领域掌握长远的战略优势。④ 在会谈

---

① 新华社：《黄华外长宴请美国国务卿万斯和夫人，黄华外长和万斯国务卿举行会谈》，《人民日报》1977年8月24日，第6版；*Department of State Bulletin*, September 19, 1977, pp. 366-367。

② Memorandum of Conversation between Secretary of State Cyrus Vance and Foreign Minister Huang Hua, Beijing, August 22, 1977, *FRUS, 1977-1980*, Vol. XIII, China, pp. 142-145.

③ Ibid. , pp. 145-147.

④ Ibid., pp. 159-162.

中，万斯还向黄华介绍了卡特政府推进军备控制的做法，一是同苏联展开第二阶段限制进攻性战略武器谈判，二是主张缔结《全面禁止核试验条约》。对当时巴基斯坦谋求发展核能力的动向，万斯深表忧虑。[①]言外之意，希望中方能照顾美方关切，利用中国对巴基斯坦的影响力出面加以阻止。

通过万斯在前两次会谈中的阐述，中国领导人发觉，卡特政府对国际局势的认识和对全球及地区的布局，同福特政府后期相比好像并没有根本的改观，并不足以改善美苏全球竞争态势。在万斯来华之前，《华盛顿邮报》曾刊发一篇题为《在欧洲认输》的时评，透露卡特政府近日曾出台一份绝密战略研究报告"第10号总统审阅备忘录"，提出了一项"新的防御战略"：如果苏联向欧洲发动进攻，美国将"秘密放弃西德三分之一的土地，而不要求增加防御费用"，因为"增加防御费用将会触怒莫斯科并使华盛顿发生分歧意见"。[②] 这一消息不仅引发美国国内和西欧政界及舆论界的强烈反应，也使中国领导人感到，福特政府时期的对苏绥靖政策倾向不仅未能得到遏制，反而出现进一步抬头的趋势。而美方的战略认识和战略方针，终将为顺利推进中美关系正常化进程蒙上阴影。

在随后的两次会谈中，中方毫不隐晦在战略层面同美方的分歧，并屡屡给万斯泼冷水，希望以此点醒美方不要对美苏战略平衡抱有不切实际的幻想。黄华在欢迎晚宴祝酒词中即强调，"由于当今各种基本矛盾的激化，国际形势急剧动荡。美苏对世界霸权的争夺迟早要导致世界大战，这是不以人的主观意志为转移的。面对这种形势，各国人

---

① Memorandum of Conversation between Secretary of State Cyrus Vance and Foreign Minister Huang Hua, Beijing, August 22, pp. 147–148, 153–154.

② 烽林：《绥靖思潮的一次表演》，《人民日报》1977年9月20日，第6版。

民应有备无患。霸权主义四处侵略扩张，反倒将自己置于同各国人民为敌的状态，必然会招致失败"。① 本着上述基本战略立场，在由中方主谈的第三次会谈时，黄华着重阐述了中国对当前国际局势的认识和中国的外交政策方针，"对国际形势作了实事求是的分析"，并着重"对（万斯所持的）平衡论泼了冷水和揭底"。② 黄华强调中方将"继续贯彻毛主席的革命外交路线（其中也包括他所制定的对美政策）"，并提醒万斯重视数天前华国锋主席在中共十一大政治报告中对国际形势及中国外交政策的阐述，指出世界局势更加动荡和紧张的根源在于美苏争霸。③ 黄华表示，万斯在前两次会谈中关于美国能够维持美苏战略平衡的观点是不切实际的，事实上苏联极力维持对美国的战略优势，所以这种平衡是保不住的，世界仍然面临紧张和动荡。黄华也强烈质疑万斯关于在当前美苏竞赛中美国已重新掌握优势的观点，他说，事实上苏联步步紧逼，而美国步步招架，中方甚至觉得美国很害怕苏联。以西欧事务为例，苏联打着缓和的旗号作为烟幕弹，背地里却对西欧极尽分化打击之能事，而美国一方面希望西欧加强防务，另一方面却带头对苏联搞绥靖，这样只会增添西欧国家的疑虑，削弱西欧抵制苏联扩张的斗争意志。④ 黄华还表示，中国同苏联打交道的经验证明，试图通过某些协定来约束苏联扩张行径的愿望是不切实际的。⑤

给万斯所持的战略平衡论调泼冷水并揭示美苏竞争态势真相，也成为邓小平和华国锋接见万斯时谈话的主要方针。外交部、中联部事

① *Department of State Bulletin*, September 19, 1977, pp. 365–366.

② 黄华：《亲历与见闻——黄华回忆录》，世界知识出版社，2008，第247页。

③ Memorandum of Conversation between Secretary of State Cyrus Vance and Foreign Minister Huang Hua, Beijing, August 24, 1977, *FRUS, 1977–1980*, Vol. XIII, China, pp. 176–178, 182–183.

④ Ibid., pp. 182–189.

⑤ Ibid., pp. 176–178.

先拟定的"关于美国国务卿万斯访华的请示",原打算由中央主管外事工作的李先念出面接待万斯,但华国锋采纳了李先念的建议,改由刚刚在十届三中全会上复职的邓小平出面接见。于是,万斯就成为邓小平正式复出后接待的第一位外国高级领导人。① 邓小平于 8 月 24 日接见万斯时,一开始即反驳万斯美国有信心维持美苏战略均衡的说法,指出这是盲目乐观,美苏之间的较量、对抗和军备竞赛将长期持续下去,两国优势对比也将继续出现此消彼长的态势。万斯则反驳说,尼克松时期的美国政治分裂已成过去,卡特执政半年来的外交政策得到国内坚定支持,如果中方逐一审视美、苏在世界各地区的竞争态势,就能发现美苏战略态势已经产生从总体上有利于美国的变化。② 邓小平直言不讳,"第 10 号总统审阅备忘录"是基辛格时期索南费尔特对苏绥靖主义仍在延续的例证。万斯辩解说,索南费尔特主义并非卡特政府的政策,而"第 10 号总统审阅备忘录"也只是一些初步意见,并不一定成为卡特政府的最终决定,中方不必过于看重这份文件,不能仅凭报端的只言片语来解读美国政策,否则会产生误解、错讹和扭曲的认识。③ 作为对中方战略关切的回应,万斯介绍说,卡特政府已决定同盟国一道努力加强北约武装力量,为此美国在今年和下一财年还大幅

① 王维澄主编《李先念年谱(1970—1978)》第五卷,中央文献出版社,2011,第 505 页。

② Memorandum of Conversation between Secretary of State Cyrus Vance and Vice Premier Teng Hsiao-ping, Beijing, August 24, 1977, *FRUS, 1977–1980*, Vol. XIII, China, pp. 192–194.

③ Memorandum of Conversation between Secretary of State Cyrus Vance and Vice Premier Teng Hsiao-ping, Beijing, August 24, 1977, pp. 195–197. 1977 年 2 月 18 日,卡特政府提出"第 10 号总统审阅备忘录",其主要内容是要国防部牵头研讨美国军事力量规模、新型武器装备研发、海外军事基地的作用,如何同步削减美苏核威慑能力、增强三位一体核打击力量可靠性,评估美国及其盟友在具体军事行动中达成政策目标的能力等问题。"Comprehensive Net Assessment and Military Force Posture Review," Jimmy Carter Presidential Library and Museum, accessed August 12, 2014, http://www.jimmycarterlibrary.gov/documents/prmemorandums/prm10.pdf.

度增加了军事预算。但邓小平重申，中方还是希望美国做到两点，一是希望美国对苏联不要轻敌大意，二是希望美国同西欧盟国真正建立起平等的伙伴关系，这样才能打消西欧的担心和忧虑。① 华国锋在接见万斯时也一再强调，苏联社会帝国主义的性质，决定了它施行对外扩张政策，美国必须对苏联的意图保持警觉，不要掉以轻心。中美之间最重要的一点共识，就是要共同对付苏联这只"北极熊"。华国锋批评美国对苏绥靖政策倾向，认为索南费尔特主义其实是制造所谓持久和平的假象，只会怂恿苏联侵略。②

虽然在全球战略层面暴露出双方存在着比较严重的分歧，但双方领导人均不讳言，中美两国需要携起手来共同应对苏联咄咄逼人的扩张势头，这是中美关系打破坚冰、走上正常化进程的战略基石。关于双边关系问题，双方也抱有一个基本共识，即必须推进两国关系正常化进程。

万斯在会谈伊始即开门见山，表示"当前已经到将美中双边关系置于一种新的更具持久性的基础之上的时候"，强调卡特总统决心为实现两国关系正常化承担起政治责任。③ 卡特总统声明"我们对中华人民共和国的政策将继续遵循《上海公报》的各项原则，而这个政策的目的就是关系正常化"。"卡特总统继续把美中两国间的关系看作美国外交政策中起到核心作用的因素"。"我们将要探讨在《上海公报》的范

---

① Memorandum of Conversation between Secretary of State Cyrus Vance and Vice Premier Teng Hsiao-ping, Beijing, August 24, 1977, pp. 196–197.

② Summary of Secretary of State Cyrus Vance's Meeting with Chinese Communist Party Chairman Hua Kuo-feng, Chinese Foreign Minister Huang Hua, and other U. S. and Chinese Government Officials, DDRS, Document Number: CK3100157134; Telegram from Secretary of State Vance to the Department of State and the White House, Beijing, August 25, 1977, FRUS, 1977–1980, Vol. XIII, China, pp. 213–214.

③ Memorandum of Conversation between Secretary of State Cyrus Vance and Foreign Minister Huang Hua, Beijing, August 22, 1977, p. 142.

围内继续并推动这一进程的方式。我们一起为走向共同目标而付出努力，这对我们双方都是有利的。我正是本着这种精神期待着我们即将进行的会谈"。①

在 8 月 23 日的第二次会谈中，万斯强调，美方准备重启正常化进程，卡特总统授权他同中方探讨实现两国关系正常化的可行性。万斯全面阐述了对如何推进两国关系正常化进程的看法。在台湾问题上，万斯依照国家安全委员会确定的既定方针，向中方强调对和平解决台湾问题的关切。美方"将在适当时候就此问题发表声明，重申美方对于两岸中国人以和平方式自行解决台湾问题的关切和希望，并表示相信美中关系正常化不会削弱以此种方式解决台湾问题的机会"。万斯希望中方不要对这一声明公开提出异议，也不要发表旨在强调将以武力解放台湾的表态。② 万斯又说，在实现正常化之后，美方希望继续保持美台之间的贸易、投资、旅行、科技以及其他方式的交流往来，为给美台密切往来提供便利和保障，"考虑到我们的法律、政务惯例以及公众和国会的态度，我们已经作出最终（我要强调是最终的）决定，（同台湾仅保持）民间性安排对我们而言是不符合实际需要的"，"作为一项切实可行的措施，我们已经决定，美国政府有必要经某种非正式安排，派遣官员在台湾驻留"。或许为了打消中方顾虑，万斯又补充道，此举不会影响美国对中华人民共和国的外交承认，美国在中国台湾设置的代表机构，"不论这一办公室取何种称呼，很明显在性质上不会是外交机构，也不会履行外交职能，也决不会构成（对台湾）的外交承

① *Department of State Bulletin*, September 19, 1977, pp. 366-367.

② Memorandum of Conversation between Secretary of State Cyrus Vance and Foreign Minister Huang Hua, Beijing, August 23, 1977, pp. 173-174.

认"。① 万斯对黄华强调，"只要我们能找到一种办法，使两岸中国人以和平方式自行解决台湾问题的机会不致减少，并能使美国继续同台湾保持非正式联系"，在这一条件下，卡特总统就准备实现两国关系正常化，并将履行在《上海公报》中所承担的责任，即认可中方关于世界上只有一个中国而台湾是中国一部分的立场，承认中华人民共和国政府是代表中国的唯一合法政府，接受中方关于美方要同中国台湾断交、撤军、废约的三项条件。② 万斯要求在台设立美国官方机构，讲明要中方对美国实现正常化的"慷慨"举动作出"互惠性"回报，无异于妄求中方在台湾问题上作出实质性让步。万斯将此作为最高谈判方针，执意要使中方为实现关系正常化付出沉重代价。③ 对此万斯解释说，为顺利推进正常化进程，卡特政府必须艰难而谨慎地推进国内政治议程，国会及公众舆论均对实现全面正常化给予有力支持，但同时又对正常化之后美台往来抱有高度关切，希望中方理解卡特政府面对国内政治时的难处。④

显然，万斯不仅未能爽快地表示愿意排除美台关系给双边关系造成的困难，反而利用这种关系向中方讨价还价，明显背离《上海公报》精神。对此黄华等中方人员深感气恼，本来和缓的会谈气氛一时间紧绷起来。在万斯陈述上述主张时，黄华并未当场加以反驳。⑤ 等到 8 月 24 日第三次会谈时，在对万斯所持美苏平衡论调大泼冷水后，黄华即

① Memorandum of Conversation between Secretary of State Cyrus Vance and Foreign Minister Huang Hua, Beijing, August 23, 1977, pp. 172-173.

② Ibid. , pp. 170-171.

③ Cyrus Vance, *Hard Choices: Critical Years in America's Foreign Policy*, p. 82.

④ Memorandum of Conversation between Secretary of State Cyrus Vance and Foreign Minister Huang Hua, Beijing, August 23, 1977, pp. 171-172.

⑤ Memorandum from Dennis Chapman Highlights Secretary of State Cyrus Vance's Trip to China, August 29, 1977, *DDRS*, Document Number: CK3100487333-3100487334.

话锋一转，指出台湾问题的产生"源自美国的援蒋反共政策"，"是美国政府对中国人民欠下的一笔迟早要偿还的债"，根本不属于需要双方共同付出努力的所谓"互惠性"问题，美方必须履行断交、撤军、废约三项条件，不能逃避《上海公报》所赋予美方的政治责任。黄华强调，万斯将美方要在中国台湾保留官方代表机构设定为美方履行上述三项条件的前提条件，实际上形成了对三项条件的否决，中方只能认为，"美方此举是企图继续保持干涉中国内政的权利"。黄华以强烈和不容置疑的口吻表示，"什么时候和以何种方式解放台湾，完全是中国的内政，其他任何国家均无权干涉，这也不是中美所应谈判的议题"。黄华又提请万斯注意华国锋在中共十一大政治报告中关于台湾问题的表述，希望美方不要对台湾问题解决方式抱有幻想，因为中方"在原则问题上是坚定的和不可动摇的"。① 在此次会谈临近结束时，黄华又向万斯强调，"中国人民决心解放台湾"，这是中方一贯的立场，也是全中国人民的共同意志，美方必须以清晰而明确的方式推进双边关系正常化，而不要企图含糊其词、蒙混过关。② 黄华这么讲，等于是警告万斯，中方不容美方和稀泥，抹杀双方在台湾问题上的原则分歧。

黄华此番强硬表态，显然让万斯感到慌乱，他未曾想到中方竟然会以如此果决和刺耳的话语来回应他就两国关系正常化所提出的条件，特别是黄华引用华国锋"我们一定要解放台湾"这一直截了当的表述，让万斯一时间难以接受。这一轮交锋显然影响万斯对此后双方会谈进程的估计和判断。8月24日会谈的当天午后，万斯一行在钓鱼台国宾馆庭院里散步，商议后续谈判立场。在来华前研讨谈判方针时，国家

---

① Memorandum of Conversation between Secretary of State Cyrus Vance and Foreign Minister Huang Hua, Beijing, August 24, 1977, pp. 181-182.

② Ibid., p. 189.

安全委员会成员均非常看重事先拟就的公报草案的作用，奥克森伯格指出，向中方提出讨论公报草案有着重要意义，旨在向中方表明卡特政府打算使两国关系更进一步，促使中方启动实现正常化的实质性谈判进程。[1] 但由于万斯对黄华的强硬回应怒气难消，他决定在后续谈判中美方不松动立场，继续坚持最高谈判方针，不再提出公报草案与中方讨论。万斯在回忆录中解释，他之所以这么做，是因为他觉得，向国会推销新的《巴拿马运河条约》才是卡特政府当前国内政治首要议程，而快速推进中美关系正常化进程的时机还不成熟，"中方似乎还未准备好（对台湾问题）进行严肃认真的谈判"。[2]

万斯这一仓促决定或许是想要报复一下黄华的强硬立场，但却使卡特总统决心实现中美关系正常化这一情节被冲淡，导致中方未能充分把握和估量卡特政府这一政治决策的意义。中美关系正常化进程能否得到实质性推动，关键在于美国政府能否下定决心，这一向是中方在正常化问题上的重要理念，但是，万斯非但不愿依照日本方式（即履行断交、撤军、废约三项条件）处理美台关系，反而设定前提条件，借机讨价还价，使中方强烈感到卡特政府实际上尚未就实现两国关系正常化下定政治决心。在 8 月 24 日黄华同万斯会谈后的当天下午，邓小平即出面会见万斯，非常明显地表现出中方的这种感觉和怀疑。邓小平希望卡特总统从全球战略视角出发，来看待解决台湾问题的重要性，他说如果美方下定决心解决中美之间的这一问题，那就会有利于美国改善对苏战略态势。[3] 邓小平对万斯强调，中方有足够耐心，愿意

① Memorandum of Conversation, Washington, DC, July 30, 1977, *FRUS, 1977 - 1980*, Vol. XⅢ, China, p. 130.

② Cyrus Vance, *Hard Choices: Critical Years in America's Foreign Policy*, p. 82.

③ Memorandum of Conversation between Secretary of State Cyrus Vance and Vice Premier Teng Hsiao-ping, Beijing, August 24, 1977, pp. 204-205.

等待，直到美方下定决心解决台湾问题。如果美方下定决心解决这一问题，就不要再横生枝节，不如干脆些，接受中方的三项条件，而中方也会考虑美国的实际情况，允许美国依照日本模式处理它同中国台湾的交往，这意味着中方同意美方同中国台湾保持非官方联系，已经对美方作出让步。邓小平重申了黄华所曾强调的观点，美方必须要承担解决台湾问题这一历史债务的责任，谈不上要由中方投桃报李的问题，而是要由美方来下这个决心。在尼克松和福特执政时期，基辛格曾多次表示接受中方这一立场。为证实这一点，邓小平还让列席会谈的外交部美大司副司长唐闻生当场念了一段1975年11月28日他同基辛格会谈的记录。福特总统访华时也曾接受这一立场，并曾表示他如能顺利当选总统，愿意依照日本模式解决两国关系正常化问题。邓小平强调，双方正常化谈判不是重新开始，而应以1972年《上海公报》作为起点，公报各项原则实际上构成一项先决条件，意思是说美国要下定决心和作出决定，而不是反过来要中国这么做。福特访华时的表态等于将这项条件又向前推进了一步，然而万斯此次所提方案实际上否定了已被基辛格和福特认可的这一先决条件。①

邓小平将万斯所提解决台湾问题的方案归结为两点：一是希望中方承担不对台湾使用武力的义务，他认为这就构成了对中国内政的干涉；二是美方希望"在台湾保留一个门口不贴标记的大使馆"，"不论美方如何称呼这一机构，都是联络处的翻版"。邓小平直截了当地驳斥说，这种方案"并非从最初的正常化进程向前推进了一步，恰恰相反，

---

① Memorandum of Conversation between Secretary of State Cyrus Vance and Vice Premier Teng Hsiao-ping, Beijing, August 24, 1977, , pp. 200-202.

168

是一个倒退"。^① 不过，邓小平并没有以强硬的口气完全回绝万斯的主张，在阐述中方立场时明显表现出灵活性，对于以何种方式解放台湾和以何种方式处理台湾同大陆统一这样两个问题，邓小平做了区分。他说，中美关系正常化之后，中方打算在没有美国插手的情况下以和平方式解决台湾问题，但是，中国人民在何时和以何种方式解放台湾，完全是中国内政，不容任何外来干涉。邓小平又说，中国政府在处理台湾同大陆统一问题时，自然会考虑台湾的实际情形并采取适当政策，但这完全是中国的内政。^② 翌日华国锋接见万斯，也延续了黄华和邓小平所持的基调，着重向美方强调苏联"新沙皇"扩张政策的威胁。华国锋表示，他注意到卡特总统前不久的声明，愿意接受《上海公报》为双方关系的基础并增进双方了解。他赞赏美方这一表态，同意双方应进一步考虑各自的观点并将磋商继续下去。^③

华国锋此番表态意在向万斯强调，卡特政府要从战略高度看待中美关系，从而找出妥善化解双方分歧的办法，但是万斯未能充分把握住这种意涵。在 8 月 25 日最后一次会谈时，根据来华前既定的谈判方案，万斯将话题引向两国文化交流和经贸往来。他肯定了卡特政府就职以来两国学者、议员及经贸代表团多次互访对推进双边关系的积极意义，表示美方愿意继续推进两国文化交流，希望两国今后扩大贸易往来规模。但黄华表示，在两国关系尚未实现正常化之前，这些人员互访和经贸往来会受到限制，两国间这方面的交流只能维持在目前的

---

① Memorandum of Conversation between Secretary of State Cyrus Vance and Vice Premier Teng Hsiao-ping, Beijing, August 24, 1977, pp. 200–205.

② 中共中央文献研究室编《邓小平年谱（1975—1997）》上，中央文献出版社，2004，第189页。

③ Summary of Secretary of State Cyrus Vance's Meeting with Chinese Communist Party Chairman Hua Kuo-feng, Chinese Foreign Minister Huang Hua, and other U. S. and Chinese Government Officials.

层级和程度。^① 不过，万斯乐观地评价说，黄华虽然将开展两国贸易同实现正常化挂钩，但还是对美方努力拓展两国间贸易往来的建议作出了积极回应。^②

万斯原本打算在离京前发表一则简短的访问公报，并准备由副国务卿哈比卜负责同中方商讨公报文本。在 8 月 25 日会谈结束时，万斯向黄华提出这一要求，但黄华态度冷淡，以其没有必要为由予以拒绝。中方只是为万斯安排了一场记者会，简要介绍他此次访问的情形。^③ 万斯访华至此落幕，但双方的交锋并没有终结。在 8 月 26 日晚的告别晚宴上，万斯在祝酒词中表示，美方愿意"继续信守《上海公报》并承诺朝向关系完全正常化的目标前进"。^④ 黄华在作答时则强调，"只要双方都能按照《上海公报》的原则作出真诚的努力，中美关系就一定会像两国人民共同希望的那样不断向前发展。"^⑤ 随后，万斯一行 12 人离开北京，取道日本飞返美国。

五、万斯访华对中美关系正常化进程的影响

万斯访华并没有取得立竿见影的效果，但双方都初步了解了对方的利益关切和利益冲突之所在，也建立了两国新领导人之间的高层联

---

① Memorandum of Conversation between Secretary of State Cyrus Vance and Foreign Minister Huang Hua, Beijing, August 25, 1977, *FRUS, 1977–1980*, Vol. XIII, China, pp. 208–211.

② Telegram from Secretary of State Vance to the Department of State and the White House, Beijing, August 25, 1977, p. 213.

③ Memorandum of Conversation between Secretary of State Cyrus Vance and Foreign Minister Huang Hua, Beijing, August 25, 1977, pp. 211–212.

④ *Department of State Bulletin*, September 19, 1977, pp. 367–368.

⑤ 新华社：《万斯国务卿和夫人在京举行告别宴会》，《人民日报》1977 年 8 月 26 日，第 4 版。

系渠道。作为一次"探索性访问",万斯访华的战略试探效果显著,这不仅体现在其再度明确了双方对于世界总体格局的诸多近似观点,对苏联安全威胁的共同认知,还体现在对各自核心利益关切的宣示和交锋。需要指出的是,在这一轮战略试探中,中美双方再次确认了中美在抗衡苏联扩张方面存在的共同利益,也表达了推动中美最终实现关系正常化的愿景,为双边关系的下一步发展和随后布热津斯基访华等高级别外交试探提供了有力推动。

美方原先期望并估计,中方会由邓小平出面主持会谈,但是万斯一行甫抵北京即发觉受到了冷遇,前来迎接的是外交部长黄华,出面主持会谈的也是黄华,一位代表团成员在抵京当晚电告布热津斯基,他觉得中方这种安排"或许是意在降低会谈级别","如果中方继续由黄华主持谈判,这或许意味着他们并不期待此次访问取得什么成果。"①美国媒体也注意到这一细节,报道说在最初两天会谈时,包括邓小平在内掌握决策权的中共中央政治局成员均没有出席会谈,这一情况表明,"中国新政府并不急于同美国新政府打交道"。②万斯并不了解中方随后由邓小平出面会谈是中方预定的安排,但却让他最初的不快一扫而空,而华国锋出面接见更是让美方喜出望外,因为这是这位中国新任最高领导人首次接见美国政府高级官员。③万斯本人对此也深表满意,认为这既有重要象征意义,也具有一定实际价值。④

---

① Memorandum from Michael Armacost to Zbigniew Brzezinski about the Chinese Arrangement for Secretary of State Cyrus Vance's party at the Airport, August 22, 1977, *DDRS*, Document Number: CK31 00516983.

② *The Washington Post*, August 23, 1977.

③ *The New York Times*, August 27, 1977.

④ Telegram from Secretary of State Vance to the Department of State and the White House, Beijing, August 25, 1977, pp. 213–214.

卡特政府认为，万斯的访问基本实现了事先设定的"探索之旅"这一宗旨。在北京举行的记者会上，万斯谈到此次访问的成果：他这次来访对两国高层领导人之间建立沟通至关重要，此次访问增进了相互之间对各自立场的了解，在《上海公报》基础上推进两国关系正常化是符合双方共同利益的。① 这些话无异于说，此次来访重在建立沟通渠道、交换各自意见、增进相互了解，而不在于就如何化解具体分歧找出解决办法。当万斯返抵华盛顿时，卡特总统亲自接机并发表讲话，对万斯此次访华赋予非常重要的意义。他说，虽然此次访问的目标是有限的，仅在于探寻对方立场，但却是非常成功的一次访问，是最终实现两国关系正常化非常重要的一个步骤。万斯也对在场记者表示，此次探索性访问是卡特政府第一次同中华人民共和国正式交换意见，因而是非常重要的，双方将继续进行磋商。② 万斯向卡特汇报说，会谈是在认真和建设性的气氛下进行的，对两国政府高级官员建立有效沟通渠道很有益处，两国关系正常化有了新的开端。③ 布热津斯基也对此次会谈给出了较为乐观的评价，他对卡特说，"国务卿万斯与邓小平的会谈进行得相当好。中国人显然很愿意就台湾问题进行认真讨论，邓表现出了耐心，也同意讨论万斯提议的细节，他还建议可以等万斯稍作考虑并和您商量后再继续讨论"。④ 但万斯和卡特在公开场合均避而不谈双方谈判有何实际进展，在给卡特总统的

① *Department of State Bulletin*, September 19, 1977, pp. 368–372.

② Ibid., pp. 373–374. 然而，有学者认为，卡特亲赴机场迎接万斯之举属于政治性操作，意在向苏联展示此次访问推动了美中关系，有助于美国在同苏联就限制战略武器谈判时进行更有利的博弈，同时也向美国国会内外以戈德华特为代表的亲台势力表明，卡特政府并未放弃中国台湾。法恩瑞：《对中美关系正常化的再评估》，《冷战国际史研究》2010年第2期，第228页。

③ *The New York Times*, August 29, 1977.

④ 转引自法恩瑞《对中美关系正常化的再评估》，第228页。

出访报告中，万斯以略带悲观然而平淡的语气总结说，黄华和邓小平的表态表明，两国关系显然已经走上"一条长期而艰难的道路"，"目前不会取得重大突破性进展"。① 万斯向卡特建议，在对华关系上继续维持原定步骤，谨言慎行，不应空头许诺快速推进正常化进程，更应顾及实际可行性。②

对万斯访华的总体效果，中方也通过美国驻华联络处向卡特政府表达了虽明显有所保留但还算乐观的评价。据布热津斯基得到的情况，中方觉得万斯来访表明，卡特总统的确愿意致力于实现对华关系正常化，中方大致理解了美国未能加快推进正常化进程的原因所在，了解到美国国内存在着对于正常化的反对意见，其实中国政府内部在这一问题上也同样存在着意见分歧，但是在"四人帮"倒台、邓小平复职以及中共十一大呈现团结一致政治面貌之际，中国政府在政策目标上体现出一致性，并希望迅速推进正常化进程。③ 中方希望将万斯来访所开启的高层磋商势头保持下去。美国舆论认为，中方安排华国锋和邓小平会见万斯表明，即使在美方不大情愿切断同中国台湾联系而使正常化进程迟缓的情况下，中方也决心继续加强同美国人的联系。④ 有分析家指出，新的中国领导人显然判定，可以容许美国新政府谨慎地推进正常化进程，同时中方也需要时间来研究有关问题，中方高规格接待万斯一行，至少使中美关系保持了信息沟通和在共同应对苏联问题上的政策协调，双方至少能够在为正常化进程营造一种什么样的舆论

① Memorandum from Dennis Chapman Highlights Secretary of State Cyrus Vance's Trip to China, August 29, 1977.

② Cyrus Vance, *Hard Choices: Critical Years in America's Foreign Policy*, p. 83.

③ Memorandum for Zbigniew Brzezinski on the Chinese Reaction to Secretary of State Cyrus Vance's Trip to Beijing, September 6, 1977, *DDRS*, Document Number: CK3100722740.

④ *The New York Times*, August 27, 1977.

氛围上达成一致。①

万斯在出访前后一再强调他此次访华是"探索之旅",引得中方也开始使用这一词汇来界定万斯的访问。但是,万斯在台湾问题上所提方案让中方深感失望,他们凭着对美国外交政策优先次序和万斯访华定位的了解,判断卡特政府其实并不期待此次访问对正常化进程产生多么大的推动力,甚至尚未下定早日实现关系正常化的政治决心,而仅想通过访问建立沟通,了解和探索中方在台湾等问题上的原则立场,万斯所提方案多半也有试探中方立场底线的意图。因此中方并未指望仅凭此轮会谈就能找出化解双方分歧的办法。8 月 24 日,在同万斯会谈时,邓小平就说过,"中国政府对解决台湾问题是有耐心的,我们申明我们的立场,是为了在改善中美两国关系的过程中,在处理台湾问题时更从容、更恰当一些,有利于我们在全球战略方面取得更多的共同点。但我们希望(美方)不要误解为中国人对这个问题的解决可以无期限拖延下去。"② 当晚邓小平在颐和园设宴招待万斯一行,席间他评价此次会谈为"清晰和坦率的","会谈是很有好处的,我们的立场是朝着全面正常化而努力"。③ 华国锋在接见万斯时,也以肯定的口吻引用卡特政府对万斯访华性质定位的表述,表示卡特政府派他来听取中方关于国际形势及双边关系的观点,是有好处的。在正常化问题上,华国锋言辞谨慎而克制,仅表示希望在《上海公报》基础上发展两国关系。④ 这就等于中方在最高层级上基本认同美方对万斯此访的基本

---

① *The Washington Post*, August 27, 1977.

② 中共中央文献研究室编《邓小平年谱(1975—1997)》上,第 189 页。

③ *The Washington Post*, August 25, 1977.

④ Telegram from Secretary of State Vance to the Department of State and the White House, Beijing, August 25, 1977, pp. 213-214.

定位。

万斯访华虽然初步实现了"第24号总统审阅备忘录"设定的第一部分目标,即重启正常化进程,并借机推进中美双方在安全、经济、技术及文化交流等方面的合作关系,但是在奥克森伯格的建议下,布热津斯基和卡特选择暂时搁置对"第24号总统审阅备忘录"其余各项目标的落实,至于同中方进行后续商谈的目标,也界定为要巩固而不超出万斯访华的成果。① 其主要原因在于,白宫正为如何获得国会支持新的《巴拿马运河条约》而焦头烂额,加之在国会推进能源立法等各项国内政策议题,卡特政府没有多少时间来处理对华政策问题,"这时也不是处理又一个争议极大的问题的恰当时机"。② 在万斯访华期间,布热津斯基曾提请卡特总统向万斯发出一份指示电,要其抓住时机推动正常化进程。但是卡特顾虑重重,担心在急需推动国会接受新的《巴拿马运河条约》之际,如又将正常化问题摆在国会面前,必然会加重政治风险,"因此他倾向于认为不如把正常化的步子放慢一点,走得稳一些。"③ 卡特政府甚至觉得邓小平的高调否认和指责也并非完全没有可取之处,奥克森伯格分析说,表明中国新领导人在台湾问题上要强硬许多,这样便可以为下一步调整谈判方针提供依据。④

① Memorandum from Michel Oksenberg of the National Security Council Staff to the President's Assistant for National Security Affairs (Brzezinski), Washington, DC, September 23, 1977. *FRUS, 1977 - 1980*, Vol. XⅢ, China, p. 231.

② 卡特:《忠于信仰———一位美国总统的回忆录》,第226页。

③ 布热津斯基:《实力与原则——1977—1981年国家安全顾问回忆录》,邱英觉等译,世界知识出版社,1985,第234页。

④ 转引自法恩瑞《对中美关系正常化的再评估》,第229页。

考虑到万斯访华期间所持立场，同时也受后续风波①的影响，中方判断卡特政府仍未就实质性推动正常化进程下定决心。中方认为，卡特政府仍未能从政治角度和战略高度看待和处理中美关系，仍在打着利用中美关系服从和服务于美苏关系的算盘，企图制造和利用美中关系有所改善、正常化进程有所推进的假象，来增强美国在对苏交涉时的谈判地位。这当然是中方不可接受的。② 黄华、邓小平、华国锋在各自同万斯的谈话中，无一例外地从战略角度切入，强调要从战略高度看待和处理中美双边关系问题。但是，由于双方对中美关系正常化同全球战略形势之间关系的认识有着严重偏差，在如何判定苏联威胁、认识美苏争霸形势、评价美国对苏政策的效果等问题上，双方都存在严重分歧。这些战略层面的歧义不可避免地影响了双方对如何化解两国关系症结和难题的讨论，从而使本就步履蹒跚的两国关系正常化进程又负载上新的困难和障碍。在数年后出版的回忆录中，万斯曾不惜笔墨详述访华期间他同中方在台湾问题上的交锋，但对会谈期间双方在全球战略层面上的对话却只字未提。③ 这说明，对于中方偏重于从战略层面看待和处理中美双边关系的处理方式，万斯在若干年后仍未能理解和把握。

---

① 万斯访华回国后，美国赫斯特报系擅自发布消息称，万斯的访问报告中谈到取得多方面"进展"。中方认为此举是美方有意宣传，试图动用舆论施压，迫使中方在万斯所提方案上让步。9月6日，邓小平在接见美联社代表团时嘲讽道，"万斯访华有一个成果，就是万斯来了"。他强调，以什么时间、什么方式解决台湾问题，是中国内政，外人无权干涉。随后，邓小平又在接见外宾时一再重申中方在解决台湾问题上的原则立场，意在以明白无误的辩驳打破美方不切实际的空想，告诫美方不要指望中方会同意以万斯所持方案为后续讨论的基础，只有以《上海公报》为起点和基础，方能实质性推进正常化进程。参见中共中央文献研究室编《邓小平年谱（1975—1997）》上，第197—199、207—208页。

② 罗伯特·罗斯：《风云变幻的美中关系（1969—1989）：在谈判中合作》，第147页。

③ Cyrus Vance, *Hard Choices: Critical Years in America's Foreign Policy*, pp. 79-83.

六、结语

　　无论是中美两国的官方评价，还是通常的学术研究，均以万斯访华成果寥寥为由而不甚重视此事对两国关系正常化的意义，然而这种评价总是相较于布热津斯基访华之后正常化进程显著加快而言的，忽视了从战略试探角度考察其在中美信息传递和信任建立等方面的贡献，也低估了其确立中美双方特别是中美新领导人战略意图的作用。公允而论，万斯此次"探索之旅"，对于推动正常化进程有着重要意义。这是卡特政府就职以来中美两国之间首次高级别磋商，它不仅恢复了两国自 1975 年福特访华以后即告中断的高层交往，使长时间停滞的正常化进程得以重启，推动了双边战略对话机制的形成和延续，还促进了双方之间的沟通和认知，使双方了解各自的原则立场和灵活性所在，特别是使卡特政府意识到中方在台湾问题上的原则立场，判明在台湾问题上双方的让步空间和回旋余地，从而减少了此后更多不切实际的主张和举动。而万斯在谈判过程中就解决台湾问题所提方案，也让中方了解了卡特政府的政策倾向，更真切地了解到美国国内政治在中美关系问题上的关切，从而有助于中方在后续的磋商和谈判过程中，对相关政策性问题作出轻重缓急和优先次序的调整。

　　万斯访华之后，卡特政府继续推进对"第 24 号总统审阅备忘录"的政策性探讨，事实上把正常化进程作为较为优先的政策议题来处理。中美双方都对继续推进中美关系作出了一些后续考虑和安排，并通过两国派驻对方首都的联络处和联合国等渠道继续保持沟通和磋商。此次万斯来访还成为中方观察和分析卡特政府对华政策决策程序的一个有用事例，因为万斯访华及其结果使卡特政府内部围绕对华政策的辩论暂时告一段落，在国家安全委员会和国务院之间，特别是在布热津斯基和万斯之间就对华政策主导权的争夺中，更强调从战略层面来认识和推进中美关系、主张同中国建立战略和军事关系从而改善对苏战略态势的布热津斯基（以及国防部长布朗），在对华政策事务中的发言权日渐吃重。布热津斯基和国家安全委员会认为，万斯及国务院所主张的对华政策步骤已经碰壁，战略试探也有了一个初步的结果，今后需要另辟蹊径，从而开启了布热津斯基访华、实质性推进正常化进程的后续环节。

正如历史档案所揭示的，在推动中美关系正常化的因素中，双方感知到的共同的苏联安全威胁是重要基础，双方为达成战略联合的意图，也多次释放相当有成本性的外交信号，但由于战略互信的缺失、信息传递的失真、战略意图的模糊解读，中美关系正常化一直陷入停顿。为此，就需要双方不断进行外交战略上的反复试探。如同早期中美关系解冻离不开基辛格访华这样的战略性试探努力，在中美缓和的中后期，像 1977 年国务卿万斯访华这样的外交和战略试探行为，也有力推动了双方的和解和战略联合。因而，我们认为，一国外交战略的制定并不可以仅仅从结构压力中自动推导出来，即使两国存在着潜在的共同国家利益，由于意图难以确定、信号传递过程艰难和战略信任缺失等障碍，有着共同利益的国家需要借助高层次的外交战略试探，以确定对方真实的意图、有效地传递己方的外交承诺信号，并通过这种高层次的战略试探累积双方领导人之间的战略信任，从而在经历一定时间后最终走向战略联合。

诚意信号表达与中国外交的战略匹配[*]

尹继武[**]

摘 要 中国外交中的诚意信号表达是中国在国际社会中的形象、地位和利益展现的重要内容。中国对外诚意信号表达具有政策宣示、行为信用两种基本渠道。自冷战结束以来，在中国与东盟以及中国与美国的双边关系中，均可发现中国的和平、合作以及责任等诚意信号表达，并且取得了不同程度的成效，但也存在不同特性的负面效果。在诸多影响变量中，战略匹配的不一致成为影响中国诚意可信性的重要因素。系统剖析中国对外关系中的诚意信号问题，可以管窥中国外交的文化实践及其理论动因，也有益于思考中国在力量增长情况下的国内战略协调问题。

关键词 诚意信号；中国外交；战略匹配

* 原文发表于《外交评论》2015年第3期。本文得到2012年度教育部新世纪优秀人才支持计划的资助（项目批准号：NCET-12-0789）。初稿曾作为会议论文提交至2014年10月19日在国际关系学院召开的"当代中国的政治心理问题"学术会议。在本文撰写和修改过程中，蒲晓宇、季玲、李开盛、郑先武、任琳以及罗伯特·杰维斯（Robert Jervis）先后提出了富有建设性的意见，笔者一并表示感谢。

** 尹继武，现为中国人民大学国际关系学院教授。

向世界表达中国对外交往、关系发展以及问题解决中的诚意，这是中国对外关系政策以及话语中的重要内容。无论是从政策层面，还是话语层面，我们均可找到丰富的诚意伦理因素。从新中国成立初期的"和平共处五项原则"，到冷战结束以来的"新安全观""和谐世界"和"正确义利观"等理念，均体现出中国在对世界的基本态度中包含了重要的道德与秩序诉求。[1] 与丰富的外交政策和话语形成鲜明对照的是，在中国外交政策研究中，关于外交政策话语尤其是道德和文化维度的分析却较为少见。[2] 在主流的现实主义路径中，分析者关注的是中国的力量和利益本身，与相关国家的力量结构以及利益冲突等核心因素，认为道德要么只是实力政策的话语掩饰，要么根本不会对国际关系产生重要影响。[3] 而在文化路径来看，道德和文化因素对于中国外交的影响是客观存在的。在既有的文化路径研究中，大多数研究都聚焦于中国外交的和平传统、中国外交关于道德和秩序的理念以及中

① Dominik Mierzejewski, "From Pragmatism to Morality: The Changing Rhetoric of the Chinese Foreign Policy in the Transitional Period," in Suijian Guo and Baogang Guo (eds.), *Thirty Years of China-U. S. Relations: Analytical Approaches and Contemporary Issues* (New York: Lexington Books, 2010), pp. 175-195.

② Thomas W. Robinson and David L. Shambaugh (eds.), *Chinese Foreign Policy: Theory and Practice* (Oxford: Oxford University Press, 1995); Alastair I. Johnston and Robert S. Ross (eds.), *New Directions in the Study of China's Foreign Policy* (Stanford: Stanford University Press, 2006).

③ John Mearsheimer, "The Gathering Storm: China's Challenge to US Power in Asia," *The Chinese Journal of International Politics* 5, no. 3 (2010): 381-396; John Mearsheimer, *The Tragedy of Great Power Politics* (New York: Norton, 2001); A. F. K. Organski, *World Politics* (New York: Alfred A. Knopf, 1968); Steve Chan, *China, the US and the Power Transition Theory* (New York: Routledge, 2007).

国文化的一些思维特性对于对外关系发展以及争端解决的影响。① 简言之，既有的相关研究并没有系统分析中国在对外关系中是如何向世界表达自身诚意的，进而，中国为何要向世界表达诚意信号，其背后的基本动因以及战略考虑是什么？相较于美国既强调理想主义外交又强调现实利益驱动的"例外论"，中国对于诚意的信号表达具有什么样的特性？最后，为何在某些问题领域、某些时期，中国的诚意信号表达能够产生预期的效果，而在其他情境中，诚意信号并没有产生积极的作用？上述问题构成了我们接下来将要分析和整理的基本议题。总之，我们试图先进行描述性的分析，梳理中国对外诚意信号发射和表达的层次和渠道，清晰展现中国对外关系中诚意信号表达的事实，进而，通过简要的案例比较分析，提炼出一种新的解释框架，即战略不匹配或矛盾是影响中国对外诚意信号表达成效的重要因素。我们的结论也彰显了中国对外关系主体以及观众的多元性和复杂性，对于新时期中国如何处理与国际社会的关系具有一定的理论和政策启示。

一、中国对外诚意信号表达的层次

随着中国与世界互动的深入，中国外交的主体、议题以及利益分化也越来越突出，既显示出全球性和多元性的特性，也凸显了多主体

---

① Alastair Iain Johnston, *Cultural Realism: Strategic Culture and Grand Strategy in Chinese History* (Princeton: Princeton University Press, 1995); Alastair Iain Johnston, "Cultural Realism and Strategic in Maoist China," in Peter J. Katzenstein (ed.), *The Culture of National Security: Norms and Identity in World Politics* (New York: Columbia University Press, 1996), pp. 216-268; Yuan-kang Wang, *Harmony and War: Confucian Culture and Chinese Power Politics* (New York: Columbia University Press, 2011); Huiyun Feng, *Chinese Strategic Culture and Foreign Policy Decision-Making: Confucianism, Leadership and War* (New York: Routledge, 2007).

和多部门利益的影响。① 因此，在冷战结束以来的中国对外关系中，中国外交对外诚意信号发射也呈现诸多特点，比如不同时期诚意的地位不同，主体也有差别，对于不同问题领域，诚意以及展示武力的战略决心的权衡也存在差别。

诚意并不是传统国际关系分析的一个核心概念，因为国际社会与国内社会存在本质性的区别，即国际社会存在的结构性无政府状态，使得国家间交往的规则与国内社会明显有别。在国际社会中，国家行为体在无政府结构、战略博弈以及国家利益等诸多因素的驱动下，战略欺骗更可能成为一种天生的、进化的偏好。② 但是，基于文化和道德的视角，甚至包括理性的视角，国家间有一定的理由强调诚意，并使之发挥作用。比如，虽然短期内不利于利益最大化，还可能损害自身利益，但如果国家的真诚意图得到对方的回报，则长期来看会促进双方的利益。在此，我们对诚意信号的界定是：国家通过一系列的言辞和行为信号表达，向他者或国际社会表达自身的良善意图、行为的善意和信用。这种诚意界定包括了传统诚意的道德维度，即意图的真诚性和善意，同时也包括理性主义的信用维度，即国家的诚信及其可信性。具体到中国外交，中国的诚意信号内涵包括真诚的意图、合作的愿望、责任的体现以及国家信用的保持等。其重点维度在于和平、真诚、合作、责任等内涵。

信号表达是指行为体通过有意的信息传达，试图让接收者领会、理解并接受特定的含义。"信号就是行为体为了改变接收者分配某一特

① 王逸舟：《创造性介入——中国之全球角色的生成》，北京大学出版社，2013；David Shambaugh, *China Goes Global: The Partial Power* (Oxford: Oxford University Press, 2013)。

② 感谢蒲晓宇所提供的这点评论。关于国家印象管理以及战略欺骗，参见 Robert Jervis, *The Logic of Images in International Relations* (New York: Columbia University Press, 1989)。

定事态或'事件'的概率，而有意呈现出来的任何可观察的特征。"①

一般来说，国家间信号表达的主要途径包括话语和行为两个层次。信号与常规信息的差异在于，后者更多是一种事实呈现，而前者带有很强的动机性。杰维斯将二者区分为信号表达（signals）与迹象呈现（indices）。② 从内涵来看，信号表达与承诺具有紧密的联系，即国家的承诺具有相应的战略保证等动机，因此国家承诺更可能成为一种信号。基于上述分析，中国的诚意信号表达的判断标准，最重要的指标在于中国试图通过话语和行为层面的信号，向国际社会/相关行为体传递自身的真诚意图、愿望。进而，诚意信号也可能跟战略欺骗以及廉价谈判相关，国家可能利用诚意信号，真正实现其他战略目的，比如麻痹敌手、塑造形象、获取战略优势等。如此而言，诚意信号也可以作为战略博弈的途径或手段，实现不同的战略目的。

在此，我们主要基于中国对外诚意信号表达的载体、形式和渠道等过程性的差别，从政策（话语）、行为以及互动等层次加以区分，以此更为清晰地梳理中国对外诚意信号表达的多层次和多渠道特性。同时，这样也有利于我们明晰中国对外诚意信号的多维度内容。诚意信号表达的主要方式为话语及行为。从话语层面来看，中国诚意信号表达的渠道为官方的对外政策文本以及在国际场合（或国内官方场合的外交表态等）进行的政策解释、态度说明。从行为层面来看，中国一方面注重维护行为的信用，另一方面试图使行为更具可信性，通过不同的方式（如让利、示善或增强代价）而让信号更为可信。接下来，本文分别归纳叙述中国对外诚意信号表达的两种基本渠道以及影响诚

① Diego Cambetta, *Codes of the Underworld: How Criminals Communicate* (Princeton: Princeton University Press, 2009), p. 6.

② Robert Jervis, *The Logic of Images in International Relations*, pp. 18–19.

意信号表达效果的因素。

（一）政策宣示

改革开放以来，随着中国对外战略的调整，即将革命与战争的时代主题转变为和平与发展之后，中国对外政策的基调也随之改变。40多年来中国对外政策的基调，就是融入国际社会、参与国际规则、遵守国际秩序，总之，中国并不想挑战既有的国际体系。[①] 无论从身份定位，还是实际政策调整以及行为塑造等方面，中国均意在向国际社会，尤其是西方大国以及周边国家展现一种和平发展的姿态。

第一，和平诚意。冷战结束后，中国对外政策一直以追求和平与发展为目标。然而，随着中国综合国力以及经济的快速增长，"中国威胁论"也随之产生。为此，最近三次党代会报告均强调中国走和平与发展道路的决心。同时，进入21世纪以来，中国发布了两份和平发展的白皮书，均强调中国的发展不会对任何国家构成威胁，中国也一贯坚持和平与对话解决国际争端的态度。中国多次向"世界郑重宣告，和平发展是中国实现现代化和富民强国、为世界文明进步作出更大贡献的战略抉择。中国将坚定不移沿着和平发展道路走下去"。[②] 另外，中国政府一直高举反对霸权主义和强权政治的旗帜。针对国际社会对于中国力量增长所产生的意图不确定性，甚至是恐惧心理，中国政府在权威政府文献中均反复强调中国绝不称霸。

第二，合作诚意。发展与世界所有国家的合作关系，成为冷战后

---

① 秦亚青：《国家身份、战略文化和安全利益——关于中国与国际社会关系的三个假设》，《世界经济与政治》2003年第1期，第10—15页。

② 中华人民共和国国务院新闻办公室：《中国的和平发展》白皮书，2011年9月；中华人民共和国国务院新闻办公室：《中国的和平发展道路》白皮书，2005年12月。这两份白皮书是中国官方正式向世界的承诺和政策表述。

中国对外政策的基本原则。在全球层面，中国积极融入国际社会，参与各种国际制度与国际组织，并居中发挥越来越大的作用。在国际组织的制度建设中，中国奉行的原则是先参与、先融入、先建设，而后再寻求机会发挥更大的作用。这与世纪之交之前一直强调的建立国际政治经济新秩序是截然不同的。① 另外，自 20 世纪 90 年代中后期开始，中国开始实行各种"伙伴关系"外交，强调与不同国家建立各种合作或战略协作伙伴关系。伙伴关系外交政策的兴起，表明中国追求的不是传统的联盟对抗政策，而是新时期中国对外合作与战略的一种新形式。② 到 2014 年底，中国已经与世界上 70 多个国家和各类地区组织建立了不同形式的伙伴关系，基本形成了全球伙伴关系网。③

第三，责任诚意。从 20 世纪 90 年代起，中国外交就开始追求一种负责任的大国观。④ 它表现在多个层面。在全球层面，中国表示出自身为全球和平与发展积极贡献，特别是对于解决全球问题的诚意。在地区层面，中国通过创设各种地区性国际组织或制度，发展与地区相关国家的积极合作关系，在地区和平与稳定进程中扮演积极角色。在东北亚，中国创设的"六方会谈"机制，就是为了维护东北亚和平与安全的一种积极创举。在东南亚，中国积极发展与东盟的关系，通过

① Alastair I. Johnston, *Social States: China in International Institutions, 1980 - 2000* (Princeton: Princeton University Press, 2008)；王逸舟主编《磨合中的建构：中国与国际组织关系的多视角透视》，中国发展出版社，2003。

② 张蕴岭主编《中国与周边国家：构建新型伙伴关系》，社会科学文献出版社，2008。

③ 《王毅：中国走出结伴不结盟的新路，朋友圈越来越大》（2015 年 3 月 8 日），中华人民共和国外交部，http://www.fmprc.gov.cn/mfa_chn/zyxw_602251/t1243585.shtml，访问日期：2015 年 6 月 13 日。

④ Evan S. Medeiros and M. Taylor Fravel, "China's New Diplomacy," *Foreign Affairs* 82, no. 6 (2003): 22-35；李宝俊、徐正源：《冷战后中国负责任大国身份的建构》，《教学与研究》2006 年第 1 期，第 49—50 页。

首脑峰会、经济合作以及制度建设等多种渠道，向东盟反复表达尊重东盟地区领导者角色的意愿，同时表示愿意接受多边国际规范并以合作的态度来解决相关的地区争端，比如签署了《南海各方行为宣言》（2002）等约束中国自身行为的国际协定。[1] 中国也在不同的场合强调，中国自身的和平与发展本身就是对国际社会的巨大贡献，即中国自身稳定的重要性，"中国一不输出革命，二不输出贫困和饥饿"。

第四，道德诚意。基于中国传统的大国地位以及中华民族五千年的文化传统，特别是历史上朝贡体系所内化的道德优越感，可以观察到中国外交政策中有一种传统上的道德优越的成分，从而彰显出一种中国例外论的情结。[2] 中国例外论潜在的政策含义就是，中国与传统上的大国政治以及霸权政策是不同的，中国在道义、政治、伦理以及秩序等方面，均体现出自身的历史荣耀以及现实地位的考量。[3] 自党的十八大以来，中国提出了建构新型大国关系、坚持正确的义利观等对外方略，从中都可以看出中国外交新理念与西方理念的差别。因此，中国奉行的是一种独特的和平发展道路，这种道路的基础不是自私的利益和战略考虑，而是有着深厚的道德和地位追求动因。而中国外交中的道德诚意与中国外交的利益原则是并行不悖的。

---

[1] 中国关于南海主权争端的总体态度为一贯主张以和平方式谈判解决争端，愿同有关国家根据公认的国际法和现代海洋法所确定的基本原则和法律制度，通过双边和平谈判解决有关争议，而反对多边势力的介入和干预。2014 年 8 月 9 日，王毅外长进一步倡导以"双轨思路"来处理南海问题，即有关争端由直接当事国通过友好协商谈判寻求和平解决，而南海的和平与稳定则由中国与东盟国家共同维护。

[2] Zhang Feng, "The Rise of Chinese Exceptionalism in International Relations," *European Journal of International Relations* 19, no. 2（2013）: 305−328.

[3] Yan Xuetong, *Ancient Chinese Thought, Modern Chinese Power*（Princeton: Princeton University Press, 2011）.

（二）保持信用

要体现个体或国家的诚意，或者是信任和信用，一种较为惯常的路径就是保持良好的信用记录，这就是基于过去行为以及记录的过去行为理论所持的基本理论预期。[①] 与此类似，自新中国成立以来，中国对于自身诚意的强调和坚持，很大程度上受这种过去行为理论的影响，其现实表现就是在战略、政策以及行为中，中国均注重当下的行为举动对于未来的影响。因此，在中国外交政策中，对于时间的强调，是一种独特的政策性表述以及战略考虑。中国往往秉持一种长期的时间观，比如主张中国"一贯""长期""历来"以及"永远"坚持某项原则，或反对某种政策。

第一，搁置。在争端解决方面，除了一直强调和平解决争端的诚意，以及在行为方面尽量克制容忍，[②] 在中国的战略思维中，一个很重要的方面就是搁置。对于当下解决时机不成熟以及条件不具备的情况，中国宁愿将问题搁置，或默许维持当下的现状，而不论这种现状是有利于中国，还是有利于另一争端方。[③] 这种搁置的战略思维倾向，在中国处理边界与海洋争端、中国与相关国家建交以及中国处理大国关系和地区安全等领域，均有明显的体现。从"求同存异"政策表述中"存异"的一面就可以看出，对于存在分歧和争议的问题领域，中国秉持并非一定要解决差异的意愿。冷战结束后，中国在南海主权问题上

---

① Henk Aarts, Bas Verplanken and Ad Knippenberg, "Predicting Behavior from Actions in the Past: Repeated Decision Making or a Matter of Habit?" *Journal of Applied Social Psychology* 28, no. 15 (1998): 1355-1374.

② 但这并不表示中国不会使用武力。

③ 《"搁置争议，共同开发"》，中华人民共和国外交部，http://www.mfa.gov.cn/chn//gxh/xsb/wjzs/t8958.htm，访问日期：2015年5月3日。

奉行的是搁置战略，以服务于中国发展与东南亚相关国家的经济合作关系大局。①

第二，经济互惠。随着中国经济的快速发展，经济外交在整个国家外交布局中发挥着越来越重要的作用。这也决定了中国对外关系发展的优先次序。在如何体现诚意方面，经济外交成为中国进行战略安抚或战略交换的一种手段。在处理与美国和欧洲等大国或地区关系时，经济合作往往成为双边关系发展的一种助推器。比如在欧美经济危机期间，中国国家领导人访问欧美时，通常都会签订大单：2009 年 2 月，温家宝总理访问欧洲，带去了大约 150 亿美元的订单；2011 年 1 月胡锦涛主席访美，中美签订了价值约 450 亿美元的经贸合作订单。② 在发展与周边小国关系时，经济外交或互惠也成为中国发展良好关系的主要手段之一。比如，针对菲律宾、越南等国在南海问题上的持续挑衅，中国政府的主流政策和行为，并不是给予军事和外交上的完全遏制、强制和威慑，而是邀请菲律宾以及越南领导人访华，签下面向未来 5 年的经济合作计划。③ 通过经济发展与合作稳住相关小国的战略挑衅，成为中国处理周边安全问题的一种常用方式。

第三，继续坚守不干涉原则。在国际行为以及全球政策方面，中国仍然坚持传统的"和平共处五项原则"，特别是其关于国家主权问题的观念。面对全球其他地区的争端、相关国家的内部政治动荡，中国

---

① M. Taylor Fravel, "China's Strategy in the South China Sea," *Contemporary Southern Asia* 33, no. 2 (2011): 292-319.

② 《美称中美签署 450 亿美元订单，中方购 200 架飞机》，人民网，http://mnc. people. com. cn/GB/13770892. html，访问日期：2015 年 4 月 20 日；《温家宝带给欧洲 150 亿美元订单》，《经济观察报》2009 年 2 月 4 日，http://style. sina. com. cn/news/2009-02-04/141533111. shtml，访问日期：2015 年 5 月 6 日。

③ 比如中越于 2011 年 10 月 11 日签署了《中越经贸合作五年发展规划》，而菲律宾总统也于 2011 年 8 月 30 日访华，双方签署了《中菲经贸合作五年发展规划》。

力图保持不干涉内政的良好记录。无论是在联合国系统，还是在地区安全机制等方面，中国均强调尊重相关国家人民的选择，保持与现任政权的外交联系。① 这种坚持传统原则的做法，表明了中国对于其他国家发展道路的尊重，以及对于协调和平解决地区问题的态度，其中有利益促动的一面，但最为重要的是中国坚持自身的理念、原则以及行为模式。在处理中东北非动荡、苏丹分裂、南斯拉夫内战等问题时，中国都坚守自身的不干涉内政原则。这种坚持传统理念的行为，表明中国在国际价值和伦理方面，对于主权的尊重及对和平与协商等价值的追求。② 尽管遭受国际舆论的批评，自身利益受损，但可以将中国坚持这种战略行为与观念模式看作对自身价值体系的一种长期维护以及利益的判定。

（三）影响诚意信号表达的因素

基于理性主义的分析，行为体向国际社会或特定相关行为体发射信号，如果要使信号具有可信性，那么，这种信号必须代价昂贵，而不能是廉价的。③ 在此理论逻辑下，如果中国的诚意信号是昂贵的，说

---

① Joel Wuthnow, *Chinese Diplomacy and the UN Security Council: Beyond the Veto* (New York: Routledge, 2013) .

② 外交部新闻发言人对不干涉内政原则的反复强调，成为其一贯的言论立场。Hak Yin Li and Yongnian Zheng, "Re-interpreting China's Non-intervention Policy towards Myanmar: Leverage, Interest and Intervention," *Journal of Contemporary China* 18, no. 61 (2009): 617-637. 中国学者对不干涉内政原则的思考，参见王逸舟《创造性介入——中国外交新取向》。其实中国在不干涉内政原则方面有所创新，从而在不同案例、领域中现实行为模式表现出一定的差异性，可参见李志永《规范争论与协商介入：中国对不干涉内政规范的重塑》，《当代亚太》2015 年第 3 期；Chiung-Chiu Huang and Chih-Yu Shih, *Harmonious Intervention: China's Quest for Relational Security* (Burlington: Ashgate, 2013) 。

③ James D. Fearon, "Signaling Foreign Policy Interests: Tying Hands versus Sinking Costs," *Journal of Conflict Resolution* 41, no. 1 (1997): 68-90.

明中国外交的政策和行为若违背诚意承诺，那么就必须付出高昂的代价，这种代价要么是经济上的（物质利益），要么是政治上的（比如国内政治的不稳定以及领导人政治生命问题等），要么是认同、情感上的（比如在国际社会失面子、损害形象等）。

首先，经济相互依赖的影响。随着中国融入国际经济体系即加入世界贸易组织（WTO）之后，中国经济增长迅速，21 世纪以来一直保持 8%以上的高增速。与此相对应，中国与主要的西方大国以及周边国家的经济联系越来越密切，经济相互依存度也随之提高。[①] 自 2010 年起，中国成为东盟的第一大贸易伙伴，中国与日本、韩国等国的经济联系也日渐紧密，中美之间的贸易更成为美国对外贸易的主要成分。从这些数据可以看出，中国与主要的大国和周边国家，均进入了一种高度的相互依存状态。对于中国的对外诚意信号发射及其效果，这种经济上的依赖具有相当的正面作用。特别是对于中国的和平、合作以及其他积极战略举动，具有良好的塑造作用。基于中国与相关国家在相互依赖的经济结构中各自的敏感性和脆弱性存在差异，不同行为体的知觉也是不同的。[②] 除此之外，中国内部的政治决策对经济相互依赖的敏感性也是不同的，所以，经济相互依赖到底能在多大程度上制约中国的战略举动，即中国能否实际体现诚意，国际社会也存在不确定的看法。比如，由于历史因素以及现实的战略博弈，中日经济相互依赖对于中国对日诚意信号表达的效果，可能不如中美经济相互依赖的好。

除了经济相互依赖，中国与既有国际体系的关系也是重要的环境

---

① 宋国友：《中美经济相互依赖及其限度》，《现代国际关系》2007 年第 5 期，第 58—64 页；丁斗：《中日经济关系的相互依存及其敏感性问题》，《太平洋学报》2005 年第 7 期，第 47—53 页。

② 关于脆弱性和敏感性的差异，参见罗伯特·基欧汉、约瑟夫·奈《权力与相互依赖》，门洪华译，北京大学出版社，2002。

因素。中国与美国的战略性合作关系一直是影响中国对外战略的核心因素之一。中美在冷战后历经多次战略博弈及危机阶段，从先前的战略盟友转变为冷战结束后的战略博弈者，而今又发展到一种"非敌非友"的关系状态。① 中美之间的结构性合作因素对于中国自身的诚意信号表达具有重要的积极作用，使中国对于中美合作以及地区问题的诚意具有更高的可信性，即中国自身对于强硬政策乃至武力的使用，均受到与美国的战略性合作关系的限制。中国与美国价值观体系相似度低，共同战略利益并不多，但中美之间的经济相互依赖，特别是中美社会的交流（社会来往、教育和移民等）以及中国成为美国国债最大持有者等因素，对于中国积极塑造在相关问题上的诚意信号具有正面促进作用。当然，中美并非战略盟友关系，中美内在的紧密依赖关系也并非在所有问题领域都对中国的诚意信号具有正面作用。

其次，对中国对外诚意信号如何归因，是决定信号是否昂贵、效果是否明显的心理机制。相对而言，经济上的诚意更容易被接受，因为信号被违背的代价，经济上的损失直接可见，且能够对中国自身利益造成极大损害。相对而言，政治代价以及认同代价则可能对诚意信号代价的影响较小。② 所以，中国对外投资增多，在不同国家和地区经

---

① Robert Suettinger, *Beyond Tiananmen: The Politics of US-China Relations, 1989 - 2000* (Washington, D. C. : Brookings Institution Press, 2003); Michael D. Swaine, Tousheng Zhang and Danielle F. S. Cohen (eds.), *Managing Sino-American Crises: Case Studies and Analysis* (Washington, D. C. : Carnegie Endowment, 2006); 李巍、张哲馨：《战略竞争时代的新型中美关系》,《国际政治科学》2015 年第 1 期，第 25—53 页。

② 中国领导人与公共舆论之间的关系，实质就是中国领导人对于政治风险和社会风险的掌控，这也是与当今较为流行的威权国家的观众成本要素紧密相关的。相关研究可参见 Jessica L. Weeks, "Autocratic Audience Costs: Regime Type and Signaling Resolve," *International Organization* 53, no. 1 (2008) : 35–64; Michael Tomz and Jessica L. Weeks, "Public Opinion and the Democratic Peace," *American Political Science Review* 107, no. 4 (2013) : 849–865; Susan L. Shirk, *China: Fragile Superpower* (Oxford: Oxford University Press, 2008)。

济利益存在的增大以及与相关国家社会和经济往来和依存的增加，可能是促使中国对外呈现较为昂贵的诚意信号的主要形式。这种昂贵信号理论上能够对中国诚意形成制约，但现实中，经济利益往往服从于国家大战略以及政治需要，所以经济利益的损失对于中国自身意图和行为的制约是不同的。第一个因素在于信号是否昂贵。在特定领域，中国基于维护大局以及发展双边关系的需要，作出相应的对外礼让或克制，建立在中国自身利益受损的基础之上。如果中国的损失具有较高的可信性，那么中国的这种合作与发展诚意就具有较大的可信性。昂贵诚意信号的决定性因素在于它有较高的代价成本，而且能够得到对方正确的领会。第二个因素是中国对外诚意的昂贵信号容易被理性主义者视为战略性举动，或者受到归因错误、对方国内政治等因素影响，中国的政策宣示和良好行为记录，并不足以让国际社会完全认识和承认中国的诚意意图。第三个因素是结构性的因素，由于权力的不对称，比如大国与小国的归因差异，霸主与新兴崛起国对于自身良好意图以及行为的归因也存在根本的误差，如霸权国更为关注新兴大国的力量增长，而新兴大国更为强调自身良好的意图。[①]

与理性主义的昂贵信号相对的是，在讨论中国对外诚意信号发射的问题时，一个最为微观的层次或渠道，就是考察中国领导人特意强调与相关国家领导人或政治人物的个人关系。[②] 建立和维系关系，这是

---

① 唐世平、綦大鹏：《中国外交讨论中的"中国中心主义"与"美国中心主义"》，《世界经济与政治》2008 年第 12 期，第 62—70 页。

② 近期认知神经科学提出，个人之间的联系和交往是国家间信任和诚意的重要判断基础，在很多案例中，理性的昂贵信号并不发挥作用，个人之间的接触更显重要。相关研究请参见 Todd Hall and Keren Yarhi-Milo, "The Personal Touch: Leaders' Impressions, Costly Signaling, and Assessments of Sincerity in International Relations," *International Studies Quarterly* 56, no. 3 (2012): 560–573; Marcus Holmes, "The Force of Face-to-Face Diplomacy: Mirror Neurons and the Problem of Intentions," *International Organization* 67, no. 4 (2013): 829–861。

中国政治文化中信息沟通、发展关系以及解决问题的一种重要方式，也是中国文化的一种体现。新中国成立以来，中国非常重视与相关国家领导人和社会知名人士建立起各种层次的个人联系，最为有名的当属中国在60年中授予601位亚非拉国家和欧美友华人士"中国人民的老朋友"的光荣称号。① 在处理与相关大国如美国的关系时，中国也非常重视通过个人和私人交往的渠道打开和拓展之前的关系。本文的分析重点在于讨论中国向国际社会、相关国家展示自身诚意的基本方式和渠道。从理论上看，个人关系是建立信任、展示诚意的一个基本渠道，同时个人关系往往又是建立信任、发展关系的方式和手段。总体而言，在冷战期间的中国对外关系中，通过个人关系向外表达合作等信号更为常见，而冷战后的中国外交更倾向朝制度化方向发展。② 所以，在此我们并不准备把这种微观的个人渠道作为一种基本的信号表达方式详加讨论。

二、中国对外诚意信号表达的效果：基于案例的分析

本文选取冷战结束以来的中国外交案例，作为中国对外诚意信号表达效果分析的具体经验事实。基于比较性以及依据自变量选择案例的标准，我们选取中国与东盟关系以及中美关系发展作为两组案例。最为重要的是，中国与东盟关系和中美关系是检验中国对外诚意信号

① 张清敏、李敔窥：《中国对外行为的根源辨析》，《外交评论》2011年第4期，第3—20页；方可成：《谁是"中国人民的老朋友"？》，《南方周末》2011年3月3日。

② 最为典型的一个例子就是，1970年国庆时，中国邀请国际友人斯诺在天安门城楼参加庆典，并在《人民日报》刊载相关照片，但美国并未及时领会这种合作信号表达。

及其效果的"强案例"，① 因为中国与东盟存在巨大权力差距，因此理论上中国的诚意信号动力不足，效果不彰；而中美两国是崛起国与霸权国关系，因此中国的诚意信号可能更多地被视作策略性和战略性的。简言之，这两组案例更为符合理性主义对于诚意等道德因素的忽视性预期。进而，本文将分析冷战结束 20 年来，中国自身的诚意（和平、合作以及善意等）为何在某些时段能够得到对方的认可（不论这种认可是基于战略性的还是基于认同性的），而在另外一些时段，在中国自身政策宣示和信用并没有根本改变的情况下，双边关系却并没有顺利发展，尤其是对方对于中国和平意图的认识还出现了重要的变化。我们认为，重要的博弈性的影响变量还包括中国自身权力和力量的增长以及对方国家的战略和内部政治的变化。

（一）中国与东盟的关系

冷战结束后，中国才正式与东盟建立外交联系。起初，中国与东盟关系的发展，是纳入中国的周边多边合作的整体框架之中的。② 鉴于冷战期间中国与东南亚关系受意识形态的负面影响，在冷战期间和冷战结束之初中国与东盟的经济联系都很弱，所以，中国与东盟的关系发展起初并不是特别顺利。具体来说，在 20 世纪 90 年代，"中国威胁论"在东南亚存有广泛的市场，即从政府到社会，大部分东盟国家对于中国力量的增长以及战略意图持怀疑和负面态度，而且，一个重要的现实利益纷争就是中国与不少东盟国家存在领土争端问题。③ 比如

---

① Alexander L. George and Andrew Bennett, *Case Studies and Theory Development in the Social Sciences* (Cambridge: MIT Press, 2005) .

② 姜宅久：《中国地区多边安全合作的动因》，《国际政治科学》2006 年第 1 期，第 1—27 页。

③ 唐世平、张洁、曹筱阳：《冷战后近邻国家对华政策研究》，世界知识出版社，2005。

1994 年，中国与菲律宾就发生了领海冲突。基于较差的历史基础以及在意识形态、国家同质性上的差异，连同美国等外在因素的影响，中国与东盟的关系发展起点较低。本着逐步开展与东盟关系、积极参加东盟地区合作与安全机制的态度，中国逐渐发展并改善了与东盟的关系。[1] 无论从政策层面，还是行为层面，中国均表现出发展与东盟关系的极大诚意和善意，发挥中国的责任、突出东盟的领导地位以及大力发展双边经贸合作，特别是约束中国自身的行为。在以下重要的事件或时间当口，中国通过自身的诚意信号或行为，获得了东盟方面的积极反应，从而使双边合作关系得到较为顺利的发展，中国与东盟之间的政治和战略信任也得以提升，一时成为中国成功开展周边外交的一个典型。

第一，在 1997—1998 年金融危机期间的负责任行为。1997 年爆发的东南亚金融危机，对于之前一直受国际社会肯定的东南亚模式是一种致命的打击。东南亚国家的经济形势一落千丈，大部分国家都遭受金融危机重创。对此，国际组织和西方发达国家采取了严厉的援助政策，大部分援助将经济援助和救助与相关的政治条件挂钩。其时中国与东盟的经济贸易及相互投资才刚刚开始，自身的经济也遭受一定的影响。而且，中国的经济实力远非当今世界第二大经济体可比，亦即当时中国自己也面临较大困难。但是，中国对于东南亚金融危机采取了负责任的态度，即宣布人民币不贬值，而且尽可能通过无条件的援助和经济合作等方式，帮助东南亚国家尽快走出危机、恢复经济。中国在东南亚金融危机过程中的负责任举动，赢得了东盟国家的一致认可，为 2000 年以来中国与东盟关系的顺利发展奠定了基础，而 20 世

---

① 曹云华、唐翀：《新中国—东盟关系论》，世界知识出版社，2005；郑先武：《中国—东盟安全合作的综合化》，《现代国际关系》2012 年第 3 期，第 47—53 页。

纪 90 年代盛行的"中国威胁论"也为"中国机遇论"和责任论所取代。①

第二，在南海等利益冲突问题上进行自我约束。对于南海问题，由于牵涉复杂的历史因素以及现实的利益争端，从 20 世纪 80 年代开始，中国就遵守邓小平所确立的"搁置争议、共同开发"的原则，从而与主要的东盟争端国维持着一种和平的状态。② 从 20 世纪 90 年代到 2010 年前后，中国一直恪守这一原则，试图维护与东盟以及相关国家的友好关系。同时，经过与东盟的协商谈判，中国于 2002 年签署了《南海各方行为宣言》，2003 年加入《东南亚友好合作条约》。③ 尽管这些国际条约并不具有根本的约束性作用，但中国通过签署国际条约的形式，为自身的行为设立了较高的国际观众成本制约，从而为赢得东盟的认可奠定了昂贵信号基础。无论从国际协议还是中国自身的实际行动来看，中国均表现出较高的自我约束性，因此，在这个维度上，中国的诚意信号得到了较好的回报，即中国与东盟的政治信任得到了发展。

第三，在东盟地区合作过程中凸显东盟的领导地位。东盟组织作为东南亚一体化的领导者，自身具有鲜明的特点。东盟的主要功能在于经济一体化，而在政治和安全一体化方面较弱，特别是在安全上，

---

① 王子昌：《东亚区域合作的动力与机制》，中国社会科学出版社，2003，第 163—173 页；John Ravenhill, "Is China an Economic Threat to Southeast Asia," *Asian Survey* 46, no. 5（2006）: 653-674。

② 邓小平提出"搁置争议、共同开发"的立场，最开始用于中日之间的"钓鱼岛问题"。随后，在中国处理与东南亚国家之间南海争端的过程中，邓小平在 1986 年 6 月和 1988 年 4 月系统提出了针对南沙问题的"搁置争议、共同开发"以及"主权属我"的原则。参见中共中央文献研究室编《邓小平年谱：1975—1997》下，中央文献出版社，2004，第 1122、1227 页。

③ 曹云华：《建立面向 21 世纪的睦邻互信伙伴关系——评中国加入〈东南亚友好合作条约〉》，《东南亚研究》2004 年第 6 期，第 4—9 页。

东盟一直依靠美国的战略合作和保护。另一个重要的特点是，东盟的领导者是东盟自身的小国集团，尽管东盟积极发展与周边大国如中国、美国和日本的协商性机制，比如东盟"10+1"和"10+3"机制，但主导东盟发展的还是东盟 10 个国家的联盟。[①] 这种领导地位的形成，成为东盟发展的重要促动因素。中国与东盟发展关系，从一开始就注意尊重和维护东盟自身的领导地位，并没有试图积极影响并掌控东盟的一体化进程。而且，中国更多的是通过"10+1"和首脑峰会机制，保持与东盟在经济方面的合作。通过尊重东盟的领导者地位，中国在地位和权力追求方面展现了诚意，获得了东盟的认可和回报。因此，也有学者提出，中国与东盟关系的发展，特别是政治信任的增长，跟中国与东盟关系中的"舒适度"紧密相关。[②]

第四，积极推动双边经贸关系发展。自 20 世纪 90 年代以来，中国与东盟的经贸联系日益紧密。迄今，中国已成为东盟的第一大贸易伙伴，而且中国—东盟自由贸易区也初见雏形。在东南亚地区合作进程中，已经形成中国与东盟的经贸合作以及东盟与美国的安全合作的双重机制，即东盟经济上依赖中国，安全上依赖美国。在努力发展与东盟经贸合作的过程中，中国一直本着"睦邻""富邻"的基本原则，在国家和省市级多层面开展与东盟的合作，2010 年 1 月 1 日中国—东盟自由贸易区正式建成。[③] 中国与东盟的经贸合作，并没有附加任何的政治条件或其他的限制性因素。

---

① 喻常森：《东盟在亚太多边安全合作进程中的角色分析》，《外交评论》2007 年第 4 期，第 59—66 页。

② 季玲：《权力格局失衡与心理调适——中国东盟关系中的信任问题》，《南洋问题研究》2012 年第 1 期，第 37—46 页。

③ 参见中国—东盟自由贸易区网，http://www.cn-asean.org/default.aspx，访问日期：2015 年 4 月 23 日。

综合来看，为了发展与东盟的关系，中国自身在政策宣示、行为约束以及一些昂贵信号方面，都采取了颇有诚意的举措，这些诚意信号得到了较多的认可，双方的关系发展较为顺利，唯一的变化就是2009 年以来中国与东南亚关系发展进入复杂和下降的通道。① 自 2009年起，中国与菲律宾、越南等国在南海问题上发生冲突，相关国家挑战现状，打破之前的"搁置争议、共同开发"的默契，而美国等相关国家也摆出重返亚太的姿态，为这些国家提供后台和靠山。中国自身在国家实力和军事实力增长的情况下，虽然政府层面并没有改变之前的总体政策和行为，但社会层面的民族主义情绪较为强烈，且先前战略与政策的矛盾之处以及昂贵信号冲突等因素开始显现。在诸多因素的刺激下，中国在南海争端等安全议题上原先的诚意信号发射效果变得不再明显，中国的周边安全形势也日趋严峻。2013 年 10 月，中央政治局专门召开周边外交工作会议，此举前所未有，标志着中国周边外交进入调整阶段，确立"周边外交的基本方针，就是坚持与邻为善、以邻为伴，坚持睦邻、安邻、富邻，突出体现亲、诚、惠、容的理念"。②

（二）中美关系

正如前文所述，冷战结束以来，中美事实上形成了崛起国与霸权国的关系。作为崛起中的大国，中国的发展以及外交实践，客观上要

---

① 对近期中国周边外交的反思，参见周方银《中国崛起、东亚格局变迁与东亚秩序的发展方向》，《当代亚太》2012 年第 5 期，第 4—32 页；陈琪、管传靖：《中国周边外交的政策调整与新理念》，《当代亚太》2014 年第 3 期，第 4—26 页。

② 《习近平：让命运共同体意识在周边国家落地生根》（2013 年 10 月 25 日），中华人民共和国外交部，http://www.fmprc.gov.cn/mfa_chn/zyxw_602251/t1093113.shtml，访问日期：2015年 5 月 8 日。

面对如何应对既有霸权国反应的问题。传统的霸权更替理论很难承认对外诚意信号的存在及其作用。① 但是，中国强调自身要走一条新型的国家发展道路，特别强调和平发展的意图、传统的王道对于中国对外政策的现实意义。近期，中国还提出了构建新型大国关系的理念，这些均表明中国的发展是不会挑战既有体系的。具体而言，中国在战略意图和战略支持等方面，向美国表达了和平、合作以及发展新型关系的愿望。

第一，合作诚意。美国一直是中国对外关系的重中之重，因此，从中美建交开始，邓小平就确立了与美国积极合作的政策。20 世纪 80 年代是中美关系发展的蜜月期。但由于 1989 年政治风波，以美国为首的西方世界对中国实行了战略封锁，导致中美关系进入一个低谷，而中国外交也进入一个困难和调整时期。对此，邓小平适时提出了"冷静观察、稳住阵脚、沉着应对、不扛旗、不当头、韬光养晦、有所作为"的战略策略方针。② 针对中美关系，中国提出了"增加信任、减少麻烦、发展合作、不搞对抗"的方针。③ 90 年代前期和中期是中美之间的对抗时期，经历了台海危机等严峻考验。到了 1998 年克林顿总统访华，才确立新时期中美关系发展的大局。随着台海局势的恶化以及中美战略博弈的加剧，到 2001 年小布什政府上台时，中美关系又经历了一个非常紧张的战略博弈时期。但 2001 年美国遭受国际恐怖主义袭击，由此美国全球战略格局出现根本性的改变，即开展全球反恐战

---

① John Mearsheimer, "The Gathering Storm: China's Challenge to US Power in Asia"; A. F. K. Organski, *World Politics*; Steve Chan, *China, the US and the Power Transition Theory*.

② 《邓小平文选》第 3 卷，第 320—321 页。

③ 宫力：《邓小平与美国》，中共党史出版社，2004。

争、维护美国的本土安全，开始成为美国的第一要务。[①]

在这种战略背景下，中国适时给予美国战略性的支持。在美国遭受恐怖袭击后的第二天，中国就通过领导人电话以及新闻发言人等渠道，表达了对美国的战略同情，并表示哀悼和慰问，谴责恐怖主义，期待国际社会合作，共同打击恐怖主义。[②] 由于美国在反恐战争问题上需要中国的战略性支持，所以，在小布什政府的八年间，中美关系发展较为顺利，一度被认为是中美建交以来最好的时期。而美国在台海、新疆和西藏问题上，也给予中国一定的支持或默契，如将"东突组织"定性为恐怖主义组织，在台海问题上力压"台独"力量、维持台海的和平现状等。对于中国的战略支持，美国一定程度上是理解和欣慰的，当然，美国的战略预期也进一步扩大，比如2005年9月美国常务副国务卿的罗伯特·佐利克提出了中国责任论，强调中美应该做利益攸关者。[③]

第二，在亚太安全方面积极创设多边机制。对于美国在亚太的军事、政治和经济存在，中国一直强调并无挑战美国亚太领导者的意愿。[④] 而且，美国要在亚太发挥领导作用，特别是针对某些地区不稳定

---

① 陶文钊、何兴强：《中美关系史》，中国社会科学出版社，2009；James Mann, *About Face: A History of America's Curious Relationship with China, From Nixon to Clinton* (New York: Knopf, 1999)。

② 《国家主席江泽民就美国纽约和华盛顿遭受恐怖袭击致电美国总统布什》（2001 年 9 月 12 日），中华人民共和国驻沙特大使馆，http://sa. chineseembassy. org/chn/zt/fdkbzy/t153915. htm，访问日期：2015 年 5 月 12 日；Todd Hall, "Sympathetic States: Explaining the Russian and Chinese Responses to September 11," *Political Science Quarterly* 127, no. 3 (2012) : 369–400。

③ Robert B. Zoellick, "Wither China: From Membership to Responsibility?" Remarks at National Committee on U. S-China Relation, September 21, 2005, accessed April 8, 2015, http//www. state. gov/s/d/rem/53682. htm.

④ 《中华人民共和国与美利坚合众国联合声明》（2011 年 1 月 19 日），中华人民共和国外交部网，http://www. fmprc. gov. cn/mfa_ chn/gjhdq_ 603914/gj_ 603916/bmz_ 607664/1206_ 608238/1207_608250/t788163. shtml，访问日期：2015 年 5 月 20 日。

因素，要维持美国的战略利益，需要中国的积极支持。在东北亚安全机制问题上，基于维护中国国家利益的考虑以及稳定周边的责任意识，中国积极作为，创设了六方会谈机制，表达了中国愿意为东北亚安全与和平承担自身责任的意图。中国一直强调，在朝核问题上必须秉承对话、协商与和平的原则，推动朝鲜半岛无核化，维护东北亚的和平与稳定。① 尽管对于六方会谈机制的战略性效果，不同国家和分析者存在较大分歧，但中国为此所表现出来的负责任大国的态度，还是得到了美国等相关国家的战略性领会。

第三，展现和平意图。针对中国崛起过程中国际社会尤其是美国和周边国家对中国的战略疑虑不断增加的情况，中国强调中国的崛起不会侵犯美国的利益，中国崛起对于世界而言是一种收益，而不是挑战。为了从国家战略和政策层面解决传统的霸权更替困境，中国从20世纪90年代后期就着手考虑和平崛起理论，后来由于"崛起"字眼仍然过于挑衅和刺激，因此，才将中国和平崛起的战略框架和政策表述，转换为中国和平发展的理念。② 而且，中国连续发布了两份关于中国和平发展道路的白皮书，从国家战略层面向世界进行了政策宣示和解释，系统阐述了中国和平发展的内涵、必要性、可能性等问题。这种国家政策宣示虽然很难具有昂贵的信号代价，但从国家战略方面进行政策诠释，仍具有一定的战略效果，至少将中国的和平意图有效地传递给了美国，至于美国是否接受和相信，则是另外一个问题。呈现和平意

---

① 《王毅就朝鲜半岛局势阐述中方立场》（2014年2月14日），中华人民共和国外交部网，http://www.fmprc.gov.cn/mfa_chn/gjhdq_603914/gj_603916/yz_603918/1206_604114/xgxw_604120/t1128711.shtml，访问日期：2015年4月8日。

② Bonnie S. Glaser and Evan S. Medeiros, "The Changing Ecology of Foreign Policy-Making in China: The Ascension and Demise of the Theory of 'Peaceful Rise'," *China Quarterly* 190, no. 3 (2007): 291-310.

图的另外一个维度，就是在台海问题上转变战略。由于台湾地区领导人选举所带来的战略不稳定性，中国对于台湾地区的内部政治和对外交往，更多采取的是战略威慑和强迫的政策。① 但 2008 年选举并没有挑战既有现状，自此中国大陆开始运用经济和社会交流的手段，试图更为软性地增加和平统一的可能性。迄今，台海危机可能性大大下降，而两岸的和平交流也取得了丰硕的成果。在这方面，中国向美国传递了强烈的和平意愿，而美国也奉行了维持现状的政策，甚至有声音认为中国台湾的战略地位已下降，或成为美国的一个战略包袱。②

第四，中美经济上相互依赖增强，双边贸易快速发展。冷战结束以来，特别是中国加入世界贸易组织之后，中美之间的贸易额增长迅速，中美进入新一轮经济相互依赖状态。它的另一个重要表现，就是中国大量投资美国国债，成为美国国债的最大海外持有者。2014 年 1 月，中国持有美国国债总额达 1.317 万亿美元，进一步巩固了美国最大"债主"的地位。③ 中国大量购买美国国债，有其自身的各种经济和政治理由，但这种战略性信号明确表明，中国尊重并认可美国在全球的政治经济领导地位，只是认为美国是中国的战略博弈者。而且，自美国金融危机以来，中美社会和教育交往日益密切，美国成为中国海外留学生和访学的集中地。中美社会经济联系的加强，成为促进中

---

① Robert S. Ross, "Navigating the Taiwan Strait: Deterrence, Escalation Dominance, and U. S. - China Relations," *International Security* 27, no. 2 (2002): 48–85.

② 美国政府和学界关于中国台湾战略地位的争辩，参见 Charles Glaser, "Will China's Rise Lead to War? Why Realism Does Not Mean Pessimism," *Foreign Affairs* 90, no. 2 (2011): 80–91; Daniel Blumenthal, "Rethinking U. S. Foreign Policy towards Taiwan," *Foreign Policy*, March 2, 2011, accessed April 3, 2015, http://shadow. foreignpolicy. com/posts/2011/03/02/rethinking_us_foreign_policy_towards_taiwan。

③ 《中国持美国国债 1.317 万亿美元再创纪录》，新华网，2014 年 1 月 17 日，http://news. xinhuanet. com/world/2014-01/17/c_126021140. htm，访问日期：2015 年 6 月 2 日。

国和平与合作诚意的一个重要信号。①

尽管中美之间是新兴大国和霸权国的战略博弈关系，但中国对于发展中美关系还是表达了不少诚意信号。总体来说，由于面对着传统的权力博弈关系，中国的诚意信号表达的效果具有差异性，比如，和平诚意最难得到美国的理解。这不仅仅是因为中国是从政策宣示层面进行信号传递，更多的是美国秉持现实主义利益原则，很难相信新兴大国的和平意图，他们更为关注的是新兴大国力量的增长以及是否存在利益冲突和博弈。② 就合作诚意来说，其部分得到美国的认可，但美国期望中国分担更大的责任。美国对于中国在反恐和东亚安全上的合作，表达了战略性的接受和感激，因此在特定时期和领域，中美关系发展较为健康。但是，自奥巴马政府以来，美国希望中国在地区安全、全球问题上发挥更大作用，比如伊朗核问题、中东地区局势等，两国在全球气候峰会上的争吵也表明美国的战略期望更高。换言之，美国认为中国的战略合作诚意是不够的，希望中国承担更多的责任。同时，在经济领域，美国也认为中国应该承担更多责任，特别是人民币汇率问题，美国一直指责中国操纵汇率，从而导致中美之间更大的贸易逆差。

---

① 《人文交流机制是中美新型大国关系助力器》，新华网，2013 年 11 月 23 日，http://news. xinhuanet. com/world/2013-11/23/c_125749974. htm，访问日期：2015 年 4 月 7 日；《第四轮中美人文交流高层磋商联合成果报告》，教育部网，2013 年 11 月 23 日，http://www. moe. edu. cn/publicfiles/business/htmlfiles/moe/s5987/201311/159840. html，访问日期：2015 年 3 月 25 日。严格来说，上述信息或事实更倾向于一种"迹象"，而非"信号"，因为难以推测中国的战略性举动或中美的经济和社会交往事实是基于较强的"诚意动机"。

② John Mearsheimer, *The Tragedy of Great Power Politics*; John Mearsheimer, "The Gathering Storm: China's Challenge to US Power in Asia".

（三）比较分析与总结

基于中国与东盟以及中美关系中的诚意信号表达实践的分析，中国诚意信号表达及其效果具有如下特征：从诚意信号表达对象来看，中国并非仅对权力结构中不占优势的小国表达诚意信号，对于冷战后一超多强国际格局中的霸主，中国同样也表达了一系列的合作、和平以及责任等诚意信号。因此，中国的表达对象是多维度的，同时也具有不同的动因。从基本的动因来看，主要体现为两个方面：其一，文化层次上对于诚意的追求。尽管利益观越来越成为中国外交的一个根本动力，但文化动因上的诚意与和谐、共赢和互惠等，也成为中国外交的一个重要特性。党的十八大以来，中国外交对于新型义利观以及"亲、诚、惠、容"周边外交理念的强调，凸显了文化意义上诚意的重要性。① 其二，战略性动机及其目标也是中国诚意信号表达的重要内容。改善与东盟的关系，树立良好的周边形象，缓解中国作为新兴崛起大国与既存霸主之间的战略性、结构性矛盾，都是中国诚意外交的重要战略目标。当然，针对不同的表达对象，在不同时期，甚至在不同的对外战略组合中，中国诚意外交信号的表达效果是存在差异的。这也与相关的外生震动，比如中国与东盟相关国家的领土争端、美国重返亚太战略等紧密相关。一些大的国际事件也深度影响中美关系，比如"9·11"恐怖袭击从整体上改善了中美战略博弈的态势。

在中国与东盟关系中，时间的演变、实力对比的改变以及外生震动的出现，使中国诚意信号表达的效果呈现阶段性的差异。而在中美

---

① 王毅：《探索中国特色大国外交之路》，《国际问题研究》2013 年第 4 期，第 1—7 页；钱彤、李学仁：《习近平在周边外交工作座谈会上发表重要讲话，强调为我国发展争取良好周边环境，推动我国发展更多惠及周边国家》，《人民日报》2013 年 10 月 26 日。

关系中，对于不同的诚意内容，中国的表达效果也存在差异，因而这是一种不同诚意内涵表达效果的差异。那么，为何会出现这些差异？何时中国诚意信号表达的效果会发生变化？接下来本文将引入战略匹配的解释机制，试图从结构层次寻找微观战略互动的缘由。

三、战略匹配与中国诚意信号表达

中国从和平、责任以及合作诚意多个层次对国际社会表达诚意信号，应该说，总体上取得了积极的效果，也获得了国际社会一定的认可。中国当前的国际环境比冷战结束之初已大大改善。[①] 但是，或许诚意作为一种非现实、非物质的因素，在中国对外关系发展过程中难以发挥主要推动作用。总体而言，在政策宣示和过去行为实践层面，我们认为中国的诚意信号表达效果具有一定的局限性，中国的战略举动更多的是向世界表明自己的诚意是什么，理想的状况是对方接受中国的信号刺激。但是，作为与中国存在紧密利益关系的另一战略行为体，对于中国意图以及战略行为的解读，既不是由中国的政策宣示决定的，也不是由中国过去行为所决定的，何况对于过去行为是什么、如何归因还存在巨大差异。[②] 其中重要的缘由是，外部世界对于中国诚意的判定和接受，信号是否昂贵与可信性程度发挥了重要作用。而影响中国对外诚意信号是否昂贵的重要因素，包括中国的战略举措代价是否很大以及是否还有其他替代性战略选择。以下我们将具体分析冷战结束

① 王逸舟：《中国外交三十年：对进步与不足的若干思考》，《外交评论》2007 年第 5 期，第 10—22 页。

② Tang Shiping, "Outline of a New Theory of Attribution in IR: Dimensions of Uncertainty and Their Cognitive Challenges," *The Chinese Journal of International Politics* 5, no. 3 (2012): 299–338.

以来在中国与东盟以及中美关系两个案例中，为何在某些时期诚意信号表达是有效的，而在另一些时期则效果不彰。

（一）相关影响因素

在和平、责任和合作等诚意维度中，我们认为最为关键、最难以得到外部世界正面解读的是和平意图诚意，因为其他维度均涉及对行为和实际利益诚意的判定，因而较为容易。[①] 而和平诚意的负面效果，在中国对南海问题的利益信号发射问题上表现较为明显，这也客观上彰显了东盟和美国对于中国意图的判定。从战略心理学视角来看，这是中国向国际社会，主要是美国、周边国家有效传递善意与和平战略意图、进行战略再保证的策略实施问题。从传统路径来看，一般存在政策表态、行为约束以及昂贵信号表达等路径。[②] 在此意义上，中国的政策实施路径也是符合理论预期的。但要说效果或影响因素，我们认为，战略匹配解释机制的提出，是对传统战略安抚或战略相互保证策略理论研究的一种重要补充。

从 2009 年前后南海主权争端升级开始，对于中国在维护南海权益方面的举措，国际社会包括美国和东盟各国，都认为中国外交更加进取或咄咄逼人，言下之意就是中国并不具备和平诚意，而随时准备以

---

① 王缉思、李侃如：《中美战略互疑：解析与应对》，社会科学文献出版社，2013。

② Philip E. Tetlock, et al. (eds.), *Behavior, Society and Nuclear War* (Oxford: Oxford University Press, 1990).

武力和实力为后盾改变南海问题的现状，获取自身利益。^① 外界对于中国战略意图和行为的解读，受多方面因素的影响。首先，中国自身力量增长过快，导致中国自身的多重定位以及民族主义情绪的强烈表达。尽管中国自身的变化是正常且合理的，但经过美国和其他相关国家政府和媒体的过度解读以及错误放大，外部相关行为体对中国战略意图疑虑重重。而意识形态以及同质性差异，更激发并放大了外界对于中国力量的恐惧和战略敌意以及沟通和协商不透明性的增加。^② 其次，中国自身昂贵信号表达的下降，即尽管在遵约和行为实践上，中国还是坚持对南海争端国家的友好立场，但中国自身国内民族主义情绪上升、政治压力增大，特别是军事力量（航母等）的发展，降低了先前中国的自我约束信号的可信性。因此，在中国自我约束的昂贵信号表达方面，前后存在着战略不匹配，导致中国自身的政策宣示以及自我约束可信性降低，客观上加重了东盟等相关国家的恐惧。当然，这并非表明，这是唯一影响东盟相关国家对于中国诚意信号发射认可的下降的因素。再次，其他因素还包括东盟国家的内部政治变化，即不同的政治势力通过强化"中国威胁"，从而达到其自身的国内政治目的。然后，中国的和平和自我约束诚意容易引发其他国家的自私和自利意图，

---

① Michael D. Swaine and M. Taylor Fravel, "China's Assertive Behavior-Part Two: The Maritime Periphery," *China Leadership Monitor*, no. 35 (Summer 2011); Thomas Christensen, "The Advantages of an Assertive China: Responding to Beijing's Abrasive Diplomacy," *Foreign Affairs* 90, no. 2 (2011): 54–67; Alistair Iain Johnston, "How New and Assertive Is China's New Assertiveness?" *International Security* 37, no. 4 (Spring 2013): 7–48. 当然，在国际学术界和政策界，关于中国外交是否已发生根本性的变化，是存在不同声音的。进一步的研究可参见 Dingding Chen, Xiaoyu Pu and Alastair Iain Johnston, "Debating China's Assertiveness," *International Security* 38, no. 3 (Winter 2013/14): 176–183; Björn Jerdén, "The Assertive China Narrative: Why It Is Wrong and How So Many Still Bought into It," *Chinese Journal of International Politics* 7, no. 1 (Spring 2014): 47–88。

② 这是影响中美、中国与世界信任的最主要因素之一。参见王缉思、李侃如《中美战略互疑：解析与应对》。

即利用中国的自我和平约束，为获得实际利益打下很好的基础。^① 换言之，基于机会主义的考虑，在中国力量强大到成为"超级大国"之前，在中国完全放弃自我约束的信号之前，相关国家想通过先发制人，以时间换取战略优势从而获得实际利益。最后，中国周边外交理念的变化。从中国自身和平意图及其表达来看，中国一直认为自己奉行的是和平发展的道路。2009—2014 年是中国外交特别是周边外交理念的重要变化时期，即从韬光养晦到奋发有为，同时也更加强调"亲、诚、惠、容"的周边外交理念。^② 在这个过渡的阶段，理念、政策与行为也会发生错位，各种外交信号表达并行不悖。对于周边国家和美国来说，中国强硬的信号恰恰是它们所预期和想象的。

上述国家层面的因素比如权力增长，也会促使崛起国本身的心态和情绪发生变化，进而导致自身战略性的不匹配，客观上影响中国自身对于诚意的信号表达。而结构性的因素，则是崛起国在力量快速增长过程中的权力结构变化所产生的冲击，特别是由于意识形态差异和制度同质性差异过大，导致他国对于中国意图以及信号表达的解读，不可避免会产生偏差。尤其是在传统权力政治的理论预期下，国家间对利益、权力以及地位的博弈，对于诚意信号的表达是一个难以跨越的结构性难题，这也决定了诚意信号表达要实现积极的效果特别难。由此，相关博弈性的解释都强调诸多影响因素的重要性，比如中国自身权力的增长、错误认知（对于中国意图和行为的错误归因等）、国内

---

① Shih Chih-yu and Yin Jiwu, "Between Core National Interest and a Harmonious World: Reconciling Self-role Conceptions in Chinese Foreign Policy," *The Chinese Journal of International Politics* 6, no. 1 (2013): 59–84.

② 阎学通：《从韬光养晦到奋发有为》，《国际政治科学》2014 年第 4 期，第 1—35 页；Qin Yaqing, "Continuity through Change: Background Knowledge and China's International Strategy," *The Chinese Journal of International Politics* 7, no. 3 (2014): 285–314。

政治因素的影响、民族主义的激化以及外界因素如美国的战略干扰等。这些相关的解释变量都发挥了程度不一的作用，在不同时期、不同的问题领域以及双边关系中均可以找到各种解释因素的组合。但本文的目的，并不在于进一步探究一种新的因素解释来说明为何在中国—东盟和中美关系发展的不同时期诚意信号表达效果不同，而是在区分诸因素和机制的基础上，提供一种机制解释，将各种因素如何影响中国诚意信号表达及其效果统一到一个作用机制框架下，并尝试提出一种战略匹配的解释机制。[1]

（二）战略匹配的解释机制

中国在国际战略与国内战略方面所存在的不匹配性，成为 2009 年以来外部世界质疑中国和平战略意图的一个重要因素。如前所述，一些客观的认知偏差也是重要的心理因素，比如外部世界很容易将中国的举动看作实力所致，加上媒体的错误解读和放大化，特别是权力结构不对等所导致的认知偏差和恐惧也发生作用，比如东盟小国由于跟中国实力差距过大，致使它们对中国所谓的"进攻性行为"更为敏感，而由于中美实力差距日渐缩小，美国也非常在意中国所谓的"进攻性举动"。[2] 但是，从中国自身的战略匹配角度来说，中国在国际大战略的信号发射方面，受国内观众的影响，中国自身民族主义情绪的增长，让外部世界认为中国和平信号的国内代价是不高的，中国存在越来越

---

① 参见 Arend Lijphart, "Comparative Politics and the Comparative Method," *American Political Science Review* 65, no. 3 (1971): 682—693。

② 关于这种结构性错误知觉理论及其对中国外交的影响，参见林民旺《沃马克的结构性错误知觉理论研究》，《国际政治研究》2009 年第 2 期，第 56—66 页；唐世平、綦大鹏：《中国外交讨论中的"中国中心主义"和"美国中心主义"》，第 62—70 页。

多的战略选择,[①] 而中国自身民族主义情绪增长的一个重要原因就是中国力量的增长。简言之,中国的战略不匹配表现为:在国际战略上,中国追求的是一种国际和平环境,特别是倡导和谐世界理念,表明中国认为国际社会的本质是和平的;[②] 然而,对于建设和谐世界的路径,中国却不能完全否认使用武力,尤其是在中国国家利益遭受侵害的情况下,由于长期爱国主义教育所造成的强大国内观众成本,在外部压力之下,中国往往将民族主义作为团结社会、强化外交政策合法性的武器。比如,"中国主张和平解决国际争端和热点问题,反对动辄诉诸武力或以武力相威胁",[③] 但是在涉及中国的领土利益时,则奉行"人不犯我、我不犯人,人若犯我、我必犯人"的防御性国防原则。[④] 值得深思的是,周边小国的战略骚扰仍然能激起中国强大的民族主义情绪,比如中国民众对于菲律宾、越南等国外交挑衅的激烈反应。因此,在很多情况下,中国国际和平诚意的表达与国内的民族主义情绪及政治动员并不合拍。尽管在政策制定者及国内民众看来,中国虽然具有爱

---

① 民族主义情绪增强还是削弱和平信号发射效果,取决于对民族主义与政府权力不同的关系假定。如果认为民族主义是一种(相对)独立于政府的力量,那么在民族主义情绪高涨的背景下进行和平信号发射,会增强和平信号的可信性;而如果认为它是一种内生于政府的力量,那么则会削弱和平信号的可信性。作为旁观者的美国、周边国家等很容易持第二种看法,这也是一种基本的归因偏差倾向。

② 胡锦涛:《努力建设持久和平、共同繁荣的和谐世界》,《人民日报》2005年9月15日;尹继武:《和谐世界秩序的可能——社会心理学的视角》,《世界经济与政治》2009年第5期,第56—65页。

③ 胡锦涛:《坚定不移沿着中国特色社会主义道路前进,为全面建成小康社会而奋斗——在中国共产党第十八次全国代表大会上的报告》(2012年11月8日),新华网,2012年11月17日,http://news.xinhuanet.com/18cpcnc/2012-11/17/c_113711665_12.htm,访问日期:2015年5月13日。

④ 中华人民共和国国务院新闻办公室:《国防白皮书:中国武装力量的多样化运用》,中华人民共和国国防部,2013年4月,北京,http://www.mod.gov.cn/affair/2013-04/16/content_4442839.htm,访问日期:2015年4月26日。

好并提倡和平的道义优势，但鉴于历史屈辱以及自身仍受到西方反华势力的不断围堵，中国不能容忍任何外部势力对中国利益的侵害，因而民族主义仍是维护中国利益的一种强大社会力量。这种国际和平诚意与国内民族主义情绪的双重显现，会让外部世界对中国的和平发展产生较大的疑虑。尤其是在中国自身实力快速增长的情形下，中国国内的民族主义情绪反而会更加自信，对外交政策产生更大的影响。

对于中国对外诚意信号表达的效果，战略匹配机制解释的意义并不在于它是最具解释力的，而在于它是对既有的各种层次解释的有益补充。战略匹配假说具有重要的战略心理学理论意义，对中国对外战略行为也具有很好的实践启示。在这种战略匹配机制解释中，中国及其相关行为体的诸多影响因素，比如中国自身力量发展、国内民族主义情绪以及部门利益及其战略偏好的差异，相关行为体国内政治、战略认知及其偏差以及美国作为外部因素的干预，都会影响中国大战略规划与策略实施之间的匹配问题。此外，中国与东南亚、美国等相关行为体之间对于利益的认知匹配，其实也存在不一致，比如各自的利益偏好和关注点存在差异。① 具体而言，战略匹配解释的意义如下：其一，丰富了对理性行为体信号表达的认识。从国家实力增长到国内政治原因等各种解释，大多将中国的诚意信号表达的主体当作一个理性的统一体。② 但基于战略匹配机制的考察，中国的信号表达存在多重性和多主体性。其二，先前的诸种影响因素解释，虽然分析了外在和内部的知觉等因素对于信号表达及其效果的作用，但并没有将诚意信号表达纳入战略分析框架。其三，信号的多重性和交叉性成为中国诚意

---

① 感谢季玲在评论中指出中国、东盟和美国对于东南亚利益的不一致看法。

② 尽管本文持昂贵信号的基本理论预设，但对于中国国家属性的认识并不是纯粹的理性国家假定。参见 James D. Fearon, "Signaling Foreign Policy Interests: Tying Hands versus Sinking Costs"。

信号表达的特征之一。^① 基于思维定式，我们更多地线性考察诚意信号的表达效果及其渠道，但中国的诚意信号表达实际上是多层次、多维度的。其四，既有的各种影响因素分析大多侧重于外部世界接受方的角度，并没有从信号发射方出发加以综合剖析。我们从中国战略匹配的解释出发，并非执意质疑中国诚意信号的效果，恰恰相反，是为了提高中国对外诚意信号表达的整体效果。

自 2013 年以来，中国新政府对于周边外交和战略的重大调整，从另一个侧面表明了战略规划及其匹配的重要性。近年来，中国所提出的"中国特色大国外交""新型大国关系"以及"新型义利观""亲诚惠容周边外交新理念"等内容，都包含了丰富的诚意外交政策信号。由此说明，中国在国家力量增强的情况下，更加重视对诚意等伦理信号的表达，无论这样做是基于道德驱动，还是基于战略性的考虑。

四、结论

现实主义者往往并不认为国家存在诚意，即使存在，也无法获得对方的认可并发挥作用。基于文化和道德在中国对外关系中发挥重要作用的认识，中国外交中存在大量的诚意信号表达，只是被中国外交研究和国际关系理论研究所忽视罢了。鉴于此，我们从事实的描述和归纳出发，从两个层次亦即政策宣示、行为约束角度总结了冷战后中国对外关系中的诚意信号表达的渠道和基本事实，以及影响表达效果的一些基本因素。基于对比分析在中国与东盟关系以及中美关系两个

---

① 关于信号多重性和观众多重性的分析，参见秦亚青《主体间认知差异与中国的外交决策》，《外交评论》2010 年第 4 期，第 3—7 页；Robert Jervis, "Signaling and Perception," in Kristen Monre (ed.), *Political Psychology* (Mahwah: Lawrence Erlbaum Associates, 2002), pp. 293-312。

"强"案例中中国诚意信号发射及其效果，本文提出了一种战略匹配影响信号表达效力的初步框架。①

第一，中国对外诚意信号问题具有重要的理论价值。诚意信号问题彰显了中国外交的价值维度，同时也表明中国外交的基本动因是多层次的，这与西方的理性国家与利益分析起点是不同的。② 毋庸置疑，中国外交的基本动因是国家利益原则，冷战结束以来的中国对外关系表现尤其如此。但是，在中国外交中，传统文化和道德因素仍然发挥着极为重要的作用。诚意作为一种道德品质，也是中国向国际社会表明自身价值取向以及利益权衡的一种信息。总体来说，我们认为中国的诚意信号表达，有助于维护中国的国家利益，为中国外交增添道义和价值内涵。同时，基于这种判断，我们更倾向于认为，中国外交所体现的中国国家属性，更应该是一种道德国家和理性国家二者的结合。③ 对于中国国家属性的这种判断，具有一定的理论启示。传统上，主流国际关系理论、外交政策分析理论等均作出了理性的、同质的国家假定。如果能够揭示中国国家属性是文明/道德国家和理性国家的结合，将有助于深化和丰富我们对国际关系理论以及中国对外行为的认识和理解。

第二，诚意外交仍有限度。这种有限性首先表现在效果的有限。因为当今国际社会仍然是以西方国家为主导的现代国际体系，其主流

---

① 本文的经验案例时间范围基本上截止于中国新政府对中国外交进行调整之前。这一时间范围的选择，主要是基于对当下的诚意信号及其效果不太容易判断。

② 对其间文化、道德因素的系统分析，参见石之瑜《近代中国对外关系新论——政治文化与心理分析》，五南图书出版公司，1993；Chih-yu Shih, *China's Just World: The Morality of Chinese Foreign Policy* (Boulder and London: Lynne Rienner Publishers, 1993)。

③ Lucien Pye, "China: Erratic State, Frustrated Society," *Foreign Affairs* 69, no. 4 (1990): 56–74; Yan Xuetong, *Ancient Chinese Thought, Modern Chinese Power*.

的价值体系是国家利益学说以及国家理性利己说，所以，对于中国的诚意外交和信号表达，西方主流国家是难以完全接受和理解的。在欧美发达国家看来，最为关键的是中国力量的增长以及中国是否与它们存在利益冲突，而不是中国是否具有一种不同于它们的内在品质，因为这种内在品质是无法判断的。① 有意思的是，相较于中国强调自身道德品质的中国例外论，其实美国对外关系中的理想主义传统也强调美国例外论，即美国对于世界的理想追求，包括道德和秩序设定等。其次，诚意外交要发挥效力，或者说要对相关国家产生外交效果，仍是一件不确定或困难的事情，尤其是要使中国对外诚意具有可信性，并非易事。诚意的道德性决定了它与国家利益原则在某种程度上是内在冲突的，而且，高度的道德优越性在受挫后，必然伴随着中国对于外部世界的不解乃至愤怒，特别是考虑到中国国内民族主义情绪的社会基础仍然非常强大，诚意的道德外交仍会受到国内政治的各种影响。中国的内部政治和社会因素其实深刻地影响着对外政策。

第三，战略匹配对于中国外交的重要性。基于上文的分析，我们发现，由于中国外交正走向一个多元化的时代，这种多元性表现在诸多方面，比如外交决策主体和参与者的多元、部门利益的多元以及社会因素的杂多和丰富，因此，关于中国外交的战略设计问题，也成为近年来中国外交研究中的争论焦点，比如是否存在一个统一的中国对

---

① 笔者在与贝茨（Richard Betts）交流时，他也认为，关键不在于中国的意图是什么，而是中美两国在许多领域存在利益冲突，当然他也承认并不是说美国的对外行为和战略就是正当的。意图是现实主义所关心的一个核心议题，其对于冲突的重要性以及国家如何判定意图的相关研究，参见 Andrew Kydd, "Sheep in Sheep's Clothing: Why Security Seekers Don't Fight Each Other," *Security Studies* 7, no. 1 (1997): 114–154; Keren Yarhi-Milo, "In the Eye of the Beholder: How Leaders and Intelligence Organizations Assess Intentions," *International Security* 38, no. 1 (2013): 7–51。

外战略？在中国对外战略中，不同的部门利益以及声音如何协调？[①] 我们在此提出了中国对外关系的大战略问题，也包括国内战略如何影响国际战略的问题。中国对外关系的发展越来越受到国内因素的制约和影响，因此，如何协调和统一国家的外交大战略，成为今后中国开展全球外交的一个重要方面。[②] 总体而言，中国的诚意信号表达是中国构建和推进外交大战略的重要前提和保证，关键问题在于如何使自身的诚意信号既丰富多元又协调一致，更具可信性。

① Linda Jakobson and Dean Knox, "New Foreign Policy Actors in China," *SIPRI Policy Paper*, no. 26, Stockholm International Peace Research Institute, September 2010；张清敏：《中国对外关系的国内管理和内外统筹——国内因素与中国对外政策》，《世界经济与政治》2013 年第 8 期，第 117—138 页。

② Wang Jisi, "China's Search for a Grand Strategy: A Rising Great Power Finds its Way," *Foreign Affairs* 90, no. 2 (2011)：68-79；赵可金：《当代中国外交制度的转型与定位》，时事出版社，2011。

中国在中美经贸摩擦中的
战略决心信号表达[*]

尹继武^{**}

摘 要 自特朗普执政以来，中美关系进入战略博弈时期。从2018年特朗普发动对华贸易战到2020年中美签署第一阶段经贸协议，中美战略博弈的形式、程度和领域呈全面扩大加剧态势。2019年5月中美经贸磋商出现重大分歧和争端是中国战略决心表达的分水岭，美国低估了中国的主权原则、民族情感与政策底线，引发中国升级战略决心信号，此前中国虽有反制，但较多以合作、磋商和诚意等策略应对。中国对美战略决心信号的升级，表现为冲突代价可接受度上升和战略专有资产的外交信号呈现增多，体现出模糊性、决心与合作信号并存等特性。中国战略决心信号升级取得一定效果，但美国对华战略意图认知、政策调整受到权力转移的结构性因素、对华战略共识、特朗普政治需求与策略的制约。中国对美战略决心信号成效的理性逻辑，取决于冲突代价的可接

---

* 原文发表于《外交评论》2020年第5期。本文是中国人民大学科学研究基金（中央高校基本科研业务费专项资金资助）研究品牌计划"中美战略沟通的政治心理学研究"（项目批准号：18CNI001）的系列成果之一。作者感谢《外交评论》评审专家和编辑部的修改意见，文责皆由作者自负。

** 尹继武，现为中国人民大学国际关系学院教授。

受程度以及战略专有资产信号呈现的结合。分析中国战略决心信号的类型、特性和成效，有助于建构新时期中美大国关系的战略互动基础，为促进中美良性战略博弈提供微观战略支持与政策建议。未来，中国必须保持对美清晰、坚定的战略决心信号，推动中美关系稳健发展。

关键词　中美关系；经贸摩擦；战略博弈；决心信号；特朗普政府

2017 年 12 月，美国特朗普政府公布新版《国家安全战略》报告，将中国定位为战略博弈对手，中美随之进入了战略博弈时期。[①] 由于 2017 年朝核问题成为美国政府的优先安全问题，特朗普政府需要借助中国的战略支持，因此在 2018 年初美朝关系缓和前，经贸争端并未成为中美战略博弈的主要议题。[②] 2017 年 7 月美国开始对华实施 "301 调查"，2018 年 3 月特朗普发动对华关税战，且不断升级关税加征期限与金额，实施对华经贸 "极限施压" 谈判策略。此后两年多，中美为了解决贸易争端前后进行了 13 轮谈判，至 2020 年 1 月 15 日签署第一阶段经贸协议。[③] 2019 年 4 月底前，中美就经贸摩擦问题进行了为期一年的战略沟通与磋商，两国领导人也通过电话热线与首脑峰会维系经贸磋商的大局。2019 年 5 月初，特朗普在推特发难，美国随后开始加征

---

① The White House, *National Security Strategy of the United States of America*, December 2017, accessed July 7, 2020, https://www.whitehouse.gov/wp-content/uploads/2017/12/NSS-Final-12-18-2017-0905.pdf.

② 尹继武：《领导人、国内政治与中美战略沟通（2016—2018）》，《国际政治科学》2019 年第 4 期，第 91—118 页。

③ 关于中美战略竞争的系统性分析，参见吴心伯《论中美战略竞争》，《世界经济与政治》2020 年第 5 期，第 96—130 页。

关税，从 5 月 10 日开始不顾中国反对，强硬征收 2 000 亿美元中国输美产品 25% 的关税，引发了中国的经济、政治和外交反制。自此，中美经贸磋商进入升级阶段，起因在于美国政府低估了中国对于贸易协议的主权敏感性，相关条款及其执行措施严重侵害了中国的国家主权，中国政府维护主权与国家尊严的集体决心也随之升级。① 6 月 29 日，中美两国领导人在日本大阪亚太经合组织首脑峰会上会晤，达成了以继续磋商的方式保持沟通、美方暂停新的关税征收的共识。而后特朗普又以中国并未购买美国农产品为由，威胁将于 9 月 1 日开始实施新的关税，经双方战略沟通后，美国推迟实施相应措施。2019 年 12 月，双方达成经贸谈判第一阶段协议，② 至此，中美经贸摩擦第一阶段落幕，总体上，特朗普政府并没有实现对华大幅度加征关税要求以及结构性改革等附带政治性的企图。鉴于美国不顾大局提出的磋商协议损害中国国家主权与民族情感，中国展示了立场坚定的战略决心，尤其是向美方表达了可承受巨大损伤代价的战略信号。

从理论解释来看，基于现实主义的逻辑，中美战略博弈及其后果的决定性因素是双方的国家权力或实力对比。自由主义则认为国内政治是中美走向战略博弈的重要因素。而在建构主义的理论视角下，中美博弈者角色和观念的形成而非权力对比等因素，则是决定双方关系的核心变量。总之，主流国际关系理论更重视中美关系走向的宏观权力结构、国家层次的国内政治等因素或者观念的塑造作用，但是从战

① 中美危机及其升级，很大程度上源于美国低估中国在领土主权、国家安全等重要议题上的底线、原则和决心。系统论述参见尹继武《私有信息、外交沟通与中美危机升级》，《世界经济与政治》2020 年第 8 期。

② 财政部等：《关于发布中美第一阶段经贸协议的公告》，财政部网，2020 年 1 月 16 日，http://wjb. mof. gov. cn/gongzuodongtai/202001/t20200115_ 3459459. htm，访问日期：2020 年 6 月 3 日。

略互动的路径来看，中美双方的战略行为以及如何看待对方的能力、意图与决心，则是更为关键的甚至决定中美关系走向的变量。美国在经贸磋商中不断施压与升级的策略，恶化了中美战略博弈的矛盾，双方战略行为背后的逻辑其实是一场关于战略决心的博弈。国内外学术界关于中美战略博弈与经贸争端的研究不胜枚举，大体可以分为如下路径：其一，中美经贸争端的政治经济起源研究。[①] 这类研究着眼于美国发动对华贸易战的微观基础，试图辨析美国对华贸易战背后的金融、产业布局与经济结构等各项要素的作用，同时揭示美国国内对华战略意图负面认知共识的形成及其影响。其二，中美经贸争端的战略行为分析。[②] 基于中美经贸磋商的具体事件和阶段性进展，分析中美经贸争端中各自的战略举措及其动机、研判双方能否达成共识等，这些研究大多为动态政策分析，重在辨析双方的战略意图及其谈判风格。其三，中美经贸争端的影响及其管控。[③] 中美贸易战对各自的经济发展产生了严重影响，相关研究重点剖析贸易战对于美国经济、中国产业与经济布局的影响及其对策，以及对国际贸易制度与规则的冲击等。

总体而言，关于中美经贸摩擦的既有研究可以归类为"事件分

① 李巍、赵莉：《产业地理与贸易决策——理解中美贸易战的微观逻辑》，《世界经济与政治》2020 年第 2 期，第 87—122 页；Matthew C. Klein and Michael Pettis, *Trade Wars Are Class Wars: How Rising Inequality Distorts the Global Economy and Threatens International Peace* (New Haven: Yale University Press, 2020) 。

② 钟飞腾：《超越霸权之争：中美贸易战的政治经济学逻辑》，《外交评论》2018 年第 6 期，第 1—30 页；齐皓、王侯嘉遇、宰英祺：《美国施压下的中美贸易战特征：与入世谈判的对比研究》，《国际政治科学》2019 年第 3 期，第 155—161 页；Markus Brunnermeier, Rush Doshi and Harold James, "Beijing's Bismarckian Ghosts: How Great Powers Compete Economically?" *The Washington Quarterly* 41, no. 3 (2018) : 161-176。

③ 孙继山：《中美经贸向何处去？——对中美贸易失衡问题及贸易战应对选项的分析》，《国际贸易》2017 年第 11 期，第 31—33、40 页；Chad P. Bown and Douglas A. Irwin, "Trump's Assault on the Global Trading System: And Why Decoupling From China Will Change Everything," *Foreign Affairs* 98, no. 5 (2019) : 125-137。

析"，即探讨这一重大国际经贸争端的起因、过程及其影响，聚焦于可见的政治经济要素以及战略行为特性，可以说较好地还原了"中美经贸摩擦事件"的前因后果，但并没有系统探究经贸摩擦中"非物质性"战略要素的作用，尤其是未能考察中国的战略决心信号表达及其成效。2019 年 5 月中美经贸摩擦升级，本质上是美国低估中国对于经贸磋商的主权敏感性、引发中国升级战略决心的典型案例。基于此，本文将系统梳理特朗普贸易战升级背景下中国战略决心的升级应对及其特性，考察其基本成效及战略启示，为理解大国战略博弈时期中国的战略决心表达以及应对特朗普执政时期的中美战略博弈提供相应的政策启发。

一、中国战略决心信号表达的升级及其逻辑

2018 年以来，中国的主流政策舆论与回应是坚持"贸易战没有赢家"，强调从共同利益、合作共赢角度协商谈判，其基本前提在于期待以谈判与合作解决中美经贸摩擦，试图通过沟通与协商达成谅解。在美国不断升级的"关税战"和"技术战"面前，中国虽有反制，但仍较为克制，呼吁双方保持理性沟通、争取合作解决。中国这一态度集中体现于 2018 年 9 月发布的《关于中美经贸摩擦的事实与中方立场》白皮书。白皮书总体强调了中美经贸的双赢结果，辨析了美国破坏全球经贸与中美经贸的事实，进而明确宣示了中国对于经贸谈判的政策立场，即"对中美两国来说，合作是唯一正确的选择，共赢才能通向更好的未来"。"中国坚定维护国家尊严和核心利益。对于贸易战，中国不愿打、不怕打、必要时不得不打。中国谈判的大门一直敞开，但谈判必须以相互尊重、相互平等和言而有信、言行一致为前提，不能

在关税大棒的威胁下进行，不能以牺牲中国发展权为代价"。[①] 概言之，在以经贸摩擦为主线的中美战略博弈第一阶段，中国仍坚持以合作与协商为主的政策。2018 年中期，中国相关社会舆论也发出了比较强硬的声音，这种声调一段时间内还甚为突出，比如"打一场史诗级的贸易战"。而中国通过大豆等农产品的反制措施以及对美对等加征关税，也是一种坚定决心的信号表达。但总体来说，在前 11 轮贸易摩擦磋商过程中，为了给高层领导人会面提供较好的协商解决氛围，中国的战略决心表态趋于克制、忍让，以谈判解决为主。

2019 年 5 月初，特朗普不顾中国政府的反对，先是推特发难，继而单方面宣布强征 2 000 亿美元中国输美商品 25% 的关税。美国低估了经贸磋商给中国带来的主权和尊严伤害，随着中美经贸磋商出现重大分歧与争端，中国战略决心的外在表达也发生了实质的变化。[②] 从信号的多样化方式、话语和行为的严厉程度，以及相关战略配套措施的实施来看，均表现出中国升级了战略决心，表明中国已在充分考虑接受与美冲突、脱钩的长期化代价。其原因在于，美方在中美经贸磋商中的出尔反尔、言而无信，最为重要的是其无视中国的国家尊严和主权原则。在某种意义上，美国的谈判态度和行为触犯了中国的底线和原则，对此，2019 年 6 月 2 日发布的《关于中美经贸磋商的中方立场》白皮书集中陈述了中国的官方态度。虽然中国一直强调合作是解决中美分歧的基本立场，但"合作是有原则的，磋商是有底线的，在重大

---

① 中华人民共和国国务院新闻办公室：《关于中美经贸摩擦的事实与中方立场》，人民出版社，2018，第 86 页。

② 国际媒体人士推测了美国低估中国主权问题敏感性及其后果，参见 Bob Davis and Lingling Wei, *Superpower Showdown* (New York: Harper Collins, 2020)。

原则问题上中国决不让步"。① 白皮书指出，"磋商要相互尊重、平等互利。相互尊重，就是要尊重对方社会制度、经济体制、发展道路和权利，尊重彼此核心利益和重大关切，不挑战'底线'，不逾越'红线'，不能以牺牲一方的发展权为代价，更不能损害一国的主权。平等互利，就是双方磋商的地位是平等的，磋商成果是互利的，最终达成的协议是双赢的。如果一方强压另一方进行谈判，或者谈判结果仅让单方得利，这样的谈判不会取得成功"。"磋商要相向而行、诚信为本"。"中国在原则问题上决不让步"。"一国的主权和尊严必须得到尊重，双方达成的协议应是平等互利的。对于重大原则问题，中国决不退让。中美双方都应看到并承认国家发展的差异性、阶段性，尊重对方发展道路和基本制度"。"但是中国不会畏惧任何压力，也做好准备迎接任何挑战。谈，大门敞开；打，奉陪到底。"② 可见，这份白皮书充分展示了中国在经贸磋商中的主权原则、政策底线和敏感性，意在向美国表明贸易磋商是一种双边平衡贸易结构与利益的协商方式，而不能危害和改变国家的经济发展模式、政治经济体制，侵害国家主权原则。

自 2019 年 5 月初起，中国相关的战略决心信号特别丰富，体现出"对等升级"的反制逻辑。在外交话语信号方面，《新闻联播》"国际锐评"就中美贸易战发表了严厉声明，表示"中国已做好全面应对的

① 中华人民共和国国务院新闻办公室：《关于中美经贸摩擦的事实与中方立场》，人民出版社，2019，第 2 页。

② 同上书，第 18—21 页。

准备"。^① 外交部新闻发言人代表官方严正表态，"贸易战，打，奉陪到底"。在此阶段，中国广泛接受并使用"贸易战"一词，而此前一直倾向于使用"贸易摩擦"的表达。官方和社会媒体开始密集出现对美强硬、不惧美国施压等声音，对抗舆论成为主导，连"抗美援朝"等抗击美国的主流战争片也开始在官方平台热播。在外交行为信号方面，中国开始积极展现各种反制的政策选择，有意识地展现上述"国际锐评"中模糊强调的各种政策工具。中国领导人开始视察作为重要的战略经济与军事物资的稀土产地，中国一些顶尖战略武器也频频亮相。同时，中国积极开拓国际市场，缓和对外关系，争取其他重要国家的战略支持，强化与欧盟、俄罗斯、日本和朝鲜等地区和国家的战略关系。如果以《人民日报》"钟声"署名的评论作为中国对于中美经贸磋商中战略决心体现的指标，那么可以发现，有关中美贸易战的国际评论多集中在 2019 年 5 月初到 7 月初以及 7 月底到 10 月初，且较之以往更凸显冲突与对抗决心。其实，从 2018 年 2 月开始，"钟声"评论在批判美国态度和政策的同时，也有意积极塑造中美合作与协商解决的舆论。但是在第二阶段，自 2019 年 5 月初开始到 10 月初，批判美国、维护国家主权和尊严成为主要基调，从数量和内容看，集中体现了中国战略决心的话语表达。^②

战略决心是指国家对于相关政策目标的坚定而决不退让的姿态，

① 《中国已做好全面应对的准备》，央视网，2019 年 5 月 13 日，http://tv.cntv.cn/video/VSET100034782842/21289b31793348fca42cb8ec29caf877，访问日期：2020 年 6 月 8 日。文字版参见《【国际锐评】中国已做好全面应对的准备》，新华网，2019 年 5 月 13 日，http://www.xinhuanet.com/world/2019-05/13/c_1124484516.htm，访问日期：2020 年 7 月 2 日。

② 参见 2018 年 2 月至 2020 年 1 月《人民日报》相关数据，从时间分布来看，2019 年 5 月和 8 月是《人民日报》发表坚定反制、展现战略决心评论最为密集的时段，说明上述两个时间点是中国战略决心信号表达升级的重要节点，也与美国政府的持续升级关税时间点相关。

尤其是在面对不利的外在环境、客观条件以及对手行为所施加压力时展现的意志力，其内在维度表现为时间偏好上的耐心程度和风险偏好上的接受程度。[1] 战略决心既是国家或领导人的内在特质，也需要通过战略行为表现出来。结合中国对美战略决心信号表达的话语与行为，本文从中国对美冲突能力展现和冲突代价接受度两个维度评估中国战略决心及其升级（参见表1）。

表1 中国战略决心信号表达升级的维度

可替代政策选择/ 代价可接受度	专有资产的信号展示（伤害对方）	
	多	少
高	冲突代价可接受度高，伤害对方能力展示多（决心最大）	冲突代价可接受度高，伤害对方能力展示少（忍耐型决心）
低	冲突代价可接受度低，伤害对方能力展示多（进攻型决心）	冲突代价可接受度低，伤害对方能力展示少（决心不足）

资料来源：笔者自制。

第一，对于冲突代价的可接受度迅速上升。对于中美经贸冲突所引发的中美关系恶化与冲突的代价，如果中国可接受度较低，那么表明决心一般，而接受度很高，那么表明决心已大大提升。对中美经贸冲突代价的可接受度可以区分为两个维度的指标。一方面，从中国的合作态度来看，如果冲突代价接受度较高，那么，中美合作的期待则降低，尤其是对特朗普时期中美在经济领域以及全方位的"脱钩"则呈现为较高的接受度。自2018年初以来，中国政府对于中美合作仍持肯定态度，通过外交话语不断强调中美合作是发展中美新型大国关系

---

① Joshua D. Kertzer, "Resolve, Time, and Risk," *International Organization* 71 (2017): 109–136. 决心问题是战略沟通、争端解决中非常重要的非物质性因素。相关定义和理论研究也可参见 Joshua D. Kertzer, *Resolve in International Politics* (Princeton: Princeton University Press, 2016), p. 3; Roseanne W. McManus, *Statements of Resolve* (Cambridge: Cambridge University Press, 2017)。

的主流，结合中美建交40周年纪念活动，突出中美合作的积极遗产和现实意义。[①] 同时，在舆论层面批评中美"脱钩论"。[②] 自2019年5月以来，特朗普不顾中美积极的战略沟通，出尔反尔，特别是在中国表现出较高的磋商诚意的情况下，仍一再宣布加征关税。中国开始表达"不怕任何极端的负面情境"，对于冲突代价高的可接受度急剧上升，具体表现为中国实施"对等升级"反制策略。其政策背景是2018年以来中国领导人在亚太经合组织领导人非正式会议、纪念改革开放四十周年大会等场合表达了进一步改革开放的决心。[③] 就此而言，对于中美冲突代价的可接受度呈现上升的趋势，表明中国增强了冲突决心。衡量冲突代价可接受度的另一指标是积极开拓相关替代政策选择及其信号呈现。为了应对中美经贸摩擦的冲击，中国有意加强和拓展与其他新兴大国的关系，作为缓冲与美国紧张关系的战略选择。2019年，中国显著提升了与俄罗斯的伙伴关系，[④] 加强了与西方发达国家内部中等强国的政治经济合作，[⑤] 中日关系也迎来了重要转机。[⑥] 积极改善和升

---

① 周效征：《中美建交四十年、一路风雨总向前》，人民网，2019年1月3日，http://world. people. com. cn/n1/2019/0103/c1002-30500496.html，访问日期：2020年4月19日。

② 《外交部：中美"脱钩论"是开历史倒车》，新华网，2019年6月12日，http://www. xinhuanet. com/2019-06/12/c_1124614840.htm，访问日期：2020年5月9日。

③ 习近平在视察深圳、参加纪念改革开放40周年活动和"一带一路"高端论坛等各种场合，积极表态中国改革开放永不停步，中国将采取一系列重大改革开放新举措。参见习近平《在庆祝改革开放40周年大会上的讲话》，人民出版社，2018。

④ 《中华人民共和国和俄罗斯联邦关于发展新时代全面战略协作伙伴关系的联合声明（全文）》，中华人民共和国中央人民政府网，2019年6月6日，http://www. gov. cn/xinwen/2019-06/06/content_5397865.htm，访问日期：2020年6月1日。

⑤ 比如，中国国家领导人习近平2019年3月21日至24日访意大利，两国签署了关于共同推进"一带一路"建设的谅解备忘录，意大利成为第一个正式加入"一带一路"倡议的西方发达国家。中国与英国的投资和贸易关系也日益加强，中英自贸区等成为热点话题。

⑥ 2018年10月，日本首相安倍晋三成功访华，中日关系在《中日和平友好条约》签订四十周年之际得到改善。2019年12月，安倍晋三再次访华，出席在成都举行的中日韩领导人会议。

级大国伙伴关系，在美国盟伴体系中争取更多的政治经济合作空间，这些作为应对中美战略博弈负面效应的替代措施，实质上是呈现了中国对美战略博弈决心的政策替代选择。在民间层面，面对美国政府的制裁、封锁和打压，华为公司积极应对并宣布以新的系统等技术手段作为冲突代价的替代方案，同样体现出冲突代价可接受度的上升。①

第二，展示具有对冲突另一方施加伤害的国家能力的信号。这些能够伤害对方的国家军事、经济等专有资产是中国所拥有的战略牌。如果展示较多，则表明决心较强，展示较少则决心较弱。② 由此，根据上述两种维度的区分，可以观察中国对美战略决心的基本类型。前期中国一直强调谈判和协商对于解决问题的重要性，秉持"贸易战没有赢家"的合作理念，认为中美均受贸易摩擦影响而遭受损失，加之较少展示自身军事和经济实力，所以 2018 年冲突决心展示程度总体上处于一般水平。自 2019 年 5 月初对美外交话语、行动信号发生变化以来，随着对于关系倒退、经济可能受负面影响的话语表态，以及公开报道稀土、大豆和高端军事武器，中国战略决心已然发生质的变化。

具体来说，中国对美战略博弈的专有资产有四种。第一种是中国特定的战略性物资。因其稀缺性以及中国掌握相关的储备和开采加工技术，中国的特定高科技物资能够对美形成相应的结构性权力，突出表现为围绕稀土出口的信号展示。5 月 20 日，中国国家领导人习近平考察江西，彰显对稀土等重要国家战略物资的重视和支持，向美国模

---

① 不论技术层面的可行性如何，这至少具有信号与象征意义。《鸿蒙后，华为再放大招！》，澎湃新闻，2019 年 8 月 23 日，https://www.thepaper.cn/newsDetail_forward_4237376，访问日期：2020 年 6 月 7 日。

② "专有资产"来源于交易成本经济学，是指对于国家而言特定专属的物质、资源或技术能力。本文将其纳入国家战略能力的核心构成维度。参见田野《国际制度的形式选择：一种交易成本分析》，上海人民出版社，2018。

糊地传递了战略博弈信号。① 随后，在商务部以及外交部的新闻发言中，当外界问及是否将稀土作为对美战略威慑武器问题时，中国政府采取了较为模糊的化解策略，增加发挥战略专有资产作用的不确定性，从而增大其威慑力。② 第二种是庞大的中国市场。由于中国市场对于美国相关产业的重要性，美国产品能否顺利出口中国，影响美国相关产业群体以及经济发展，从而导致中美市场准入和份额等问题，也构成了中国掌握伤害能力的重要专有资产，这突出表现为中国市场对于美国大豆等农产品出口的重要性。③ 美国中西部地区农民大豆出口市场受中美经贸冲突严重影响，因此中国对于美国大豆市场的态度成为中国战略博弈策略选择以及表现决心的手段。④ 基于选举连任的政治需求，特朗普尤其在意中国是否加大对大豆、能源等重要商品的进口量。⑤ 第

---

① 金佳绪：《习近平江西考察第一天：行程背后有深意》，新华网，2019 年 5 月 21 日，http://www.xinhuanet.com/2019-05/21/c_1124523643.htm，访问日期：2020 年 7 月 9 日。

② 商务部新闻发言人在 2019 年 5 月 23 日、30 日和 6 月 13 日的问答，均涉及对于稀土是否作为战略物资的情况。5 月 23 日发言人表示："目前，中国对稀土实行出口许可证管理，没有资质和数量限制，除此之外没有其他的贸易管理措施。"30 日表示："如果任何国家想利用中国出口的稀土所制造的产品，遏制打压中国的发展，于情于理都是令人难以接受的。"6 月 13 日，当被问及 5 月中国出口稀土为何下降 16% 时，发言人表示："目前稀土出口出现的波动，是市场变化的结果，对于稀土贸易，目前中方没有采取新的管理措施。"详情可参见商务部网，http://www.mofcom.gov.cn/article/ae/slfw/，访问日期：2020 年 3 月 6 日。

③ Kia Johnson, "How Soybeans Became China's Most Powerful Weapon in Trump's Trade War," *The Conversation*, May 31, 2019, accessed July 20, 2020, https://theconversation.com/how-soybeans-became-chinas-most-powerful-weapon-in-trumps-trade-war-118088.

④ 商务部新闻办公室：《中国相关企业暂停新的美国农产品采购》，商务部网，2019 年 8 月 6 日，http://www.mofcom.gov.cn/article/ae/ag/201908/20190802887951.shtml，访问日期：2020 年 5 月 7 日。

⑤ 这在美国相关决策者的叙述中得到一定的印证。特朗普与莱特希泽的偏好有异，特朗普更关注有利于自身选情的贸易逆差、农产品和能源出口等问题，莱特希泽等强硬派则重视中国经济发展的"结构性问题"。参见 John Bolton, *The Room Where It Happened* (New York: Simon & Schuster, 2020)。

三种是军事上中国具有领先水平或优势的战略武器及其对外亮相的时机。中美战略博弈不仅是经济领域专有资产的博弈，同时战略与安全领域也是重要的博弈场域。中美在军事技术上存在较大的实力差距，总体上看，中国在军费开支、技术水平与联合指挥系统等方面均落后于美国，但战略优势并不完全由总体实力对比决定，也受制于相应的战略意志以及特定领域的武器和技术优势。比如，中国在核技术、战略打击、卫星航天等领域具备相应的尖端高科技能力，能够对美产生一定的战略威慑。在中美战略博弈过程中，中国升级战略决心的手段之一，便是加快相关核心技术研发以及在关键节点公开展示。[①] 例如，中华人民共和国成立 70 周年国庆阅兵式集中展示了以东风-41 洲际导弹、歼-20 隐形战机等为代表的国产武器。第四种是美国在特定问题上对中国的战略需求。特朗普上台后，朝核问题成为美国国家安全的优先议题，在 2017 年朝核危机及其后的缓和过程中，中国发挥了重要的调停角色。特朗普也一直高度重视中国的角色，在 2017 年朝核危机升级期间，多次表示如果中国能够在朝核问题上帮助美国，那么美国愿意跟中国达成一个较好的贸易协议。虽然 2018 年初美朝关系缓和后，特朗普对中国战略需求下降——这成为美国发动对华贸易战的重要背景，但特朗普仍希望在朝核问题上有所推进、外交上有所建树。为此，在中朝建交 70 周年之际，2019 年 6 月 20 日中国国家领导人在中共十八大以后首次对朝鲜进行国事访问，[②] 客观上凸显了中国对朝鲜的影响力，增加了对美国战略不确定性及对华无理升级贸易战的压力。

---

① 基于信号是一种潜在动机与意图的表达，所以特定军事技术和武器是否成为一种冲突决心信号，需要相应的信息印证和论证。军事研究一般不把武器技术的公开与经贸争端解决联系起来，但是基于外交信号的时机选择、内在动机模糊性，在一定程度上可以将尖端技术的公布时机看作维护主权与原则的战略决心信号的模糊构成。作者感谢吴日强对于这一分析的提示。

② 《共同开创中朝两党两国关系的美好未来》，《人民日报》2019 年 6 月 23 日。

从信号的类型来看，上述战略决心信号的升级也体现为决心表达言语与非语言信号两种类型。一方面，决心表达话语的升级呈现为中国政府和官方媒体大量批判美国政府相关"不负责任"的言行、对于中美经贸冲突倒退的责任，表达了中国面对美方一再咄咄逼人而决不后退、不怕冲突与损失的态度。特别是中国政府相关发言人开始使用"贸易战"一词，表明了政府能够接受贸易战的事实，此前则较多使用"经贸摩擦"一语。话语表达的升级，更体现在政府权威部门对于中美经贸冲突坚定不畏惧和不退缩的立场上，即如果美方一意孤行，那么中国奉陪到底。同时，中国也能借助历史和生活隐喻化解冲突所带来的紧张情绪，即中国人民历史上具有抵抗外敌、争取独立的丰富斗争经验，相比历史，当下的中美博弈只不过是沧海一粟。[①] 另一方面，战略决心的非言语升级也较为明显。战略决心的升级包括相关物质性资产的展示以及战略应对手段的选择。这更为契合上文所述专有资产信号展示，以及可替代政策选择、对于冲突代价的高度接受。自 2019 年5 月中国高调的话语信号表态以来，中国在军事、战略资产以及开拓其他战略伙伴关系等领域均有系统的战略举动，也给美方制造了相应实质性的战略压力，因为战略专有资产具有相应的威胁与威慑基础，同时也是心理性的，即通过主动展示、自我约束以及积极化解对美依赖与压力，拓展了中国自身的选择余地与战略空间。正因如此，在第 11次中美战略沟通协商后，中国的战略决心信号升级实际上发挥了一定的积极作用，让特朗普政府意识到中国的政策底线以及中国在专有资

---

① 中国这方面的外交话语信号特别丰富，也有自身较强的文化叙事特性，在 2019 年中美经贸摩擦升级过程中体现较为明显，尤其是"强国锐评"等系列舆论战。参见张立新《外交话语隐喻认知叙事研究》，东南大学出版社，2018；张清敏、潘丽君：《类比、认知与毛泽东的对外政策》，《世界经济与政治》2010 年第 11 期，第 54—64 页；张清敏：《隐喻、问题表征与毛泽东的对外政策》，《国际政治研究》2011 年第 2 期，第 81—100 页。

产、可替代政策选择以及冲突代价接受方面的决心，为中美在 2019 年 12 月初步化解冲突、以合作为导向、互有让步奠定了基础。

二、中国战略决心信号展示及其升级的特点

战略决心的博弈成为大国博弈中的核心焦点。如何有效地展现自己的决心、防止对手认为自身决心虚弱，对于维系后续的博弈、妥协等战略协商是至关重要的。中国对美战略决心的展示，既体现了传统的信号特点，又是观察中国对外战略行为特性的有效窗口。从时间节点来看，2018 年初特朗普发动对华贸易战后，中国战略决心展示处于第一阶段，即以和平、沟通与协商为主，试图通过非冲突形式与美国形成合作互利的战略共识。2018 年 12 月中美首脑在阿根廷会晤，通过领导人面对面沟通，中国从利益协商与互惠角度，试图以平等尊重的方式与美国达成关于经贸问题的解决方案。但随后受制于国内政治需要以及对华施压获利预期增大，当 2019 年初中美经贸磋商并没有取得进展时，特朗普反而进一步对华施压。自 2019 年 5 月初以来，围绕中美经贸摩擦，中国战略博弈决心升级进入第二阶段。在这一阶段，为应对特朗普的极限施压与升级策略，中国战略决心的表达呈现相应的信号特性，体现了中国的战略思维特点、文化传统以及理性考虑。

第一，中国决心信号的坚定性与模糊性。在初期的双边磋商及沟通阶段，中国突出强调中美合作以及互利共赢的重要性，决心表达较为模糊。这是基于策略性考虑，战略决心更多是一种威慑、不满以及对于冲突关系可接受的体现。在第一阶段，中国的战略姿态以及信号均处于低烈度水平，战略决心信号表达也较为模糊。在第二阶段，总体上看，从 2019 年 5 月初，上述各种信号展现表明中国的战略决心已

发生实质性变化，但仍表现出相应的模糊性。在"强国锐评"、外交部新闻发言人的强烈言语信号中，重点强调了必要的政策工具箱，而对具体的政策选择、时间节点和对美要求，并没有详细而严厉的表达，呈现为一系列信号升级和配套策略的准备，但对于具体措施及其选择仍是模糊而灵活的。随后，特朗普在推特和其他媒体场合展现出清晰的对华极限施压的特点，且非常明确地阐述了美方的具体政策主张。特朗普于 2019 年 5 月初将 6 月 30 日作为加征关税节点，7 月底又将 9 月 1 日作为时间节点，这种"极限施压"策略的信号非常清晰而强烈，给中国的战略应对带来极大压力。[①] 尽管如此，出尔反尔、反复无常也是特朗普信号表达的重要特点，即随时可能变动时间和关税要求，遵约可信度较低。因而，中国战略决心的话语信号坚定性与模糊性并举，一方面阐明事态严重性和中国的反制选择，另一方面应对的行为和措施仍具有一定灵活性，为后续政策选择以及缓解冲突留有较大空间。[②]

第二，决心信号与物质性要素相结合。在中美谈判的权力结构中，美方处于相对优势一方，从议题设置、条款选择、加税力度、强硬态度等方面来看，美方均处于相应强势，保持施压态势，尤其是中国着重强调"合作的原则性""相互尊重"，从侧面反映出美方的霸道。中

---

① 特朗普对谈判自诩为"信守承诺"，但实际上他要价甚高，然后以小让步获得对方让步，同时策略及承诺不稳定、变化迅速。这种遵约声誉较低的特点，为正常的中美战略沟通带来了极大的不稳定性和挑战。参见尹继武、郑建君、李宏洲《特朗普的政治人格特质及其政策偏好分析》，《现代国际关系》2017 年第 2 期，第 15—22 页；George H. Ross, *Trump-Style Negotiation* (New York: John Wiley & Sons Inc. , 2006) 。

② 比如 2019 年 8 月 23 日，中国公布了反制清单，把相关农产品、原油等列入其中。"决定对原产于美国的 5078 个税目、约 750 亿美元进口商品加征 10%、5% 不等关税，分两批自今年 9 月 1 日、12 月 15 日实施；决定对原产于美国的汽车及零部件恢复加征 25%、5% 关税，自今年 12 月 15 日实施。"《国际锐评：用理性克制实施精准反制》，国际在线网，2019 年 8 月 24 日，http://news.cri.cn/20190824/274cb174-2eb6-c808-6eb7-a347fee4ae0a.html，访问日期：2020 年 7 月 3 日。

国战略决心的升级是权力相对弱势一方在既有谈判中无法弥合原则分歧，从而采取接受极为负面代价、双方均遭受损失来促使对方改变立场的策略。换言之，面对对手挑战现状而不惧升级，其实可以增加己方强大战略决心的可信性。① 从中美贸易结构和数额来看，由于美国对华高科技管制、中国对美贸易顺差较大，所以中美互相加征关税也是美国占据数量优势。因此，对于权力相对弱势一方的中国而言，通过战略决心表达的升级来弥补自身权力相对弱势是十分重要的策略。中国也明白自身优势所在，即从时间敏感性来看中国具有自身的优势，而且较之美国，中国对冲突代价的敏感性要低，美国更易受制于国内政治等因素。② 所以，能力与决心并非直接相关的关系，弱者更需要通过展示可置信的决心来获得谈判与博弈中的主动权。

第三，决心信号具有情感规范内涵。在战略决心升级信号中，中国着重强调原则问题，这需要将其置于中国历史文化、近现代以来的民族情感情境中才能理解。如果基于中国与西方世界碰撞的历史记忆背景评估对美立场坚定与否，中美贸易战遂上升为一个标志性事件。这种民族情感与国内政治的结合也可以成为战略决心信号升级的重要动因。反过来说，如果中国表现出战略决心不足，或者在美方升级对华贸易摩擦的情势下并没有对等升级话语与行为，在事关最为敏感的主权问题上让步，中国政府则会面临巨大的国内观众成本压力，也即民族情感和政治压力。"对于重大原则问题，中国决不退让。中美双方

① Robert Powell, "The Strategic Setting of Choices: Signaling, Commitment, and Negotiation in International Politics," in David A. Lake and Robert Powell (eds.), *Strategic Choice and International Relations* (Princeton: Princeton University Press, 1999), p. 108.

② 在反制及其决心方面，中国的信号展现了自身对于能力、耐心以及时间上的自信。某种意义上，这是中国的优势所在。五月荷：《加征关税无用，中国有能力奉陪到底》，《人民日报》2019年6月28日。

都应看到并承认国家发展的差异性、阶段性，尊重对方发展道路和基本制度"。① 美国必须明白和理解中国战略决心背后的国内情感基础，否则只能导致中美冲突进一步恶化，因为其涉及民族自尊和主权等底线原则。② 同样，美国对于中国战略决心信号的升级反应，不仅是特朗普个性特质、政策偏好与谈判策略的体现，而且受其国内政治需求驱动，其对华强硬谈判立场基于美国战略界对华战略共识和经贸谈判团队共识，甚至奠定了 2020 年美国总统大选政治正确的一条基线。

第四，决心信号与合作信号并存。③ 中国虽然已实质性升级决心信号，但同时仍在展现对于合作的期待。中国一直强调中美经贸合作是最好选择，中国始终敞开谈判的大门。中美在经贸领域有广泛的共同利益，两国应该求同存异、合作共赢。在 2018 年中美首脑阿根廷峰会后，美国谈判代表更换为莱特希泽，其对华经贸谈判态度更为强硬，重点突出所谓的"结构化改革"要求，试图在磋商协议中加入改变中国经济发展模式、强化协议执行的法律权利等条款。这些问题均涉及主权原则问题，中国无法接受。因而，中国在表达合作协商的同时，强调"合作是有原则的。中方在重大原则问题上决不让步，坚决捍卫国家核心利益和人民根本利益，任何时候都不会丧失国家尊严，任何人都不要指望中国会吞下损害自己核心利益的苦果"。④ 2019 年 6 月 29

① 中华人民共和国国务院新闻办公室：《关于中美经贸摩擦的事实与中方立场》，第 20 页。

② 中国在经贸摩擦立场文件中反复强调合作是有原则和底线的，美国必须尊重中国的发展模式、主权原则和民族尊严。从中美冲突历史来看，美方低估中国主权问题、民族情感敏感性和底线信息是重要的冲突起因，朝鲜战争和第三次台海危机是典型案例。参见尹继武《私有信息、外交沟通与中美危机升级》，《世界经济与政治》2020 年第 8 期。

③ 从中国发布白皮书的内容分析来看，2018 年 9 月白皮书中"合作"出现了 35 次，而 2019 年 6 月是 18 次。后者批判美国谈判态度以及中国决不在原则问题上让步的表述更为系统、清晰和坚定。

④ 《中美开展经贸合作是正确的选择，但合作是有原则的》，《人民日报》2019 年 5 月 13 日。

日，习近平主席与特朗普总统在日本大阪会晤，既强调中国对美经贸磋商与合作的诚意，又着重指出合作的原则性。"中方有诚意同美方继续谈判，管控分歧，但谈判应该是平等的，体现相互尊重，解决各自合理关切。在涉及中国主权和尊严的问题上，中国必须维护自己的核心利益。"① 中国无意走向与美完全对立与对抗，而是留有通过谈判、协商以及传统的"互谅互让"方式解决争端的余地。

总体而言，在中美经贸磋商的第二阶段，随着双方战略沟通的推进，美方并没有秉持以平等、尊重与合作方式解决问题，而是试图通过单边施压逼迫中国接受美方主导的协议，为此中国升级了战略决心信号。中国战略决心信号既有一般外交信号的特点，如模糊性、为合作提供弹性与可能，同时也彰显了特定动因，亦即民族情感与国内政治压力是重要的驱动因素。

三、中国战略决心信号与中美战略博弈

在中美战略博弈过程中，中国通过一系列言行信号及其升级，试图向美方表明自身的国家利益、政策底线及战略意图，坚定自身的政策立场，在美方极限施压政策下坚持原则和底线。其目的在于通过坚定立场、表达决心，影响美方对于中国政策底线、战略意志的看法，从而改变美国对华政策和经贸谈判中不切实际和侵犯主权的要价。具体到此次中美经贸摩擦，判断中国战略决心表达成效的标准为美方对中国战略决心的评估，表现为美方对于中美经贸摩擦的表态和立场是

---

① 《习近平同美国总统特朗普会晤》，中华人民共和国外交部，2019 年 6 月 29 日，https://www.fmprc.gov.cn/web/gjhdq_676201/gj_676203/bmz_679954/1206_680528/xgxw_680534/t1676866.shtml，访问日期：2020 年 6 月 23 日。

否松动和退让，尤其是观察特朗普政府在中美达成第一阶段经贸协议过程中是否实现了最初的要价。2019 年下半年，特朗普政府的施压政策出现松动，在经贸谈判中的不合理要求也没有实现，据此可以判断中国的战略决心及升级起到了相应的作用。在美国国内，由于贸易战严重伤害美国制造业和农业等经济部门，招致拜登等民主党人以及商界人士的广泛和猛烈批评，美国经济发展和政治稳定受到负面影响。[1]在特朗普政府的经济治国术中，将经济与安全议题挂钩的策略未能奏效，中国对其贸易霸凌主义坚决反制，而美国与传统盟伴关系裂痕加大，为中国拓展国际战略空间提供了机会。[2]

首先，中国的决心信号产生了短期与长期效应。自 2019 年 5 月初以来，鉴于美国在中美经贸磋商中的极限施压和出尔反尔，中国从舆论动员到展现具体专有资产，自身的战略决心信号出现了剧烈升级态势。[3]对于中方的诚意以及决心信号，特朗普及其政策团队短时间内并没有表现出相应的妥协姿态。相反，特朗普在 5 月 12 日进一步采取了升级措施，表示如果 6 月底中美双方在日本大阪的亚太经合组织首脑峰会上达不成一个"较好的"协议，那么美方将于 6 月 30 日开始针对 2 000 亿美元商品新征 25% 的关税。6 月底，在中美首脑会晤后经贸摩擦得到一定缓和，但 7 月底特朗普表示不满后又再度升级，引发了中国 8 月更为密集的决心信号展示及反制措施。至 2019 年下半年，在中

① James Politi, "US and China Sign Deal to Pause Trade War," *Financial Times*, January 16, 2020, accessed July 25, 2020, https://www.ft.com/content/54d703e4-37b4-11ea-a6d3-9a26f8c3c.

② Daniel W. Drezner, "Economic Statecraft in the Age of Trump," *The Washington Quarterly* 42, no. 3 (2019): 7–24.

③ David J. Lynch and Gerry Shih, "Crossed Wires: Why the U.S. and China Are Struggling to Reach a Trade Deal," *The Washington Post*, October 25, 2018, accessed May 2, 2020, https://www.washingtonpost.com/business/economy/crossed-wires-why-the-us-and-china-are-struggling-to-reach-a-trade-deal/2018/10/24/69f859e6-d2dc-11e8-8c22-.

235

国充分展现主权等原则问题上不退让的坚定决心的情况下，特朗普多次表态期待一个好的协议，为自身妥协寻找回旋余地。

这一过程其实暴露了特朗普在经贸磋商谈判中的两面性，即达成好协议与维持领导人关系之间的平衡。重视与中国领导人之间友好关系，也是特朗普自身个人特质与国内政治需求的结合。在大阪首脑峰会上，中美首脑会晤达成暂时延缓加征关税、以磋商合作解决贸易摩擦与争端的共识，反映了中美首脑外交的作用以及特朗普对中国采购美国农产品的期待。7月底，特朗普又借口中国不兑现购买农产品的承诺，提出从9月1日起重新征收2 500亿美元商品关税，对此中方坚决反对并展开反制，迫于压力特朗普又改变政策表态，在此次关税征收清单中免除相关商品。10月初，中美磋商传出可能达成阶段性协议的信号，而后双方都降低了舆论态势和反制措施。总体来看，中国的战略决心信号表达短期内取得了一定效果，同时也不乏长期效应，据美国媒体分析，特朗普政府在中美经贸战中并没有获益太多，而在诸如要求中国改变发展模式、侵犯中国主权的争端解决机制等相关立场上，非但未能得逞，反而有所退让。①

其次，中国决心信号成效也反映了结构性制约。如上文所言，中国的战略决心信号表达是影响美国态度转变的重要变量，但是中美经贸摩擦中的战略博弈并不由单方面因素所决定。美国对华战略意图判断及其政策调整，受到更为宏观的中美权力转移、对华战略共识以及特朗普个人的策略与政策偏好的影响。从美国最初的目标来看，也反映了美国与中国对于发展模式、政治经济体制以及政治文化的重大认

---

① Veronique de Rugy, "What Trump's Aggressive Trade Tactics Have Achieved?" *The New York Times*, October 7, 2019, accessed March 20, 2020, https://www.nytimes.com/2019/10/07/opinion/trump-trade.html.

知差异。①

　　近些年中美权力转移进程有加快迹象，这是中美贸易战的宏观权力对比背景。美国自冷战后成为唯一超级大国，长期基于自由国际主义秩序理念，以多边主义和国际制度作为霸权工具，而由美国经济发展、族裔认同变化所引发的政治极化，构成了美国对外战略调整的国内政治基础。② 在自由国际主义理念受到诟病、自身政治经济走向危机的情况下，美国对外战略日益内向化，需要对外寻找"假想敌"与"替罪羊"。2008 年国际金融危机之后，中国外交日益走向全球，随着共建"一带一路"的推进，中国自身在国际制度、国际组织以及规范理念等方面的倡导和塑造能力增强，战略设计能力和外交影响力迅速提升。在此背景下，中美权力转移进程加速，中美实力对比日益趋近，成为美国对华政策及其变化的结构性因素。同时，美国对华战略意图的负面认知与特朗普政策理念相重合，则形成了美国对华经贸磋商政策偏好的国内政治基础。随着中美权力日渐转移以及美国对外战略的重大调整，美国对于中国的战略判断发生了根本性变化。从 2015 年开始，美国战略界就对华政策进行了数年辩论，大体认定美国对华接触

　　① Asheem Singh, "Who Will Win the US-China Trade War?" *RSA Discover*, May 2019, accessed July 2, 2020, https://www.thersa.org/discover/publications-and-articles/rsa-blogs/2019/05/us-china, accessed May 22, 2020.

　　② 约翰·米尔斯海默：《大幻想：自由主义之梦与国际现实》，李泽译，上海人民出版社，2019；萨缪尔·亨廷顿：《我们是谁？美国国家特性面临的挑战》，程克雄译，新华出版社，2005。

政策失败，而中国的战略意图对美国主导的全球秩序构成"挑战"。①
美国对华战略大辩论形成了对华负面战略认知，这一结果恰与特朗普
自身的政策理念相匹配。换言之，在对华经贸摩擦方面，特朗普极限
施压策略下的关税贸易战和技术战获得了美国朝野两党的一致支持，
尽管美国自身也受损，相关利益集团也不乏批评。② 最后，特朗普的谈
判策略及其政治需求是微观基础。特朗普偏好极限施压、以不断变化
作为战略博弈杠杆，并在商业与外交谈判中颇有心得。通过事先大要
价而后强调双方的友谊与合作、再退让一小步，以换取美国在没有付
出相应政策成本的情况下对方的让步与妥协，这已成为特朗普的基本
谈判策略。③ 特朗普同意延迟对相关中国出口商品加征关税，多出于特
定的战略需求、国内选举政治需求以及领导人友谊的策略考虑。美国
国内的产业地理和金融地理通过利益集团政治和选举政治机制，影响
了特朗普及其谈判团队的偏好与策略选择，从而成为中国战略决心发
挥作用的美国国内政治途径。④

　　最后，中国战略决心发挥成效的理性主义机制。中国战略决心信
号及其升级，其根本目的在于影响美国政策，而美国政策调整的前提

---

　　① Kurt M. Campbell and Ely Ratner, "The China Reckoning: How Beijing Defied American
Expectation," *Foreign Affairs* 97, no. 2 (March/April 2018): 60–70; Michael Pillsbury, *The Hundred-Year
Marathon: China's Strategy to Replace America as the Global Superpower* (London: St. Martin's Griffin,
2016); Robert D. Blackwill and Ashley J. Tellis, *Revising U. S. Grand Strategy Toward China*, Council
Special Report, No. 72, March 2015; Aaron L. Friedberg, *Rethinking the Economic Dimension of U. S.
China Strategy* (American Academy for Strategic Education, August 2017).

　　② 尹继武:《特朗普的个性特质对美国对华政策的影响分析》,《当代美国评论》2018 年第
2 期, 第52—74 页。

　　③ 对特朗普谈判策略的相关讨论, 参见 George H. Ross, *Trump-Style Negotiation*; 谭琦、刘
诚:《特朗普贸易谈判策略: 威慑、谈判与允诺》,《金融时报》中文网, 2018 年 10 月 10 日,
http://www. ftchinese. com/story/001079697?page=rest&archive, 访问日期: 2020 年 6 月 3 日。

　　④ 参见李巍、赵莉《产业地理与贸易决策——理解中美贸易战的微观逻辑》。

在于其对中国战略意图、政策底线及战略意志的判断。所以，判断中国战略决心信号升级是否有效，在于其是否影响了美国对中国意图和决心的认知和判断，美国在中美经贸冲突中的政策施压是否发生变化，特别是在经贸谈判中让步和妥协与否。① 中国在中美战略博弈与谈判中处于一定的劣势地位，这是由中美总体权力对比、中美贸易结构所决定的。就此而言，中国通过战略决心信号的升级，一定程度上弥补了自身在谈判与实力结构中的弱势地位，制约了特朗普的极限施压言行，改变了其偏好与策略。

换句话说，无论是对实力的对比还是战略意志的考量，中国战略决心及其信号升级发挥作用，仍必须基于理性逻辑，即中国的战略决心信号升级，包括战略决心信号的公开表达和隐蔽行动，必须对特朗普及其谈判团队形成相应战略压力。② 根据本文的中国战略决心信号类型和逻辑框架，冲突代价接受度和专有资产展示在此仍具有实践意义。中国对于接受冲突代价的意志力以及中国专有资产伤害的威慑力，是中国战略决心信号升级发挥作用的两种刚性因素，只有特朗普政府形成中国可以接受中美经贸冲突最严重代价的认知，且中国相关专有资产发挥切实作用，美方政策选择受到极大限制，中国战略决心信号升

① 参见 Yan Liang, "Trump Might Lose the US-China Trade War," *East Asia Forum*, November 22, 2019, https://www.eastasiaforum.org/2019/11/22/trump-might-lose-the-us-china-trade-war/，访问日期：2020 年 7 月 4 日。

② 本文主要分析战略决心的公开信号，隐蔽行动也能影响对手对于决心可信性的认知。参见 Austin Carson and Keren Yarhi-Milo, "Covert Communication: The Intelligibility and Credibility of Signaling in Secret," *Security Studies* 26, no. 1 (2017): 124-156。

级的效果才会真正体现。[①]

四、中国战略决心信号升级中的系统效应

中国对美战略决心的信号升级，是中国应对美国强力推行自身解决问题方案、对华极限施压下的坚定应对，也是中国试图通过话语与行为信号升级让美方形成中国立场坚定、决不妥协看法的一种策略。就此而言，战略决心信号及其升级是一种非常重要的战略应对措施。如上文所论，中国战略决心升级取得了一定的成效，为中美进一步战略沟通并改变特朗普政府的政策偏好奠定了基础，中美也于 2020 年 1月签署了第一阶段经贸协议，有利于中美和世界。然而，在战略决心升级过程中也需要规避可能的负面后果，尤其是一些系统性效应。

第一，中国战略决心的兑现及其声誉问题。外交谈判是一种互相妥协的艺术，在双方利益协商过程中，须防止政策和利益的退让被对手视作决心不足和虚张声势，所以在决心变动的同时也必须做好自身形象保护。[②] 具体来说，为应对特朗普政府在贸易协议谈判最后关键节点的施压和对华舆论攻击，以及进一步加征关税的高压做法，中国需要进行果断的战略决心升级及其信号展示，但后续互动仍需要在不断的博弈、磋商与拉锯战中达成妥协。所以，中国的决心升级需要处理

---

① 在此，中国反制的国内政治经济影响，尤其是潜在的负面影响，实际上发挥着反制信号与战略决心可信性的作用。参见 Thiemo Fetzer and Carlo Schwarz, *Tariffs and Politics: Evidence from Trump's Trade War*, CESifo Working Paper, No. 7553, October 2019, accessed June 2, 2020, https://cepr. org/content/free-dp-download-21-march-2019-tariffs-and-politics-evidence-trumps-trade-wars。

② 信号表达过程中的形象保护是表达战略决心等信号的重要问题。常规的"形象保护"方式是将信号模糊化，在对方没有形成符合预期的形象时可以予以否认。参见罗伯特·杰维斯《信号与欺骗：国际关系中的形象逻辑》，徐进译，中央编译出版社，2017。

好其可信度与中国自身可能作出"互谅互让"之间的矛盾，关键在于防止美国视中国的谅解与让步为虚骄示弱的看法。也即中国战略决心信号升级，目的在于向美国传递一种战略意志与坚定立场的形象，即使不能兑现（取决于外交谈判中双方的利益协调），也不能让特朗普认为中国是在"虚张声势"，缺乏真正执行与落实战略决心的意志。[①] 基于这一判断，中国战略决心的模糊性与条件性固然为中国维护形象和声誉带来了灵活性和政策调整空间，但如果过于模糊、不能兑现，又会影响战略效果的实现。

第二，对美战略决心与合作信号的平衡问题。当对美强硬、升级战略决心成为一种主导的政治标准时，需要规避其对国内造成的消极影响。如果冲突决心成为一种政治标准，对美合作就将受到质疑，批判恐美情绪、激进对美可能会成为政策与舆论主流。这种极化效应将进一步激化国内政治与社会动员，产生不利的国际影响，压缩后续中美贸易磋商乃至战略博弈空间。客观而论，在对美战略博弈过程中，很容易将合作磋商看作妥协、让步甚至是"屈服"，因此战略决心信号升级，强硬与斗争话语更容易获得政治话语权。[②] 但一些过度自信或一味强硬的言论，诸如"中国应当与特朗普打一场史诗级的贸易战"[③]、

① 参见 Heather Long, "Winners and Losers in Trump's 'Phase One' China Trade Deal," *The Washington Post*, December 14, 2019, accessed June 15, 2020, https://www.nationthailand.com/business/30379456。

② 汪庆明：《警惕中美贸易战中的投降主义》，《世界社会主义研究》2018 年第 5 期，第 88 页；王平：《让"投降论"成为过街老鼠》，新华网，2019 年 6 月 7 日，http://www.xinhuanet.com/comments/2019-06/07/c_1124595223.htm，访问日期：2020 年 8 月 22 日。

③ 梅新育：《中国应当与特朗普打一场史诗级的贸易战》，爱思想网，2018 年 3 月 29 日，http://www.aisixiang.com/data/109179.html，访问日期：2020 年 6 月 25 日。

"我忍得了你忍不了的比拼，还有我做得到你以为我做不到的对撞"①，并不利于中美战略博弈中灵活性与原则性的结合。因为对美战略博弈与斗争并不是最终战略目的，战略决心升级的目标是影响、塑造和改变美国对华政策偏好与策略。所以，中美战略博弈中的对美战略决心表达不能成为一种政治正确标准，而应容许存在不同的对美战略声音，包括战略决心信号表达的各种策略讨论，塑造多元、包容的对美国内政治与舆论环境。

第三，中国战略决心信号的实力基础建设问题。决心并非由实力直接决定，实力对比、谈判权力结构中的弱者，也可以坚定政策不让步，展现接受高代价冲突的决心。在维护主权原则、民族情感和自尊方面，中国历来不缺坚定的冲突决心，恪守政策原则和底线。然而，实力构成战略决心信号表达的物质基础，对于替代政策的选择、军事对抗信号的展现，都必须基于相应客观、可信的实力。如果缺乏可信的实力手段来展示决心，包括承受损失的能力和耐力，那么决心的可信性会受到很大影响。② 合适的展示方式、渠道与策略也是重要议题，影响对手对于伤害能力的评估，如虚实结合更有助于形成不确定的伤害能力，也即适当通过模糊展示伤害能力的信号将有助于提高战略威慑的效果。从政策操作层面来看，在冲突代价可接受度高的情境中，中国强化替代性政策选择，诸如产业选择、外交布局、战略方向，改

---

① 胡锡进：《中美贸易战愈打愈烈，让我们想起朝鲜战争》，新浪网，2019 年 5 月 18 日，https://news.sina.com.cn/c/2019-05-18/doc-ihvhiews2724869.shtml，访问日期：2020 年 4 月 22 日。

② 特朗普政府明显低估了中国承受损失的能力与决心，产生了诸如 "贸易战很容易赢、中国将遭受巨大损失而妥协" 等认知偏差。可见，如果中国自身的承受能力与决心能准确传递给美国，则可以增大中国战略决心表达的效果。Assunta Ng, "Blog: The 6 Major Misconceptions about U. S. and China Trade, and What We Should Actually Be Worried about Instead," *Northwest Asian Weekly*, September 20, 2018, accessed June 1, 2020, http://nwasianweekly.com/2018/09/blog-the-6-major-misconceptions-about-u-s-and-china-trade-and-what-we-should-actually-be-worried-about-instead/.

变在产业、战略与外交上过于在意美国的局面，将为中国的战略决心表达奠定坚实的"物质基础"。因而，建设更多的对美专有资产、为中美不平等的权力结构增加权力分量，是进一步增强中国对美战略决心信号表达能力的重要内容。中国加大在尖端军事技术、特定稀有产业资源、地缘政治布局、外交联盟策略等方面的战略投入，也是构建未来战略决心信号实质性的能力基础，有助于增强战略决心表达的真实性与威慑性。

五、结语

中国对美战略决心的信号展示是对美塑造自身决心、立场以及形象的过程。正如杰维斯所言，信号未必是真实的，其有效性取决于其可信性及对方的解读，兑现的信号以及重复出现的信号将成为真实的标志（index），这是对手认为真实反映了相关能力和意志的特征。[①] 所以，尤其要防止美方将中国的"互谅互让"等争取合作与协商解决问题的方式，当作中国自身缺乏决心、在重压之下妥协的标志，如此则不利于重塑战略博弈时代的新型国际关系模式。

回顾自 2018 年初以来中美经贸沟通与磋商的过程，中国的战略决心信号呈现具有阶段性特征。在本文重点考察的升级阶段，中国战略决心信号表达的内涵有两个维度，一方面是冲突代价可接受度的上升，另一方面是战略专有资产的信号展现与建设的强化。中国的战略决心表达基于较强的战略理性逻辑，在信号呈现方式上体现出模糊性特点。中国战略决心信号升级也有一贯的民族情感、国内政治的驱动力，彰

---

① 罗伯特·杰维斯：《信号与欺骗：国际关系中的形象逻辑》，第 19 页。

显了冲突与合作的辩证性，即战略决心信号与合作信号并存，即使在决心信号升级过程中，仍有丰富的合作信号表达，说明中国对于中美战略博弈的政策选择是防御与合作性的，而并非对抗性的。[①] 在中国战略决心信号升级后，美国对华政策偏好尤其是极限施压策略有一定的反复和退让，据此可以认为中国战略决心信号的升级产生了一定的积极效果。在涉及国家主权、民族尊严和核心利益等原则问题上确立中国自身战略能力与决心的可信性，有助于中美经贸磋商和战略博弈的良性互动。[②] 但必须注意的是，决定美方政策及偏好改变的结构性因素，仍是中美权力转移中的权力非对称性结构，以及美国对华战略共识与特朗普个人理念与政治需求的结合。

梳理中美战略博弈过程中中国战略决心信号升级的类型、特性以及成效，有助于从理论上理解中国对外关系行为与信号的理性主义逻辑，为优化中国的战略行为提供相应的政策启示，防止系统性的负面效应，比如兑现问题带来的形象维护、防止国内政治激进化以及加强建设展示更为有效的战略决心的能力基础。中国战略决心信号的表达既包括策略性和技术性环节即实力的有效运用，也包括实力的物质基础即决心能力要素的建设[③]——冲突代价接受度、可替代政策以及对美

---

① 从 2019 年 9 月起，《人民日报》"钟声"的评论以合作信号为主，开始塑造中美战略磋商的积极氛围。

② 理论上，面对面的战略磋商是确立战略能力、决心和底线的"低成本"方式，而战略决心与危机升级是一种"高成本"方式，具有相应的高风险，但在特定条件下其可信度更高。James Morrow, "Signaling, Commitment and Negotiation in International Politics," in David Lake and Robert Powell (eds.), *Strategic Choice and International Relations* (Princeton: Princeton University Press, 1999), pp. 77-114; Robert Powell, "War as a Commitment Problem," *International Organization* 60, no. 1 (2006) : 169-203.

③ 这也是国内朝野普遍的应对共识，即加强中国的国家能力建设、继续进行更大范围和深度的改革开放。参见习近平《齐心开创共建"一带一路"美好未来——在第二届"一带一路"国际合作高峰论坛开幕式上的主旨演讲》（2019 年 4 月 26 日），人民出版社，2019 年。

战略博弈专有资产的建设，这是未来对美战略决心取得战略成效的物质基础。

2020 年初，自中美签署第一阶段经贸谈判协议后，新冠疫情相继在世界各地暴发，中美战略博弈随之进入新的阶段。面对突如其来的全球非传统安全威胁，中美合作关系并没有得到发展，反而导致冲突关系进一步加剧。中美战略博弈进入了多议题联动和多平台爆发时期，如何管控战略博弈、传递中国战略决心面临新的挑战。经贸摩擦由于疫情影响，暂时并未成为中美战略博弈的核心议题，而关于疫情的舆论战，美国在南海、台湾和香港等事关中国主权的议题领域干预增多，预示着中美战略博弈正朝着更为负面的方向发展。5 月 20 日，美国政府正式出台《美国对中华人民共和国的战略方针》文件，成为指导对华全面战略博弈的政策文本。① 随着 2020 年美国大选临近，特朗普等美国政客出于选情需要，越发频繁发动针对中国的新冠病毒污名化、"甩锅"政治等破坏中美关系的行动。针对美国不愿基于共同利益而进行战略合作，反而在多议题多渠道加剧对华战略博弈，中国在外交方略和对外舆论上积极应对，一方面通过"强国锐评"等正式渠道，对美国政客的不善言行进行信号建构，将美国不负责任的污名、"甩锅"和干涉行径判定为中国最为厌恶的政治行为，传递出中国对美战略行为的敏感点；另一方面，在对美展开激烈舆论批判的同时，维持中美

---

① The White House, *United States Strategic Approach to the People's Republic of China*, May 20, 2020, accessed June 22, 2020, https://www.whitehouse.gov/wp-content/uploads/2020/05/U. S.-Strategic-Approach-to-The-Peoples-Republic-of-China-Report-5. 20. 20. pdf.

合作的信号仍是中美关系发展预期的主流话语。^①

由此观之，在新冠疫情时期，虽然美国对华战略博弈呈现多议题联动的负面态势，但中国的外交应对仍较为克制与谨慎。中美在未来第一阶段经贸协议执行及第二阶段协议谈判中可能面临更为激烈的冲突，因为协议执行层面可能牵涉主权问题。而在第二阶段协议谈判中，美国会更加关注所谓的中国"结构化改革"问题，加之美国在经贸摩擦暂缓后，在 2020 年总统大选前不断在南海、台湾和香港等事关中国领土主权的核心议题上升级战略干预，打破传统政策，我们可以预期，中美战略博弈或将进一步激化，触及中国核心敏感点。基于本文的分析，只有让美国充分认识到在涉及中国主权与底线问题方面的敏感性，美国才会真正尊重中国的原则和尊严，而这需要中国通过实施较高成本和代价的战略决心信号升级才能实现。中国必须在未来保持清晰、坚定的对美战略决心信号，唯其如此，才更有利于实现中美重塑"相互尊重"的共识，推动中美关系朝着健康与稳定的方向发展。

---

① 参见《守正不移，与时俱进，维护中美关系的正确方向——王毅国务委员在中美智库媒体论坛上的致辞》（2020 年 7 月 9 日），中华人民共和国外交部，2020 年 7 月 9 日，https://www.fmprc.gov.cn/web/gjhdq_676201/gj_676203/bmz_679954/1206_680528/1209_680538/t1796282.shtml，访问日期：2020 年 9 月 11 日。

成本调节与外交危机中的决心信号表达[*]

吴文成[**]

摘 要 在外交政策危机中如何向对手传递一种可信的决心信号一直是事关战争与和平的关键性命题。传统上，基于昂贵成本的决心信号理论较为准确地解释了领导人如何通过付出观众成本或沉没成本有效地对外传递自己的决心。不过，主流的决心信号理论隐含地推论，一国领导人承受的成本越高、脆弱性越大，其展现的决心信号越可信。然而过高的成本亦会危及领导人的执政地位，也可能大幅提升大国战争的概率，因此，有决心的领导人并不追求约束最大化，而是力求在发射决心信号时对成本加以灵活的控制，使总成本维持在适度的水平。进一步看，基于领导人为中心的分析视角，决心信号成本并不是从零开始累积的，特定危机形态会给领导人付出的决心成本施加一个初始成本。当危机初始成本较低时，领导人会选择更高成本的决心信号表达工具，提高自身的脆弱性，以突出己方决心表达的可信度。反之，当

---

　　* 原文发表于《国际政治科学》2023 年第 4 期。本文受国家社科基金项目 "中国新型国际制度设计与'一带一路'机制化建设研究"（项目编号：19BGJ079）资助。在论文的写作过程中，漆海霞、尹继武、蒲晓宇、徐进、曹德军、吴琳、张勇等师友提出了宝贵的意见，特此致谢。同时作者也特别感谢编辑部和杂志匿名评审专家的宝贵建议。

　　** 吴文成，现为外交学院《外交评论》编审，北京对外交流与外事管理研究基地研究员。

危机初始成本很高时，为了避免战争或丢失政权，领导人会选择成本相对较低的信号工具，在维持决心信号可信度的同时，减少自身脆弱性，以维护政权稳定、降低大国战争的风险。此外，在表达决心信号时，领导人对决心总成本的调节，不仅体现在对决心信号工具的选择上，而且表现于在信号传递政策实践中自身对决心信号成本缔造的精准管控，包括对话语威胁的精确运用以及对沉没成本信号工具的平衡使用等。

关键词　决心信号；领导人自主性；成本管控；"炸馆"事件；中美撞机事件

一、导论

在 21 世纪的大国战略竞争时代，一些主要大国在外交政策中利用各种信号工具展现自己维护国家利益、恪守外交和战略承诺决心现象日益突出。不管是守成大国还是崛起国，都越来越重视在危机中向对手传递己方可信的决心信号，如美国在乌克兰危机中对乌克兰的巨额军事援助，以及中国在佩洛西（Nancy Pelosi）"窜访"宝岛后的大规模军事演习等。很多研究者指出，决心已是国际安全领域乃至国际政治研究中最为关键和基础性的概念之一。[①] 对于一国在危机中如何向对手传递决心信号问题，传统观点认为，一国领导人在国内受到的制度性约束越刚性、承受的观众成本或付出的沉没成本越高，该国对外表达的决心信号越可信。据此逻辑，领导人似乎是成本的提线木偶，领

---

① Joshua D. Kertzer, Jonathan Renshon, and Keren Yarhi-Milo, "How Do Observers Assess Resolve," *British Journal of Political Science* 51, no. 1 (2019): 1; Joshua D. Kertzer, "Resolve, Time, and Risk," *International Organization* 71, no. S1 (2017): S130.

导人受到国内制度约束越大、遭受的国内惩罚越是自动实施、付出的成本越高,一国展现的决心越可信。[①] 不可否认,高昂的信号成本固然能更有效地传递己方的决心、更可能迫使对手妥协和让步,但是过高的决心信号成本也使领导人对内面临政权稳定性、对外遭遇战争爆发的巨大风险。事实上,在诸多外交政策危机中,有决心的领导人有充分的理由既制造一定的成本以展现自己的决心,又会灵活地选择不同的信号工具来调节信号成本,并在具体的政策实践过程中审慎管控成本的大小,使其不致过于高昂而危及自己的执政地位或诱发大国战争。

客观来看,在国际政治舞台上,领导人特别是大国领导人不是实力对比、机制类型等结构性压力的被动反应者,领导人的政治领导能力发挥着重要作用,可以说,政治领导是一个独立的国际政治自变量。例如,道义现实主义就强调政治领导是崛起国能否最终取代霸权国的关键性变量,而一国的政治领导力类型是由"领导人的性格、年龄、成长环境、世界观等诸多因素"而不是由"国家实力和国家性质"所决定的。[②] 同理,在外交政策危机中,对决心信号成本进行管控是大国领导人政治领导能力的重要表现之一。那么,当领导人有动机去管理决心信号成本时,一国如何在外交政策危机中可信地表达自己的决心

---

① 这一观点最初的思想源头是费伦的博士论文及其在 20 世纪 90 年代早期发表的多篇论文,参见 James D. Fearon, "Threats to Use Force: The Role of Costly Signals in International Crises," (PhD diss. , University of California, 1992); James D. Fearon, "Domestic Political Audiences and the Escalation of International Disputes," *The American Political Science Review* 88, no. 3 (1994)。早期的讨论还可参见 Kurt Taylor Gaubatz, "Democratic States and Commitment in International Relations," *International Organization* 50, no. 1 (1996)。

② 阎学通:《世界权力的转移:政治领导与战略竞争》,北京大学出版社,2015,第 25 页。道义现实主义理论后来认为,这样的领导人不是单一的,而是一组团结在最高领导人周围的领导集团,参见 Xuetong Yan, *Leadership and the Rise of Great Powers* (Princeton: Princeton University Press, 2020), p. 27。

信号？这就是本文的核心研究问题。更进一步地说，本文从决心信号理论的反向逻辑出发，力图解释有决心的领导人是如何选择信号工具、管控决心信号成本的。①

决心信号理论的一个基本假设是，由于身处不完全信息的认知黑幕中，陷于危机中的有决心的理性领导人可以（有意识地）通过自我施加"束手成本"或"沉没成本"，使自己与虚张声势的领导人相区别。因为高昂成本使虚张声势者因其代价太高而不敢模仿决心者，故而昂贵信号的成本机制起到了区分，进而对外传递领导人决心类型这一私有信息的作用。很明显，领导人的自我意识和自主性②是决心信号理论必不可少的隐含假定，即领导人必须清楚地意识到自己所处的国内政治体制类型能够惩罚自己的"言行不一"行为，而且同样意识到危机中的对手也能如此观察和了解自己在国内政治结构中的脆弱性地位。但实际上，领导人在自我施加信号成本时会有意识地保留一些灵活性、具备一定的调节能力。虽然领导人身处的政治制度呈现各自特定的限制，但"领导人会在这些制度内保持一定的能动性，并且能有意识地增加或减少他们所承受的这种（结构性）限制"。③或者说，即使面对国内政治制度的天然限制，领导人仍可"在这种能动性空间里战略性地调节这种限制"（adjust those constraints strategically within this

① 需要说明的是，由于涉及信号发送方与接收方的互动，限于篇幅和操作化难度等原因，一国信号表达的传递效果及其对外交政策危机解决的作用，不是本研究的考察对象，将另篇论述。在此，感谢阎学通教授在第二十五期清华大学国际关系论坛上的宝贵意见。

② 领导人在外交危机中表达决心信号的自主性理论上包括两个方面：其一为可以灵活选择特定的信号工具；其二为在观众成本或沉没成本产生后，采取"解绑"策略或利用新信息、秘密外交等手段，为自己先前的言行辩护或对冲以缓和国内惩罚。由于后者主要是危机演变的历时性分析，故不在本文研究范围内。

③ Susan D. Hyde and Elizabeth N. Saunders, "Recapturing Regime Type in International Relations: Leaders, Institutions, and Agency Space," *International Organization* 74, no. 2 (2020): 3.

agency space)。① 换言之，领导人可以一定程度上调节自己的脆弱性以适度减少"言行不一"带来的政治惩罚，比如，领导人可以选择不同级别的发出威胁者、在不同的场景下发出威胁，威胁的言辞激烈程度和威胁的频率，以及是否发起公投或国会辩论等来调控公众的关注度（manipulating public attention）。② 再如，领导人能利用新获取的信息为自己未能履行威胁诺言给出合理的解释，也可以调节观众成本的大小，降低甚至消除观众成本，③ 等等。所以说，当领导人"有意识地"给自己施加限制、忍受这些成本以对外传递决心信号时，他们肯定也能预测观众的偏好与反应，因而可以说领导人"能在短期内战略性地制造更高或更低的观众成本"。④

毫无疑问，在外交政策危机中，领导人有管控高昂决心信号成本的强烈动机。⑤ 在核时代，避免核毁灭是大国领导人间少有的一项共识，因此在外交政策危机中特别是涉及一组核大国时，规避大国之间

① Susan D. Hyde and Elizabeth N. Saunders, "Recapturing Regime Type in International Relations: Leaders, Institutions, and Agency Space," *International Organization* 74, no. 2 (2020): 13.

② Wu Xuanxuan, "Bargaining in Public Resolve and Publicity in International Crises," (PhD diss., The University of Texas at Austin, 2017), pp. ⅶⅱ, 36; Cathy Xuanxuan Wu, "Managing Public Attention, Signaling Domestic Resolve: Open Threats and Crisis Bargaining," 2018, p. 8, accessed June 20, 2023, http://dx. doi. org/10. 2139/ssrn. 3228127.

③ Matthew S. Levendusky and Michael C. Horowitz, "When Backing Down Is the Right Decision: Partisanship, New Information, and Audience Costs," *The Journal of Politics* 74, no. 2 (2012): 323-324.

④ Susan D. Hyde and Elizabeth N. Saunders, "Recapturing Regime Type in International Relations," p. 14; 关于领导人预判国内公众对自己政策反应的观点，也可见 Jonathan N. Brown and Anthony S. Marcum, "Avoiding Audience Costs: Domestic Political Accountability and Concessions in Crisis Diplomacy," *Security Studies* 20, no. 2 (2011): 146。

⑤ 本文假定总体看决策者是理性行为体，管控决心成本符合决策者基于有限理性的"满意原则"。领导人对"满意原则"的坚持表现在他们要控制自己的国内脆弱性，一来不让自己因处于过度脆弱地位而丢掉政权，二来不希望过高的决心承诺因对手误判而升级为大国间战争。感谢尹继武教授对决策者理性假定的提醒。

的战争、杜绝核交换是理性领导人的政策底线。过高的决心信号成本固然能够展现己方坚定决心，但是如果对手仍然误判或不妥协，将大幅增加战争的风险，而大国战争代价是异常高昂的。对此，费伦很早就承认："军事行动是出了名的昂贵和危险。"[①] 舒尔茨也认为，"当一国追求其利益时，发动战争是极其危险和昂贵的方法"。[②] 有统计发现，"65%的民主政体领导人和41%的非民主政体领导人，不管他们是否打赢了战争，都在战后2年内被迫离职"。[③] 另外，过高的决心信号成本也将很大程度上危及领导人的执政地位。组织领导人维持自己在组织内的政治地位几乎是组织理论的常识性假定。"在位领导人的一个关键性目标就是维持他们的政治领导地位，保护自己的职位不被政治反对派夺走。"[④] 太过高昂的决心信号成本导致领导人受到的约束和限制过于刚性和严苛，任何意外的"黑天鹅"事件都可能危及领导人的执政地位，因此理性的决策者会调控自我施加的信号成本的强度，而不是孤注一掷不留余地。此外，由于外交政策危机往往不是一次性决策，如果决心信号成本过高，会大幅减少领导人的决策灵活性、压缩决策空间，而领导人往往期望在危机发展过程中保持继续升级或降级的弹性管理危机选项。例如，施耐德（Jack Snyder）等人对二战后危机历史的统计显示，在危机中，"领导人几乎总是寻求保持显著的灵活性，

---

① James D. Fearon, "Signaling Foreign Policy Interests: Tying Hands versus Sinking Costs," *The Journal of Conflict Resolution* 41, no. 1 (1997): 68.

② Kenneth A. Schultz, *Democracy and Coercive Diplomacy* (New York: Cambridge University Press, 2001), p. 23.

③ Kenneth A. Schultz, *Democracy and Coercive Diplomacy*, p. 24.

④ Paul K. Huth and Todd L. Allee, "Domestic Political Accountability and the Escalation and Settlement of International Disputes," *The Journal of Conflict Resolution* 46, no. 6 (2002): 758. 这一假定还可参见 Jonathan N. Brown and Anthony S. Marcum, "Avoiding Audience Costs," p. 146.

而不是孤注一掷锁定于一项政策"。①

需要强调的是，除了外交危机期间领导人因"聚旗效应"（rally-around-the-flag effect）② 而支持率大涨、更具行动自由之外，领导人与公众之间存在巨大的信息差（information gap）、享有较大的信息优势，也使其有能力管控决心信号成本。③ 一方面，作为官僚阶层的最高职位，一国领导人往往是该国最高层的信息节点，汇集了己方和对手的各类最新信息，能够控制关于己方与对手行动与言语声明等信息在官僚组织内部的流动和发布节奏与范围，进而控制决心信号成本；另一方面，在外交危机中决策者面对的是"信息过载"而不是信息不足，而官僚系统内部很难就同一个信息具有何种信号意义达成共识，④ 因此尤其需要最高领导人拍板取舍，这无疑提升了最高领导人管控信息流

① Jack Snyder and Erica D. Borghard, "The Cost of Empty Threats: A Penny, Not a Pound," *American Political Science Review* 105, no. 3 (2011): 437.

② 参见 John R. Oneal and Anna Lillian Bryan, "The Rally Round the Flag Effect in U. S. Foreign Policy Crises, 1950–1985," *Political Behavior* 17, no. 4 (1995): 393–394; Cindy D. Kam and Jennifer M. Ramos, "Joining and Leaving the Rally: Understanding the Surge and Decline in Presidential Approval Following 9/11," *The Public Opinion Quarterly* 72, no. 4 (2008): 620; Marc J. Hetherington and Michael Nelson, "Anatomy of a Rally Effect: George W. Bush and the War on Terrorism," *PS: Political Science & Politics* 36, no. 1 (2017): 37。

③ Matthew A. Baum and Philip B. K. Potter, "The Relationships between Mass Media, Public Opinion, and Foreign Policy: Toward a Theoretical Synthesis," *Annual Review of Political Science* 11, no. 1 (2008): 42; Matthew S. Levendusky and Michael C. Horowitz, "When Backing Down Is the Right Decision". 有研究显示公众在对外政策领域与领导人享有的"不对称信息"（asymmetric information）差距尤其明显，参见 Joanne Gowa, *Ballots and Bullets: The Elusive Democratic Peace* (Princeton: Princeton University Press, 1999), pp. 25–26; Philip B. K. Potter and Matthew A. Baum, "Looking for Audience Costs in all the Wrong Places: Electoral Institutions, Media Access, and Democratic Constraint," *The Journal of Politics* 76, no. 1 (2014): 3; Philip B. K. Potter and Matthew A. Baum, "Democratic Peace, Domestic Audience Costs, and Political Communication," *Political Communication* 27, no. 4 (2010): 459–460。

④ Keren Yarhi-Milo, *Knowing the Adversary: Leaders, Intelligence, and Assessment of Intentions in International Relations* (Princeton: Princeton University Press, 2014), p. 1.

动的能力和空间。而危机反应时间的紧迫性和"小集团"决策模式，更强化了最高领导人在外交政策危机中对信息的掌控。所以，"不管其是通过何种方式获得权力的，在位的领导人都能控制信息的流动，以使选举惩罚变成空洞的威胁"。①

概言之，通过反转决心信号理论的旧有解释路径，本文试图将领导人的领导能力带回传统的信号传递研究议程。② 一方面，在高度肯定领导人能够主动调节决心信号成本的基础上，一定程度上反驳了基于"政体类型"决心论基础的所谓的"民主和平论"；另一方面，通过引入领导人对信号成本的反向控制逻辑，实际上拓展了费伦等人所开创的成本性信号理论空间，使传统的聚焦于国家能否展现决心还是虚张声势等理性主义争论，与地位信号的"印象管理"以及杰维斯（Robert Jervis）所关注的"形象投射"③ 这些社会性/反思性信号理论之间，连接纽带更清晰、融会前景更可期。或者说，引入领导人对决心信号成本的自我调节问题，或许可以突破昂贵信号与虚张声势之间非此即彼的两分法，有助于进一步融合费伦关于"信号如何可信"的研究以及杰维斯关于（国家领导人通过）"信号如何构建自我形象"的研究路径。

---

① Philip B. K. Potter and Matthew A. Baum, "Democratic Peace, Domestic Audience Costs, and Political Communication".

② 这一学术研究逻辑的理论定位，得益于笔者 2022 年底参加人民大学国际关系学院"凉风书会"政治心理学沙龙的学术讨论，对此表示感谢。另外，危机中领导人的领导能力主要体现于其如何灵活选择信号工具，并在实际政策运用中审慎调节信号成本的大小。

③ 参见蒲晓宇《霸权的印象管理：地位信号、地位困境与美国亚太再平衡战略》，《世界经济与政治》2014 年第 9 期；罗伯特·杰维斯：《信号与欺骗：国际关系中的形象逻辑》，徐进译，中央编译出版社，2017。

二、核心概念及其界定

外交政策危机中的决心信号表达与领导人对所付出成本的调节，涉及国际关系研究中较多的问题，在正式展开论述之前，需要厘清相关的关键概念，否则容易造成循环论证和思维混乱。

（一）外交政策危机与国际危机

众所周知，对于任何国家来说，外交政策危机较之一般性的国际危机对自身的安全、稳定以及发展环境都更为重要，也是对领导人非常关键的执政考验。从卷入行为体数量看，外交政策危机一般只涉及两个国家，而国际危机则至少包括两个以上国家。[①] 当然，两个主要大国之间爆发的外交政策危机因为其对国际安全和稳定的巨大影响，也可能迅速外溢为国际危机，如1962年美苏之间的古巴导弹危机。从影响程度和范围来看，外交政策危机通常情况下只对一国构成较大的国家安全挑战、对一国的国家利益造成更大危害，而对另一方则显得挑战较小、威胁较轻。而国际危机则对整个国际体系的结构和进程产生较大的扰动或冲击，具有全局性后果。"国际危机被认为是对现存国际体系或子系统结构的挑战。"[②] 很多学者认为，国际危机主要是指体系层次能"引起系统内的连锁反应，造成系统内出现了一种紧张的对抗

---

① 参见郭学堂《国际危机管理与决策模式分析》，《现代国际关系》2003年第8期，第29页；刘卿：《国际危机机理分析》，《国际安全研究》2002年第2期，第10页。

② 詹姆斯·多尔蒂、小罗伯特·普法尔茨格拉夫：《争论中的国际关系理论》（第5版），阎学通、陈寒溪等译，世界知识出版社，2003，第624页。

局面"① 的危机，而外交政策危机则属于单元层次上的危机，侧重于"从危机决策者个体的感知/认知等角度来界定危机"，其面临的是一种外交政策中的非常态化决策。② 虽然外交政策危机与国际危机存在较大区别，但是与国际危机一样，外交政策危机显然也具备一些危机内在的特征。例如，很多学者都提到国际危机具有双方偏好或利益互相冲突、双方应对威胁的行动很可能升级为战争、决策者反应时间异常紧迫等特征。③ 金竣远（Avery Goldstein）认为国家间外交危机需要具备三个条件，即损害双方国家利益、反应时间紧迫、有可能急速升级为战争。④ 贺凯在分析冷战后中国的危机行为时也认为，传统上对外交政策危机的界定包括对一项或多项基本价值构成威胁、应对该威胁的反应时间有限，以及形势升级为军事冲突的高度可能性。⑤ 特别需要指出的是，本文所指的外交政策危机通常是容易升级成战争的危机，而不是那些长期维持僵局或者快速走向降级的危机，后两者因持续时间过长或过短，皆属于较为广义的危机范畴。因此，基于既有的分析，本文所述的外交政策危机主要是指爆发于两个国家之间、对至少一国的国家安全利益构成重要威胁，因而需要决策者快速反应以规避危机升级为战争的危机。

---

① 赵绪生：《论后冷战时期的国际危机与危机管理》，《现代国际关系》2003 年第 3 期，第 23 页。

② 邱美荣：《国际危机辨析》，《世界经济与政治》2003 年第 11 期，第 43 页。

③ 参见理查德·内德·勒博《和平与战争之间：国际危机的性质》，赵景芳译，北京大学出版社，2018，第 11—15 页；Kenneth A. Schultz, *Democracy and Coercive Diplomacy*, p. 25; Alastair Iain Johnston, "The Evolution of Interstate Security Crisis Management Theory and Practice in China," *Naval War College Review* 69, no. 1 (2016): 31。

④ Avery Goldstein, "First Things First: The Pressing Danger of Crisis Instability in US-China Relations," *International Security* 37, no. 4 (2013): 51.

⑤ Kai He, *China's Crisis Behavior: Political Survival and Foreign Policy after the Cold War* (New York: Cambridge University Press, 2018), p. 4.

（二）外交政策危机中的决心

那么，既然在外交政策危机中展示决心既非常普遍又异常重要，那么，我们又该如何来定义和理解决心？由于决心普遍被认为是难以提前预知和不可直接测量的，[①] 因而需要转换分析视角来帮助理解，概括而言，目前主流的研究有两种定义路径。第一种是将决心理解为一种国家或领导人的声誉（a reputation for resolute），"良好的声誉反映出决心，坏的声誉则展现出虚弱"。[②] 将决心理解为一种领导声誉多从心理学的认知角度出发，认为决心或是一种行为体对对手持有的认知（perception）、判断（judgement），或是一种信念（belief），[③] 这种信念借助历史行动来展示自己有决心和意愿去实施威胁，而对手则依据过去行动形成的声誉来预估自己未来的行为。但是，决心如果作为一种声誉必须是基于属性的解释（dispositional explanation）而不是基于情境的解释（situational explanation），因为只有行为体的"性格归因"（dispositional attribution）才能联通过去与未来（时间一致性）、跨越不

---

① 参见 Paul K. Huth and Todd L. Allee, *The Democratic Peace and Territorial Conflict in the Twentieth Century* (New York: Cambridge University Press, 2003), pp. 59 – 60; Matthew Fuhrmann and Todd S. Sechser, "Signaling Alliance Commitments: Hand – Tying and Sunk Costs in Extended Nuclear Deterrence," *American Journal of Political Science* 58, no. 4 (2014): 919; J. D. Morrow, "Capabilities, Uncertainty and Resolve: A Limited Information Model of Crisis Bargaining," *American Journal of Political Science* 33, no. 4 (1989): 944。

② Deepa M. Ollapally, " China-India Face-Offs: How Does Reputation Matter in Crisis Management," *Journal of Contemporary China* 32, no. 141 (2023): 1.

③ Jonathan Mercer, *Reputation and International Politics* (New York: Cornell University Press, 1996), p. 17; Anne E. Sartori, *Deterrence by Diplomacy* (Princeton, N. J. : Princeton University Press, 2007), p. 45; Keren Yarhi-Milo, *Who Fights for Reputation: The Psychology of Leaders in International Conflict* (Princeton, N. J. : Princeton University Press, 2018), p. 5; Danielle L. Lupton, *Reputation for Resolve: How Leaders Signal Determination in International Politics* (New York: Cornell University Press, 2020), p. 2.

同场景的限制（空间一致性）而产生声誉。[1] 第二种关于决心的定义则依赖于"情境归因"（situational attribution），认为"决心来自环境，而不是行为体本身"。[2] 由于行为体不再被认为具备跨越时间和空间限制的"决心"特质，对决心的理解被转换为行为体如何表达决心信号（signaling resolve）。这种理解路径将行为体的决心视为同意图等相似的"私有信息"，而所谓"私有信息"是指"一方行为体拥有而另一方不能直接观察的信息"。[3] 决心作为"私有信息"被己方传递、对方接收就必然涉及信号传递问题。至于决心这种私有信息的内涵，不同的学者有迥异的定义。例如尹继武认为："战略决心是指国家对于相关政策目标的坚定而决不退让的姿态，尤其是在面对不利的外在环境、客观条件以及对手行为所施加压力时展现的意志力。"[4] 丹尼尔·兰普顿（Danielle L. Lupton）认为："决心事关一个行为体是否果断、坚决以及对自身追求目标的坚定不移。"[5] 乔舒亚·克茨（Joshua D. Kertzer）也直接援用《牛津英语词典》对"决心"的定义，认为决心是一种

① Jonathan Mercer, *Reputation and International Politics*, p. 6. 从个体属性角度理解决心，还包括 Anne E. Sartori, *Deterrence by Diplomacy*, p. 45; Keren Yarhi-Milo, *Who Fights for Reputation*, p. 25; Joe Clare and Vesna Danilovic, "Multiple Audiences and Reputation Building in International Conflicts," *Journal of Conflict Resolution* 54, no. 6 (2010): 862; Joshua D. Kertzer, "Resolve, Time, and Risk," *International Organization* 71, no.S1 (2017): S110, S116; 尹继武：《中国在中美经贸摩擦中的战略决心信号表达》，《外交评论》2020 年第 5 期，第 7 页；常晓燕：《施压信号、沟通渠道与国际危机管控失败》，《世界经济与政治》2022 年第 9 期，第 17 页；等等。

② Joshua D. Kertzer, "Resolve, Time, and Risk," *International Organization* 71, no.S1 (2017): S114.

③ Kenneth A. Schultz, *Democracy and Coercive Diplomacy*, p. 4. 关于决心是一种私有信息的看法，还包括尹继武：《私有信息、外交沟通与中美危机升级》，《世界经济与政治》2020 年第 8 期，第 72 页；Scott Wolford, "The Turnover Trap: New Leaders, Reputation, and International Conflict," *American Journal of Political Science* 51, no. 4 (2007): 774。

④ 尹继武：《中国在中美经贸摩擦中的战略决心信号表达》，第 7 页。

⑤ Danielle L. Lupton, *Reputation for Resolve*, p. 2.

"坚决（意志）或对目标的坚定不移"。① 严格来说，这种一般性定义虽然很有价值，但是适用面过宽，因此，很多学者将决心限定为行为体在危机和冲突中承受损失的狭窄范畴，认为决心是"一国为了获胜所能承受的最大程度的损失风险"。② 若一国与对手不能达成一项和平协议，决心便是"其愿意承受战争损失的意愿"，③ 或者说"决心是指一国将冲突进行下去以及愿意为此支付更多成本的意愿"。④ 这种解释实际上更符合国际关系学科聚焦战争与和平的学科属性，本文所指也是这种对决心概念的狭义理解。另外，若从广义更中立的角度理解决心，那么理论上看，外交信号既可以包括降低危机的安抚信号，也包括维持或升级危机的决心信号，⑤ 不可否认的是，外交决策者在现实危机中可能会混用这两种信号，但为了研究的简洁性，本文采纳了狭义的决心定义。

（三）外交政策危机中的决心与信号传递

客观来说，将决心视为一种领导声誉或将决心理解为一种信号表达，都有其内在的价值。不过按照墨瑟（Jonathan Mercer）的分析，决心声誉的存在依赖于三个非常苛刻的假定，即"每个人都认为我们的行为应该归因为某种人格特质"，"每个人看待我们行为的方式是接近

---

① Joshua D. Kertzer, *Resolve in International Politics* (Princeton: Princeton University Press, 2018), Chapter 1; Joshua D. Kertzer, "Resolve, Time, and Risk," *International Organization* 71, no.S1 (2017): S111.

② Robert Powell, "Nuclear Brinkmanship with Two-Sided Incomplete Information," *The American Political Science Review* 82, no. 1 (1988): 158.

③ Wu Xuanxuan, *Bargaining in Public Resolve and Publicity in International Crises*, pp. 9-10.

④ 杨原：《弱权即公理：决心对比、选择效应与不对称冲突的结果》，《世界经济与政治》2022 年第 5 期，第 57 页。

⑤ 感谢蒲晓宇教授指出了这个有价值的问题。

或一致性的","每个人都相信我们若在过去如何行事在未来也会以同样的方式行事"。[①]因此,决心声誉具备场景"可迁移性"(transferable)这一核心假设极难得到经验证据的充分证明,[②]且决心声誉起作用高度依赖于领导人相信一国过去行为与未来互动之间存在关联性。[③] 所以,正如上文所述,本文更倾向于将决心视为一种即时性信号表达的范畴,具体而言,本文所言的外交政策危机中的决心,是指国家在外交政策危机中展现出的为坚持自己的政策目标而愿意承受战争风险的意愿。在外交政策危机中,决心作为一种私有信息,各国事先都不可能知道对方的决心水平,且国家有虚张声势(bluff)的正当动机,[④]因此难以直接观察和客观测量,故而,不管是己方对决心的表达还是他者对决心的接收,都需要借助信号表达与传递来完成。

在国际关系研究中,主流关于信号的理解基本都是动态和即时性的,依赖于信号表达乃至传递的过程。那么,何为外交政策危机中的信

① Jonathan Mercer, *Reputation and International Politics*, pp. 7–8.

② Krista E. Wiegand, "Militarized Territorial Disputes: States' Attempts to Transfer Reputation for Resolve," *Journal of Peace Research* 48, no. 1 (2011): 104; Paul K. Huth, "Deterrence and International Conflict: Empirical Findings and Theoretical Debates," *Annual Review of Political Science* 2, no. 1 (1999): 42.

③ Keren Yarhi-Milo, *Who Fights for Reputation*, p. 6. 正如前文所述,过去行为与未来可信度之间的关联同样缺乏坚实证据。

④ J. D. Morrow, "Capabilities, Uncertainty and Resolve," *American Journal of Political Science* 33, no. 4 (1989): pp. 944, 964; James F. Diehl, "Art of the Bluff with Weapons of Mass Destruction," The Industrial College of the Armed Forces, National Defense University, 1997, p. 19, accessed March 20, 2023, https://www.hsdl.org; Kenneth A. Schultz, *Democracy and Coercive Diplomacy*, p. 5; Steve Chan and A. Cooper Drury (eds.), *Sanctions as Economic Statecraft: Theory and Practice* (London: Palgrave Macmillan UK, 2000), p. 215; Anne E. Sartori, *Deterrence by Diplomacy*, p. 5; Erik Gartzke and Quan Li, "War, Peace, and the Invisible Hand: Positive Political Externalities of Economic Globalization," *International Studies Quarterly* 47, no. 4 (2003): 567. 有学者特别指出处于核门槛的国家更"具有普遍的虚张声势行为",参见左希迎《核时代的虚张声势行为——以朝鲜在第四次核试验后的行为为例》,《外交评论》2017年第6期,第133页。

号表达？实际上，信号需要与"迹象呈现"（又译作"标志"，indices）相区分。"信号与常规信息的差异在于，后者更多是一种事实呈现，而前者带有很强的动机性。"① 按照杰维斯的定义，"信号是指声明或行动，其意义由行为体之间心照不宣或毫不隐晦的理解建立起来……发出信号主要是为了影响信号接收者对发出者的印象"。而"迹象呈现"则是非意图性的，"指携带某种内在证据的声明和行动"。② 因此信号与"迹象呈现"的主要区别一是动机性，二是可理解性。郭全铠（Kai Quek）则认为，信号是一条被发送方有意识地传送，而能被接收方观察到的信息。③ 据此，本文也认可"信号表达是指行为体通过有意的信息传达，试图让接收者领会、理解并接受特定的含义"这一基本定义。④

三、决心信号：既有研究及其不足

正如上文所述，学术界从信号传递角度切入决心的研究已经蔚为大观，但对决心信号可信度的讨论基本聚焦于昂贵信号⑤（costly signals），认为昂贵信号增大了军事冲突的风险和从原先立场后退的成本，从而真正揭示了一国愿意为之行动的真实承诺水平，以使其区别于缺乏决心国家的虚张声势行为，因为后者不敢跨过一定程度的威胁和军事行动门槛。概言之，虚张声势者不愿意付出某种成本而决心者

① 尹继武：《诚意信号表达与中国外交的战略匹配》，《外交评论》2015 年第 3 期，第 3 页。

② 罗伯特·杰维斯：《信号与欺骗》，第 13 页。

③ Kai Quek, "Discontinuities in Signaling Behavior upon the Decision for War: An Analysis of China's Prewar Signaling Behavior," *International Relations of the Asia-Pacific* 15, no. 2 (2015): 282. 而且郭全铠也是较早直接使用"决心信号"术语的学者。

④ 尹继武：《诚意信号表达与中国外交的战略匹配》，第 3 页。

⑤ 昂贵信号是国内学者们较为普遍认可的译名，参见漆海霞《崛起信号、战略信誉与遏制战争》，《国际政治科学》2020 年第 4 期，第 12 页。

却可以。现有研究关于决心信号的分歧不是领导人是否付出成本，而是通过何种方式和机制来付出成本。

具体而言，对于昂贵决心信号的研究，学界目前存在以下三类不同的观点。

（一）基于公开话语的事后观众成本约束

第一种是制度结构论，包括政权类型自动彰显决心说或附加条件的政体类型说。坚持政权类型自动彰显决心的学者们认为，一国领导人在外交政策危机中是否更具决心取决于其国内的政治体制类型。代议制政治制度特质如反对党的存在、执行的限制、选举制度、信息多元化和随之而来的信息披露度高、透明度高等因素，会自动使民主政体的领导人在国内更脆弱，更容易受到国内观众的制约和惩罚，从而确保民主政体的领导人较之非民主政体更能创造较大的国内观众成本，因而不会在外交政策危机中虚张声势，从而更能展现己方的决心。① 除

① James D. Fearon, "Domestic Political Audiences and the Escalation of International Disputes," *The American Political Science Review* 88, no. 3 (1994): 585–586, 587; Joe Eyerman and Robert A. Hart, Jr., "An Empirical Test of the Audience Cost Proposition," *The Journal of Conflict Resolution* 40, no. 4 (1996): 602–603, 613; Kenneth A. Schultz, "Domestic Opposition and Signaling in International Crises," *The American Political Science Review* 92, no. 4 (1998): 840; Alastair Smith, "International Crises and Domestic Politics," *The American Political Science Review* 92, no. 3 (1998): 633; Kenneth A. Schultz, "Do Democratic Institutions Constrain or Inform? Contrasting Two Institutional Perspectives on Democracy and War," *International Organization* 53, no. 2 (1999): 259; Christopher F. Gelpi and Michael Griesdorf, "Winners or Losers? Democracies in International Crisis, 1918–94," *The American Political Science Review* 95, no. 3 (2001): 645; Paul K. Huth and Todd L. Allee, "Domestic Political Accountability and the Escalation and Settlement of International Disputes," *The Journal of Conflict Resocution* 40, no. 6 (2002): 777–778; Edward D. Mansfield, Helen V. Milner, and B. Peter Rosendorff, "Why Democracies Cooperate More: Electoral Control and International Trade Agreements," *International Organization* 56, no. 3 (2003): 480; Patricia Lynne Sullivan and Scott Sigmund Gartner, "Disaggregating Peace: Domestic Politics and Dispute Outcomes," *International Interactions* 32, no. 1 (2006): 7–8; Joanne Gowa, "Politics at the Water's Edge: Parties, Voters, and the Use of Force Abroad," *International Organization* 52, no. 2 (1998): 460, 478.

此之外，部分学者也意识到民主政体的特质如竞争性、制度化、信息透明等并不能自动提升观众成本、彰显决心，而是需要在此基础上额外附加其他的条件。比如，一些学者认为，政体类型与观众成本之间并不能直接画等号，民主政体单纯存在国内反对派的事实本身，不足以保证其自动实施对领导人的惩罚，只有辅之以诸如稳定的国内政治竞争、独立的吹哨人、独立而有效的新闻媒体、选举周期、国内观众对冲突所涉及议题的重视、争端议题的国内受关注度、观众对外部和战争环境的评估等附加变量，民主政体才能制造更高和更可信的观众成本。[①]

第二种是政治进程论。同样是立足于观众成本的解释，这一派学者认为是否是民主政体这种国内政治结构并不那么重要，观众成本的生成很大程度上不是由政治制度决定的，而是由真实的国内政治进程

① Brandon C. Prins, "Institutional Instability and the Credibility of Audience Costs: Political Participation and Interstate Crisis Bargaining, 1816-1992," *Journal of Peace Research* 40, no. 1 (2003): 70; Branislav L. Slantchev, "Politicians, the Media, and Domestic Audience Costs," *International Studies Quarterly* 50, no. 2 (2006): 446; Philip B. K. Potter and Matthew A. Baum, "Democratic Peace, Domestic Audience Costs, and Political Communication," *Political Communication* 27, no. 4 (2010): 453-454; Joe Clare, "Domestic Audiences and Strategic Interests," *The Journal of Politics* 69, no. 3 (2007): 735; Philip B. K. Potter and Matthew A. Baum, "Looking for Audience Costs in all the Wrong Places," *The Journal of Politics* 76, no. 1 (2014): 2; Douglas M. Gibler, "Territorial Issues, Audience Costs, and the Democratic Peace: The Importance of Issue Salience," *The Journal of Politics* 75, no. 4 (2013): 882, 892; Alexandre Debs and Jessica Chen Weiss, "Circumstances, Domestic Audiences, and Reputational Incentives in International Crisis Bargaining," *The Journal of Conflict Resolution* 60, no. 3 (2016): 6-7.

塑造，领导人能够在政治结构限制之下享有灵活性。① 例如，加里·乌佐尼等人认为，不管是民主政体还是非民主政体，对国内高级政治领导职位的竞争性强弱决定了在位领导人的脆弱性，而个体竞争者挑战在位领导人失败后的退出成本以及反对在位领导人的政治动员成本，共同决定了领导人观众成本的大小。在位领导人的国内挑战者发起挑战风险越低、开展政治动员越容易，那么领导人的国内约束就越大，在危机中展示决心也越容易。② 马修·列文达斯基等人则认为，需要从动态视角去理解领导人遭受观众成本惩罚，如果领导人在未践行威胁承诺后利用新的信息为自己辩护，使自己放弃原来的威胁承诺看起来合理的话，其遭受观众惩罚则大幅减轻。③ 政治进程论承认国内政治制度的基础性角色，但弱化了政权类型的决定性作用，淡化了民主政体和非民主政体谁更能展现决心的分歧，更强调动态政治行动的意义。

---

① Jessica L. Weeks, "Autocratic Audience Costs: Regime Type and Signaling Resolve," *International Organization* 62, no. 1 (2008): 36 – 37; Jessica L. Weeks, "Strongmen and Straw Men: Authoritarian Regimes and the Initiation of International Conflict," *The American Political Science Review* 106, no. 2 (2012): 327–328, 330, 343; Jessica Chen Weiss, "Authoritarian Signaling, Mass Audiences, and Nationalist Protest in China," *International Organization* 67, no. 1 (2013): 8–9; Jessica Chen Weiss and Allan Dafoe, "Authoritarian Audiences, Rhetoric, and Propaganda in International Crises: Evidence from China," *International Studies Quarterly* 63, no. 4 (2019): 8 – 9; Susan D. Hyde and Elizabeth N. Saunders, "Recapturing Regime Type in International Relations," *International Organization* 74, no. 2 (2020): 3; 漆海霞、齐皓：《同盟信号、观众成本与中日、中菲海洋争端》，《世界经济与政治》2017 年第 8 期，第 122—123 页。

② Gary Uzonyi, Mark Souva and Sona N. Golder, "Domestic Institutions and Credible Signals," *International Studies Quarterly* 56, no. 4 (2012): 4–5.

③ Matthew S. Levendusky and Michael C. Horowitz, "When Backing Down Is the Right Decision," *The Journal of Pocitics* 74, no. 2 (2020): 334–335. 领导人事后的解释对观众成本的弱化作用还可参见 Graeme A. M. Davies and Robert Johns, "Audience Costs among the British Public: The Impact of Escalation, Crisis Type, and Prime Ministerial Rhetoric," *International Studies Quarterly* 57, no. 4 (2013): 732–733; Jack S. Levy et al., "Backing Out or Backing In? Commitment and Consistency in Audience Costs Theory," *American Journal of Political Science* 59, no. 4 (2015): 1000。

（二）基于行动的事前沉没成本约束

另外一批学者认为，基于公开或秘密行动所付出的沉没成本来传递己方决心的能力，较之基于公开话语威胁的观众成本同样有效，[①] 甚至在特定条件下，行动有时候比话语更能彰显决心。这些需要预先国家支付成本的行动包括经济制裁、军事或大众动员、秘密行动、部署军事力量、军事援助与军售等。[②] 例如，有学者认为，在外交信号传递过程中，因为信号噪声和信息过载，基于"束手"的公开声明所产生的观众成本较难产生决心，而基于沉没成本的"物质性行动"（material actions）反而更有效地传递己方的决心。[③] 相较于观众成本对于公开性和话语的强调，重视沉没成本的研究将不具公开性的秘密行动也视为领导人成本施加的手段，并且认为即使只存在非常有限的或者特定范围的观众，领导人也能展现自己的脆弱性，对外传递决心信号。

---

① Kai Quek, "Are Costly Signals More Credible? Evidence of Sender-Receiver Gaps," *The Journal of Politics* 78, no. 3（2016）: 926, 936.

② Steve Chan and A. Cooper Drury（eds.）, *Sanctions as Economic Statecraft*, pp. 188, 216; Jessica Chen Weiss and Allan Dafoe, "Authoritarian Audiences, Rhetoric, and Propaganda in International Crises"; Jessica Chen Weiss, *Powerful Patriots: Nationalist Protest in China's Foreign Relations*（Oxford: Oxford University Press, 2014）, p. 4; Ketian Zhang, "Cautious Bully: Reputation, Resolve, and Beijing's Use of Coercion in the South China Sea," *International Security* 44, no. 1（2019）: 120; Austin Carson and Keren Yarhi-Milo, "Covert Communication: The Intelligibility and Credibility of Signaling in Secret," *Security Studies* 26, no. 1（2017）: 124, 126; Kai Quek, "Are Costly Signals More Credible?"; Roseanne W. McManus and Keren Yarhi-Milo, "The Logic of 'Offstage' Signaling Domestic Politics, Regime Type, and Major Power-Protégé Relations," *International Organization* 71, no. 4（2017）, p. 14; 漆海霞：《威慑抑或纵容：美国对亚太盟国的军事信号与冲突》，《当代亚太》2018 年第 5 期，第 11—13 页。

③ Azusa Katagiri and Eric Min, "The Credibility of Public and Private Signals: A Document-Based Approach," *American Political Science Review* 113, no. 1（2018）: 6, 11.

(三) 基于领导人单元属性的解释

与基于观众成本和沉没成本的主流理性解释的直线性预测不同的是，还有一批学者主要从国家和次国家行为体的单元属性出发分析决心信号的内生变化问题。他们认为在信号传递的具体过程中，发送方和接收方在测量和认知决心信号"成本"时并不是通用的和固定的，受领导人认知偏见、性别、领导经验、既有的信念系统等领导人单元属性的影响，领导人对决心信号成本的共有理解会出现偏离。[①] 与基于认知心理学的决心声誉范式不同的是，这些学者的研究仍然停留于昂贵信号的范式之内，严格来看，这些研究是对成本性决心信号理论的补充。例如，有研究认为，外交政策危机中决心信号的可信度受领导人接受新信息的心理偏好的塑造，通常而言，由于领导人普遍存在"消极偏见"（negativity bias），更关注和接收对自己不利的信息，因此，敌对国家发送的决心信号不必像友好国家那样昂贵。[②] 凯尔·海因斯则认为，领导人"时间视界"（time horizons）的差异会影响信号接收者对发送者信号成本大小的认知。"时间视界"长的领导人更容易承担扭曲自己真实偏好的成本以获取长期收益，而"时间视界"短的领导人则更倾向于对外诚实地发送自己的决心信号。因此，对于具有长"时间视界"领导人而言，即使其发出了高昂成本信号，也可能被接收者

---

① Joshua D. Kertzer, Brian C. Rathbun, and Nina Srinivasan Rathbun, "The Price of Peace: Motivated Reasoning and Costly Signaling in International Relations," *International Organization* 74, no. 1 (2019): 2-3; Joshua A. Schwartz and Christopher W. Blair, "Do Women Make More Credible Threats? Gender Stereotypes, Audience Costs, and Crisis Bargaining," *International Organization* 74, no. 4 (2020): 19；尹继武：《私有信息、外交沟通与中美危机升级》，第77—81页。

② Seok Joon Kim, "Quick on the Draw: American Negativity Bias and Costly Signals in International Relations," *Journal of Conflict Resolution* 66, no. 2 (2022), p. 248.

认为是虚张声势以获取长远利益。[1] 而就领导人时间偏好对于决心信号可信度的这种调节作用，约书亚·克茨却有相反的看法，他认为，拥有越长"时间视界"，也就是更具耐心的领导人，对损失越不敏感，对外展示的决心也越大。[2]

综上所述，我们可以看到，从信号角度切入决心的研究基本上都是围绕成本性信号所具有的信号可信度展开，且主要聚焦于基于公开话语的观众成本解释，过多强调政体类型对领导人的约束作用。一言以蔽之，"领导人创造的观众成本越高，对外表达的决心也就越强"，[3] 或者说领导人应该"最大化自己的国内政治风险"（maximize domestic political risks）[4] 以获取谈判优势。诚然，基于昂贵信号路径的决心信号研究为在外交政策危机中区分决心者和虚张声势者提供了初步的路线图。立足于费伦所提出的"束手"成本和"沉没成本"这两种核心成本类型，既有研究揭示了领导人对外展示的决心大小与自身所付出的成本多少存在正相关关系，决心信号的可信度与领导人在国内遭受的脆弱性也呈正相关。

需要提及的是，在既有研究中也有个别论者注意到了领导人可利用一些策略和手段来抵消和调节部分观众成本。例如贾科莫·奇奥萨发现，在美国的选举周期来临时，即面临选举压力、自身岌岌可危时，领导人会倾向于选择基于话语的束手战略，而在选举日期较远、领导

---

① Kyle Haynes, "A Question of Costliness: Time Horizons and Interstate Signaling," *Journal of Conflict Resolution* 63, no. 8 (2019): 17-19.

② Joshua D. Kertzer, "Resolve, Time, and Risk".

③ Cathy Xuanxuan Wu, "Managing Public Attention, Signaling Domestic Resolve".

④ Matthew A. Baum, "Going Private: Public Opinion, Presidential Rhetoric, and the Domestic Politics of Audience Costs in U. S. Foreign Policy Crises," *Journal of Conflict Resolution* 48, no. 5 (2004): 604.

人职位较为安全时，则倾向于选择基于行动的信号机制。① 另外一份研究则揭示，民主政体的领导人会避免在领土争端引发的冲突中通过"自缚双手"而发射决心信号。因为在民主政体中，由于领土争端问题对于国内观众具有最高的关注优先度，若处理不当会危及领导人的执政地位，这就导致其领导人不太愿意在领土问题上借助观众成本表达自身的决心信号、发出强有力的威胁，而只会选择在不那么重要的非领土冲突中利用观众成本机制展现决心。② 此外，基于古巴导弹危机的外交史案例研究也提到，"当领导人面对可能会激发观众成本的可能时，他们都有动机进行谈判并通过秘密外交达成妥协协议"，或者说"一旦观众成本被触发，所有领导人都有动机在其各自的获胜联盟（winning coalition）的监控之外进行妥协"。③ 这些零散的思考虽然提及领导人在制造观众成本时不是盲目和随意的，但是相关研究要么缺乏系统性，要么是完全批判观众成本的基本假定从而动摇了成本信号研究纲领的根基，难以实现进步的"问题转换"。个别研究者即使意识到领导人有能力预估和反思观众成本，但其对领导人调节观众成本概念的理解止步于其是否选择制造成本，而不是如何选择以及选择后如何调节成本大小。

总之，既有研究第一个特别突出的不足是，多数研究漠视甚至低估外交政策危机中领导人的能动性和对昂贵信号的操控能力，低估了领导人确保自己执政地位稳固的强烈动机。首先，在多数国家，成为

① Giacomo Chiozza, "Presidents on the Cycle: Elections, Audience Costs, and Coercive Diplomacy," *Conflict Management and Peace Science* 34, no. 1 (2017): 7. 当然作者假定基于行动的沉没成本要高于基于话语的束手战略所施加的成本。

② Douglas M. Gibler, "Territorial Issues, Audience Costs, and the Democratic Peace".

③ Jonathan N. Brown and Anthony S. Marcum, "Avoiding Audience Costs".

一国最高领导人之前，他们需要在各自国内的政治旋涡中经历多年的磨砺才能跃升，对国内政治各环节涉及的利害关系非常了解，因而对观众成本等具体成本的发生机制和可能的惩罚后果较之政治学家更为清楚。即使在美国这样的总统制国家，像特朗普那般的政治素人虽然也能够当选总统，但其背后的党派智囊团也异常庞大，囊括了政治、经济、外交和军事等各领域的资深官僚，因此领导人仍会经常得到高质量的政治建议和相关信息。其次，作为一国内外信息流动和汇集的最高节点，领导人有充分的动机和能力去掌控危机时各种信息的公开和在官僚组织内部的信息流动速度和范围。因此，领导人既然能意识到要付出足够的成本、将自己置于一种脆弱的境地来向对手传递可信的决心信号，那么，其也有天然的动机和现实的能力去反向控制昂贵信号的产生机制和过程。最后，虽然理论上看，在外交政策危机中领导人自我施加的观众成本或沉没成本越高，对外传递的决心信号越强，对手就越可能退缩，但这种成本是有限度的。异常昂贵的成本也会动摇领导人的国内执政地位，危及自己和所在政党的政治统治，所以现实中任何政体类型的领导人都会管控决心信号的成本，不让自己处于过于脆弱的境地，极不可能破釜沉舟式地表达自己的决心。

现有研究的第二个不足是信号成本的两种主要成本缔造机制被互相割裂。学者们过于强调依赖公开话语的国内观众成本，即束手成本的作用，而忽视了基于行动的沉没成本的效用，且在绝大多数实证研究中，束手成本与沉没成本机制被互相分离。这种出于研究便利的区分，在领导人缺乏主动性和反思性的假设下有其合理性，一旦我们承认领导人具有反向控制信号成本的能力和意愿、具备信号工具选择的能动性，束手成本与沉没成本就具有不同的成本生成机制和有差异的成本大小，因此，领导人在外交政策危机中会倾向于混用这两种机制以控制决心信号的成本范围。

现有研究的第三个不足是忽略了危机爆发时的特定危机形态对领导人构成的初始危机成本。在外交政策危机中，领导人所承受的成本并不仅仅是其通过选择特定的"承诺机制"（commitment mechanisms）所施加的观众成本或沉没成本，危机发生本身就对领导人构成一定的危机成本（领导人不行动/处理不当所付出的政治成本）。即使是发出同样的威胁，面对核危机和贸易争端，其假设领导人遭受的观众成本是一样的，但是在这两种初始情境下，领导人遭受的总成本存在显著差异。也就是说，在引入领导人的自主性和反思性视角之后，领导人不但因为自己"言行不一"而遭受观众成本的惩罚，外交政策危机爆发后，领导人也会承受大大小小的初始危机成本。

因此，基于上述分析，本文力图将领导人的施动性引入决心信号理论研究，强调领导人在危机中具有反思性和领导能力，能够反向调节决心信号成本的生成与具体的缔造过程，灵活选择特定的信号表达机制，从而在外交政策危机的决心信号表达过程中，将自身遭受的总成本维持在一个适度的水平，既能有效地向对手传递自己的决心，又能维持自己的执政地位、规避战争。

四、领导人自主性、成本调节与
外交政策危机中的决心信号表达

当前，主流的研究都是以领导人在国内某种形式的脆弱性[①]来定义决心信号成本，这也是政体类型解释的隐含前提，即代议制政体领导

① 又称"国内脆弱性"（domestic vulnerability），参见 Keren Yarhi-Milo, "Tying Hands Behind Closed Doors: The Logic and Practice of Secret Reassurance," *Security Studies* 22, no. 3 (2013): 407。

人较之其他政体在国内受制度约束更大，也更脆弱，因而对外展现决心信号更有效。但是在引入领导人的自主性视角之后，领导人面临的脆弱性就不仅仅是单次发射信号时所付出的信号成本所造成的脆弱性（主要是言行不一引发国内观众的惩罚），还包括危机爆发后领导人不行动或行动不力导致的国内脆弱性。换言之，外交政策危机爆发后，领导人会意识到，自身所要发射的决心信号成本不是孤立的、从零开始累积的，而是基于既有危机事件序列基础之上。正如阎学通教授指出的，在分析双边关系的事件数据时不能都是从零开始赋值，需要重视"双边关系事件分析的历史基础"[①] 一样，在外交政策危机中，领导人的信号发射也需要顾及危机的初始状态，即危机爆发形成的历史基础会给决心信号叠加一个额外的初始成本。本文认为，决心信号的额外初始成本是由外交政策危机爆发后所呈现的特定危机形态所引发的。危机呈现形态所诱发的初始成本由两个因素构成：第一为危机与领导人的相关性，包括两类因素：其一是危机爆发是否容易被描述为一种意外状态，其二是危机爆发是否与领导人此前的言行预期相违背。第二为领导人必须行动的紧迫性，这包括两个变量：其一是外交政策危机容易失控，引发大国间走向直接军事冲突的可能性高低，其二是外交政策危机当前状态对信号发送方国家安全的威胁程度。当特定形态的外交政策危机爆发后，如果危机能够从逻辑上被描述为意外爆发，那么这种危机与领导人的相关度就较小，初始成本较低；反之，就需要领导人更加负责处理，若处理不善领导人被问责概率也更高，这时初始成本则处于高位。同样的，如果在危机爆发前，从领导人的言行中表达的基本态度与危机走向较为一致，此时领导人的初始成本也较

---

① 阎学通：《中外关系定量预测》，世界知识出版社，2009，第20页。

低，因为从逻辑上可以佐证领导人的判断力和战略眼光，国内政治上得分，反之初始成本则处于较高水平。此外，就领导人行动紧迫性而言，如果危机直接威胁国家安全，很容易升级成大国间的军事冲突，这时候领导人若不采取行动或处理不当，便会遭受持续的国内观众惩罚，观众会怀疑领导人的领导能力，因此危机便对领导人产生了较高的初始成本。反之初始成本则很低。在不同初始状态的危机中，即使领导人选择相同的信号工具如"自缚双手"或借助沉没成本来展现决心信号，其对领导人带来的脆弱性也是不同的。例如，美国领导人如果言行不一（发出威胁而未能践行），其在古巴导弹危机这样的核危机中所遭受的观众成本惩罚，肯定不同于1961年柏林危机的坦克对峙危机。这种成本更不同于冰岛与英国为争夺捕捞权而持续了二十多年的"鳕鱼战争"。

概言之，决心信号成本不是从零开始加总的，当特定初始形态的危机爆发时，便已给领导人的决心信号成本附加了一个初始成本。因此，当领导人在发射一次性决心信号时，其遭受的整体成本等于危机特定初始形态所引发的初始危机成本，再叠加其借助信号工具传递决心所施加的信号成本，具体见图1（斜线区域为领导人将会选择的两个成本区间）。信号工具成本即为领导人选择何种信号工具所产生的成本，领导人可以选择传统的基于公开话语的"观众成本"，也可以采取基于行动的"沉没成本"。一般而言，领导人会综合使用这两种信号工具及其变体以发射信号。概言之，本文所指的信号工具成本主要是指信号制造成本，而忽略沟通意义上的发送与接收这样一个单纯的信号传递过程中发生的成本。

据此，在引入领导人为中心的分析视角后，当初始成本过高/过低时，为了避免战争、丢失政权或者确保决心信号可信度，领导人会主动调节在外交政策危机中所发射的决心信号成本，灵活选择不同的信号工具，并在信号表达进程中加以管控。换句话说，领导人"对信号机制的选择依赖于（领导人）对它们有效性的预先评估"。[1]当然，领导人对信号成本的调节不完全局限于对信号工具成本的选择上，在特定情况下，领导人也可以通过逆向"解绑"前期附加的自我限制，以阻止或减少国内观众成本的惩罚，例如，领导人可以采取限制言辞的公开性程度、利用新的信息为自己未履行威胁承诺辩护、借用话语策略辩解、秘密进行妥协、承认战争的经济损失、诉诸自身是爱好和平的自传体叙述等手段。[2]另外，研究政治沟通的学者也肯定了领导人能通过操纵公众注意力和信息获取等手段，"去决定何时以及通过何种形式与公众沟通"[3]从而规避观众成本，这些措施主要包括决定是否、何时以及在何种范围内、以何种方式将眼下的外交议题公之于众。[4]不可否认的是，领导人的这些"解绑"双手策略在一定条件下是有效的，

① Giacomo Chiozza, "Presidents on the Cycle".

② Wu Xuanxuan, *Bargaining in Public Resolve and Publicity in International Crises*, pp. 6, 22, 26; Matthew S. Levendusky and Michael C. Horowitz, "When Backing Down Is the Right Decision"; Robert F. Trager and Lynn Vavreck, "The Political Costs of Crisis Bargaining: Presidential Rhetoric and the Role of Party," *American Journal of Political Science* 55, no. 3 (2011): 527; Alexander B. Downes and Todd S. Sechser, "The Illusion of Democratic Credibility," *International Organization* 66, no. 3 (2012): 485; Kai Quek and Alastair Iain Johnston, "Can China Back Down? Crisis De-escalation in the Shadow of Popular Opposition," *International Security* 42, no. 3 (2017/18): 10. 上述策略都是领导人自己的解绑手段，对手对一国领导人采取"束手"战略的反向解绑策略，可参见 Kai Quek, "Untying Hands: De-escalation, Reputation, and Dynamic Audience Costs," *British Journal of Political Science* 52, no. 4 (2021): 1964。

③ Philip B. K. Potter and Matthew A. Baum, "Democratic Peace, Domestic Audience Costs, and Political Communication".

④ 参见 Brandice Canes-Wrone, *Who Leads Whom? Presidents, Policy, and the Public* (Chicago: University of Chicago Press, 2005); David Domke, et al., "Going Public as Political Strategy: The Bush Administration, an Echoing Press, and Passage of the Patriot Act," *Political Communication* 23, no. 3 (2006); Matthew A. Baum, "Going Private"。

但是却主要针对观众成本这种特定的成本，难以撤销已经付出的沉没成本。因此，本文在此暂时不予重点讨论，但在案例分析时会有所涉及。

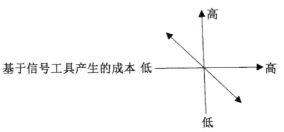

图1　外交政策危机中领导人发射决心信号所遭受的总成本

资料来源：笔者自制。

那么，在外交政策危机中，领导人既要有效传递决心信号，而与此同时又要避免成本过高、自身脆弱性过强或成本过低，面临这种情形，领导人又该选择何种信号工具向对手展现自己的决心？回答这一问题需要了解决心信号传递的逻辑，分析一下有决心的领导人在何种条件下向外展现自己的决心，具体见表1。

表1　外交政策危机中有决心领导人何时会选择对外表达决心信号

危机初始成本	信号工具成本	总成本	领导人是否选择表达决心
高	高	总成本过高、脆弱性太强	领导人放弃
高	低	总成本适中、脆弱性中等	领导人选择
低	高	总成本适中、脆弱性中等	领导人选择
低	低	总成本过低、脆弱性很低	领导人放弃

资料来源：笔者自制。

根据表1，我们认为存在以下四种态势：

第一种情况是，在外交政策危机爆发后，当初始成本很高时，如果这时候领导人选择高昂的决心信号表达工具，那么会导致领导人承受的总成本过于昂贵，使领导人的地位变得极其脆弱和不稳定。因此，在这种情况下，即使能非常有效地对外表达领导人的决心信号，领导人通常也会避免加以选择。当然，这并不是说在如古巴导弹危机或历次台海危机等高烈度的危机中，领导人会一律规避采用军演、海上封锁、军事演习等异常高昂的决心信号工具。在少数背景下，虽然危机的初始成本很高，但是领导人仍然冒着爆发战争、丢掉政权的风险，选择采用非常高昂的信号工具来展现决心。一般而言，这可能涉及两种情况：第一类是危机因重大领土争端、民族生存等议题而爆发，一国为了维护最为核心的国家利益不惜大幅升级危机，领导人也不惧破釜沉舟，给自己施加极大的脆弱性以展现决心、迫使对手退让。如苏联将核武器运进美国地缘腹地古巴，使肯尼迪总统非常担心美国的核心国家利益遭到威胁，因此不惜冒着核战争的风险，采用海上军事封锁古巴这一强硬措施以展现自己的决心。第二类是领导人在危机中的战略意图发生重大变化，倾向于将战争作为可能的政策工具，导致表达决心信号威慑对手以规避战争的意义急剧下降。从本意来看，决心信号表达本质上仍是假定领导人若诚实地向对手展示自己的决心水平，能迫使对手知难而退、避免战争。但当领导人不再避战时，其首要的战略目的就不是诚实传递信号，而是进行战略欺骗，隐藏自己的真实意图。[①]

第二种情况是，在外交政策危机爆发后，当初始成本很高时，如果领导人选择较低成本的信号工具，那么此时领导人承受的总成本处于适度高位、自身的脆弱性适中，且危机升级为战争的风险较低，领

[①] 例如，郭全铠也提到，当领导人决定示弱以隐藏实力来误导对手、为自己战术突袭（tactical-surprise）争取时间时，则会示弱（signal low resolve）。参见 Kai Quek, "Discontinuities in Signaling Behavior upon the Decision for War"。

导人执政地位也不会遭到严重威胁。而且由于领导人在国内的脆弱性仍然较高，其发出的决心信号仍然是高度可信的，故而，在这种情况下，领导人会选择激活这种信号表达机制。第三种情况与第二种较为接近。在外交政策危机爆发后，即使初始成本很低，但如果领导人选择高成本的信号工具，那么领导人承受的总成本仍然呈现较高的水平、自身的脆弱性也是适度水准，此时，领导人也会加以选择。

第四种情况则是，在外交政策危机爆发后，若初始危机成本很低，倘若这时候领导人选择了较低成本的信号工具，虽然危机升级成战争的风险被排除了，领导人的执政地位也不受动摇，但是问题在于，在这种背景下，领导人承受过低的总成本和非常低的脆弱性，使其发出的决心信号容易被对手理解为言语上的空洞威胁（cheap talk），缺乏可信度。因而此时领导人也意识到自己的决心信号不被对手相信，所以他们倾向于不选择这种信号表达模式。

如前所述，本文将以外交政策危机与领导人的相关度以及危机促使领导人行动的紧迫性这两个指标来界定危机的初始成本。而信号工具成本的界定则主要遵从学界惯例，主要包括对领导人"事后约束"的"观众成本"以及对领导人"事前约束"的"沉没成本"。①

基于此，本文提出了两个核心的研究假设：

假设1，当外交政策危机爆发时，若危机对领导人构成的初始成本较低，那么，该国领导人就倾向于选择较高成本的信号工具表达决心。

假设2，当外交政策危机爆发时，若危机对领导人构成的初始成本较高，那么，该国领导人就倾向于选择较低成本的信号工具表达决心。

---

① 关于以"观众成本"为代表的"事后约束"以及以"沉没成本"为代表的"事前约束"的分类及其概括，可参见曹德军《国际政治的信号理论脉络评析》，《国际政治科学》2022年第3期，第147—153页。

至于如何测量不同信号工具的成本大小，既有研究关注的不多。例如，部分信号理论研究者认为，事前已经付出的、基于行动的"沉没成本"，其塑造精英认知的有效性要高于领导人事后爽约才兑现的、基于话语威胁的"观众成本"。① 这一假定隐含着物质性行动的"沉没成本"可能在特定条件下高于"观众成本"。尹继武教授曾提出以"专有资产的信号展示"来测量决心成本大小，"如果展示较多，则表明决心较强，展示较少则决心较弱"。② 这意味着一国展示专用资产越多，其决心信号成本越高。结合既有研究成果，本文提出可以用"领导人付出成本的不可逆程度""专用资产采用度"来初步测量一国领导人付出的信号工具成本。例如，早在 20 世纪 80 年代，新制度经济学代表人物威廉姆森（Oliver Williamson）就提到，所有的可信承诺或威胁本质上都涉及"不可逆的、专有的（成本）投资"。③ 对于领导人而言，如果在特定政体的制度背景下，某种信号工具的"不可逆转"程度越高，信号成本较大，反之则较小。一般而言，一国领导人投入的专用资产越多、越特殊，这种信号成本也越高。

为了验证假设，本文将采用比较案例研究方法来论证提出的核心假设，主要选择 1999 年发生的美国轰炸中国驻前南联盟首都贝尔格莱德大使馆事件（以下简称"炸馆"事件）和 2001 年中美撞机事件进行正反案例对比。在"炸馆"事件中，由于危机初始成本较低，所以领导人选择了较高的信号工具进行成本调节；而在中美撞机事件中，鉴于初始成本较高，领导人则选择了较低的信号工具调节成本。

---

① Azusa Katagiri and Eric Min, "The Credibility of Public and Private Signals".

② 尹继武：《中国在中美经贸摩擦中的战略决心信号表达》，第 9 页。也感谢尹教授此处提出宝贵建议。

③ Oliver E. Williamson, "Credible Commitments: Using Hostages to Support Exchange," *The American Economic Review* 73, no. 4（1983）: 519.

之所以选择这两个案例主要有以下几点原因：其一，可以有效控制危机类型变量。这两个案例都是21世纪前后涉及中国的重要的外交危机，且危机当事方主要为中国和美国这两个体系中的核大国，而且经过危机管理，这两个外交危机都没有升级为普遍性的国际危机。其二，便于控制时间与实力差距变量。虽然中国实力在冷战结束后快速与美国接近，但这两次危机爆发时间相距较短，分别在1999年、2001年，中美整体实力对比格局不变。此外，在这一时期，中美关系大格局不变，美国总体上奉行"接触加遏制"战略，对华政策基调基本维持稳定。其三，能够有效控制决心信号发送方与接收方类型变量。1999年"炸馆"事件虽然是北约在轰炸南联盟的"联军行动"中发生的，但是中国大使馆是被美国军用飞机蓄意炸毁的，主要当事方还是美国，后期中国的追责也主要集中于美方。而2001年中美撞机事件更不涉及美国众多的盟国和其他第三方，危机的爆发及其交涉过程也只涉及中美双方。因此，这两个案例的决心信号发送方都是中国，而接收方基本都是美国，因而可以有效控制决心信号表达的对象国类型。其四，较好地控制了领导人类型这一关键变量。虽然1999年是美国克林顿总统在位、2001年是小布什当政，但是作为决心信号接收方，这一变化虽然对于中国领导人表达决心信号的有效性产生一定的影响，但是考虑到本文的研究设计是侧重于考察决心信号发射方领导人对于信号成本的管控，因此这种影响可以忽略。最关键的是，在两次危机中，中国最高领导人都保持了稳定，这就很好地控制了领导人个性、经验、情绪等其他干扰变量的影响。

五、1999 年 "炸馆" 事件与中国的决心信号表达

1999 年发生的 "炸馆" 事件是冷战结束后中美关系发展史上一次严重的危机, 也是中国在 20 世纪末面对的最严峻的外交危机之一。当时, 美国主导下的北约不但侵犯南联盟的主权和领土完整, 对其进行了长达 78 天的野蛮滥炸, 还悍然轰炸了中国驻贝尔格莱德大使馆, 造成新华社记者邵云环和《光明日报》记者许杏虎、朱颖 3 名记者遇难, 二十多名外交人员受伤, 并导致馆设的严重毁坏。[①] "炸馆" 事件发生后, 中国要求美方道歉、调查、惩凶和赔偿, 而美国坚持 "误炸" 和地图错误之说妄图蒙混过关, 为此, 双方爆发了较为激烈的外交对峙和冲突, 两国的主流媒体报道叙事也呈现明显的对立和针锋相对。[②]

在分析中国领导人如何管控成本、发射决心信号这一问题前, 需要搞清楚的问题是, 我们能否发现历史证据表明在处理 "炸馆" 问题时, 领导人有没有必要去展现决心, 以及一些历史事实即使不能完全证明, 至少也能部分佐证领导人采取了实际的言行来表达决心?

(一) 领导人是否选择以及如何对美展现决心

毫无疑问, 美国悍然轰炸我驻贝尔格莱德大使馆, 造成人员和财产损失是对我主权的粗暴侵犯, 违反了《维也纳外交关系公约》和基本的国际法准则, 必然会触发中国人民的强烈愤慨, 立刻在中美之间

---

① 潘占林:《战火中的外交官: 亲历北约炸馆和南联盟战火》, 当代中国出版社, 2006, 第 71—90 页。

② Paul Parsons and Xu Xiaoge, "News Framing of the Chinese Embassy Bombing by the People's Daily and the New York Times," *Asian Journal of Communication* 11, no. 1 (2001): 63.

引发一场外交危机，也是"冷战结束后中美关系所经历的第一次危机"。① 时任中国驻美大使、后来的外交部长李肇星也表示："直觉告诉我，中美关系将会因前所未有的突发事件陷入危机。"② 学者们普遍认为"炸馆"事件发生后中国领导人面临采取强硬立场的巨大压力。③ 正如江泽民主席在5月9日中央政治局常委会上所说的，"我们必须坚持严肃的政治斗争"，"一句话，我们绝不做软骨头"，"我们要立场坚定"。④ 事实上，在探究历史史实基础上，我们可以发现，中国在"炸馆"事件中主要是通过大众动员、暂停沟通和中断合作来表达决心的。

第一，顺应汹涌的民意，批准了高校学生前往美国驻华使领馆进行和平抗议。5月8日下午四时，经"北京市公安局批准"，首都十余所大学学生高举标语和旗帜前往美国驻华使馆门前游行示威，并宣读抗议书。当天傍晚，"复旦、交大等十余所高等院校数千名学生，到美国驻上海总领事馆门前举行抗议活动"。与此同时，8日下午，"广州近十万名高校学生经当地公安机关批准"，也前往美国驻广州总领事馆门前示威抗议。同样，"经过当地公安机关批准"，当日晚，"四川大学和各界群众数万人到美国驻成都总领事馆门前愤怒声讨北约的野蛮行径"。⑤ 根据吴白乙2003年的口述史访谈，中国领导人对于高校学生在1999年3月初就出现的要求"到美国使馆游行、递交抗议信的动向"

---

① 吴建民：《外交案例Ⅱ》，中国人民大学出版社，2014，第345页。

② 李肇星：《说不尽的外交》，中信出版社，2014，第35—36页。

③ 关于中国领导人必须展现强硬立场的详细背景分析，可见 Paul H. B. Godwin, "Decisionmaking Under Stress: The Unintentional Bombing of China's Belgrade Embassy and the EP-3 Collision," in Andrew Scobell And Larry M. Wortzel (eds.), *Chinese National Security: Decisionmaking Under Stress* (Carlisle: U. S. Army War College, 2005), pp. 162-165, 170。

④ 江泽民：《江泽民文选》第二卷普及本，人民出版社，2006，第325—327页。

⑤ 以上参见《京沪穗蓉高校学生举行示威游行，最强烈抗议北约轰炸我使馆暴行》，《人民日报》1999年5月9日，第1版。

是持一种谨慎的态度，并采取了"尽量劝说学生，但不强行阻拦"的方针，"其工作重心就是在稳定的同时避免与学生对立"。① 因此，中央领导人当时是深知此中蕴藏的风险的，也是承受较高国内政治成本的。而白洁曦（Jessica Chen Weiss）教授则据此认为，批准学生和平示威是"展现中国决心的成本性信号，并且构建了可信的强硬承诺"。②

第二，推迟信息沟通。根据唐外长的回忆，早在 5 月 10 日召见美国驻华大使尚慕杰时，尚就表示克林顿总统希望与江泽民主席直接通电话，"亲自向江主席道歉，并表达真诚的哀悼"。但"由于美方迟迟不肯对我国使馆被炸事件做出道歉，我们对克林顿总统希望通话的要求，没有做出任何回应"。③ 克林顿在回忆录中也表示，当他得知中国大使馆被炸消息后，"他立即打电话给江泽民主席以表示道歉，但是他没有接电话"。④ 直到 14 日，江泽民才接通了克林顿的电话。除了首脑级别的沟通受阻外，在外长层次，中国也拒绝与美方进行立即的电话交流。根据美国国务卿奥尔布赖特（Madeleine Albright）的回忆，在 5 月 8 日，她试图给中国外长打电话，但是中方表示唐外长不在，通话未果。⑤ 此外，美方原本想 5 月到 6 月初就尽快访华，但直到 6 月 17 日，中方才同意美国总统特使、副国务卿皮克林 （Thomas Pickering）前往北京通报美方的调查结果。⑥ 而江泽民主席则在皮到达北京时离开

---

① 以上参见吴白乙《中国对"炸馆"事件的危机管理》，《世界经济与政治》2005 年第 3 期，第 26 页。

② Jessica Chen Weiss, "Authoritarian Signaling, Mass Audiences, and Nationalist Protest in China".

③ 唐家璇：《劲雨煦风：唐家璇外交回忆录》，世界知识出版社，2009，第 178，186—187 页。

④ Bill Clinton, *My Life* (New York: Alfred A. Knopf, 2004), p. 693.

⑤ Madeleine Albright, *Madam Secretary: A Memoir-Harper Perennial* (New York: Harper Perennial, 2013), Chapter twenty-five, "the alliance prevails".

⑥ Taryn Shepperd, *Sino-US Relations and the Role of Emotion in State Action: Understanding Post-Cold War Crisis Interactions* (New York: Palgrave Macmillan, 2015), p. 90.

北京，以避开与皮的会面。① 拒绝沟通是一种典型的谢林（Thomas C. Schelling）所说的"放弃控制"（leaves something to chance）战略，② 通过允许危机走向可能的失控向对手施压，与此同时展现自己的坚强决心。很明显，中方拒接电话、切断沟通渠道的举措，的确让美方感受到了危机可能严重意外升级的压力，从而感受到了中国领导人坚持自己立场的坚强决心。

第三，暂时中断中美之间在各领域的合作。为了更坚定地表明中方决心，5月10日，中国决定"从双边层面对美国采取进一步措施：推迟中美两军高层交往；推迟中美防扩散、军控和国际安全问题磋商；中止中美在人权领域的对话"。③ 为此，中央军委在中央精神指示下，"立即就推迟近期中美军事交往活动做了具体安排。第一，推迟5月份所有交往活动；第二，6月份的交往活动暂缓审批，暂不与美方讨论，以后视情况再议"。④ 美方的材料则显示，中方还中止了让美国军舰停靠香港的长期惯例，随后又禁止美国军用飞机降落香港。⑤

而根据吴白乙的调研，在此后的危机期间，中国政府"对正部级以上领导干部出访美国和有关北约国家则予以控制"。⑥ 而且，自1999年朱镕基访美后中美关于中国加入世界贸易组织的谈判已经接近尾声，在眼看就要签署入世协议之时，面临"炸馆"事件，中方也果断停止了双方在这一事关中国核心利益问题上的高层谈判。据时任对外贸易

---

① Paul H. B. Godwin, "Decisionmaking Under Stress".

② Thomas C. Schelling, *The Strategy of Conflict* (London: Harvard University Press, 1980), pp. 187–188.

③ 唐家璇：《劲雨煦风》，第178页。

④ 《张万年传》写作组：《张万年传》下，中国人民解放军出版社，2011，第416—417页。

⑤ Kerry Dumbaugh, *Chinese Embassy Bombing in Belgrade: Compensation Issues*, CRS Report for Congress (Washington, DC: Congressional Research Service, April 12, 2000), p. 3.

⑥ 吴白乙：《中国对"炸馆"事件的危机管理》，第25页，注释5。

经济合作部部长石广生回忆，当克林顿给江泽民主席打电话建议重启中国"复关"的双边谈判时，"江主席说，在当前中美关系的气氛下，在"炸馆"事件没有妥善解决之前，中美再谈世贸组织双边协议是不合时宜的。每次通话，谈到这个问题的时候，江主席都如是回答"。①由此可见，恢复入世谈判对于中国是极其重要的，在中方如此看重的议题领域中止高级别谈判、冒着中断近20年"复关"进程的巨大风险，无疑展现了极大的决心，也付出了高昂的成本。

显而易见，中方愿意承受诸种高昂的成本无疑向美方发送了清晰的决心信号，迫使美方认真对待中方提出的要求。中方采取的信号工具在中国的制度背景下不可逆性都较高，且资产专用性较强。例如，断绝中美之间高层次交往的举措，是一种沉没成本机制，单方面中止各领域特别是中国急切希望促成的复关谈判进程，无疑会冲击"摩擦不断，但关系在发展"②的中美关系前景。特别是中止中国长期努力的对美复关谈判，资产专用性非常突出，因为中国为复关努力了几十年，复关谈判是中国重要的专属问题。再如，批准广大民众和平抗议不但资产专用性强，而且这种成本不可逆性更强，包含着更大的脆弱性。

（二）领导人如何调控决心信号表达

在"炸馆"事件发生后，中国高级领导人无疑对事件的性质、事件对中国安全和发展利益的威胁做了深思熟虑的考量，并掌控了中国的危机应对政策全局。根据吴白乙的访谈记录，危机期间，"高层领导集体参与了决策的全过程"，且"决策在事发之初通过频繁的高层讨论

---

① 石广生口述，汪文庆、刘一丁整理：《中国"复关"和加入世贸组织谈判回顾》，《百年潮》2009年第7期，第17页。

② 吴建民：《外交案例》，中国人民大学出版社，2010，第347页。

来实现",而且是"在实行民主集中制的前提下,以最高领导人为核心形成最后意见"。① 5月8日上午,在得知消息后"中央高层领导人召开了紧急会议"。9号下午中国高层领导人再次开会,部署了让时任国家副主席胡锦涛同志发表电视讲话、批准学生和平抗议、不回应美国总统的通话要求、暂停中美在各议题领域的双边合作等各项对策。② 根据时任中央军委副主席张万年的传记记录,8日晚,江泽民主席曾经给中央政治局、中央书记处和中央军委诸位同志发过一封重要信件,就如何应对事件做好安排。③ 事实上,在5月8日、9日、11日,江泽民主席就连续召开了三次中央政治局会议,初步确立了如何应对"炸馆"事件的基本政策基调。④ "其中有两次是政治局常委扩大会议,与会人员除当时在国内的所有政治局常委外,还包括相关政府部门、党的机关的代表和一些退休高级官员。"⑤

1. 危机初始成本:"炸馆"事件与领导人的相关度、危机迫使
   领导人行动的紧迫度

据前文的定义,领导人在危机爆发时所遭受的初始成本具体体现为领导人与危机的相关性和领导人必须行动的紧迫性。首先,从危机与领导人的相关度来看,虽然在中国看来"炸馆"事件是美国蓄意为之,但很多舆论可能容易被"误炸论"所魅惑,毕竟中国不是科索沃战争的当事方,而且,在缺乏解密档案的背景下,一时也找不到美方有意轰炸的直接证据,因此,从逻辑上看,"炸馆"事件更容易被描述

---

① 吴白乙:《中国对"炸馆"事件的危机管理》,第24页。
② 同上书,第23、24页。
③ 《张万年传》写作组:《张万年传》下,第418页。
④ 江泽民:《江泽民文选》第二卷普及本,第321—327页。
⑤ 刘畅:《中国的外交危机决策机制与过程分析:以1999年"炸馆"事件为例》,《国际关系研究》2018年第2期,第92页。

为意外发生的偶发事件。此外，从危机爆发前领导人的言行方向来看，一致性也较高，危机爆发不会让领导人旧有立场显得尴尬。中国领导人在危机前就多次发表声明，反对美国军事干预科索沃危机。例如1999年3月28日江泽民主席与奥地利总统会谈时就表示，"一听到北约对南联盟采取军事行动的消息后，我当即就表示中国反对动武，我们认为这个世界许多问题还是应坐下来谈，不能大动干戈，不能恃强凌弱"。① 由于危机爆发基本没有背离领导人先前的表态立场，因此领导人在决定危机应对方案时不用过于大幅度调整立场，初始成本较低。其次，从危机促使领导人行动的紧迫性来看，"炸馆"事件对领导人构成的初始成本也相对较低。一方面，众所周知，美国轰炸中国驻贝尔格莱德大使馆是对中国主权的粗暴干涉，也公然践踏了《维也纳外交关系公约》和国际关系准则，但是危机爆发后中国领导人对"炸馆"事件对国家安全的实际威胁程度是有较为清醒的认识的，这突出表现为当时所突出表现的大局观。江泽民主席在5月8日中央政治局会议上要求"加紧把我们自己的工作做好"，认定"经济建设是中心"，主张"我们要卧薪尝胆"。② 据称在内部会上，江泽民主席认为"美帝国主义不会消亡"，针对"炸馆"事件主张"忍辱负重，等待时机"。③ 胡锦涛副主席在全国电视讲话中也表示要"从国家的根本利益出发，自觉维护大局"。④ 无疑，维护经济发展大局作为核心应对战略思想，其认知基础是"炸馆"事件虽然危害中国国家主权、造成人员伤亡和

---

① 钟之成：《为了世界更美好：江泽民出访纪实》，世界知识出版社，2006，第346页。

② 江泽民：《江泽民文选》第二卷普及本，第323—324页。

③ 罗伯特·劳伦斯·库恩：《他改变了中国：江泽民传》，谈峥、于海江等译，上海译文出版社，2005，第317页。

④ 《中共中央政治局常委、国家副主席胡锦涛发表电视讲话》，《人民日报》1999年5月10日，第1版。

财产损失，但是其对国家安全和发展并不构成重大威胁，因此不会破坏整个发展大局，斗争必须有"节"。其中的逻辑正如中国领导人当时所主张的，应"继续坚定不移地坚持以经济建设为中心"，"要把对北约野蛮行径的巨大义愤和伟大爱国热情化作强大的动力，同心同德，艰苦奋斗，不断增强我国的经济实力、国防实力和民族凝聚力"。[①]

另一方面，虽然中国一直表示强烈反对北约抛开联合国对南联盟的战略轰炸、反对美国的霸权主义侵略行径，并强烈要求美国尊重南联盟的主权和领土完整，但是客观来看，中国一直是科索沃战争的第三方。不管是科索沃危机前的谈判和随后的外交妥协，最终都取决于美俄之间的博弈，[②] 中国实质性参与较为有限，在当时，巴尔干地区危机及其发展演变并不攸关中国核心的国家利益。因此，"炸馆"事件虽然导致中美关系一时间高度紧张，但是两国很难因此走向军事冲突，危机处理不当走向战争的概率非常低。此外，科索沃战争远离中国本土，中国和美国并没有直接的军事接触，"联军行动"所采用的战略轰炸军事行动方案更不涉及地面部队的入侵。轰炸中国大使馆的军机直接来自美国本土怀特曼基地，[③] 轰炸结束后便返回本土，两军军事接触有限，即使中国试图军事升级，也很难找到对应的反击着力点。故而，综合来看，"炸馆"事件也不太容易因处理失当而滑向更严重的冲突，危机升级为战争的可能性也非常小。

2. 领导人在信号表达实践中对决心信号成本的调节

毫无疑问，"炸馆"事件发生后，中国领导人所采取的展现决心的

---

① 《在欢迎我国驻南斯拉夫联盟共和国工作人员大会上的讲话》，《人民日报》1999年5月14日，第1版。

② 参见吴文成《从科索沃战争到乌克兰危机：北约东扩与俄罗斯的"战略觉醒"》，《俄罗斯东欧中亚研究》2022年第3期，第18—20页。

③ 潘占林：《战火中的外交官》，第85页。

286

三种主要手段都是高成本的，会给领导人带来潜在的国内脆弱性的。无论是批准和平抗议还是断绝沟通和中止双边合作，不可逆性较高且采用了较多的专用资产，更多都是需要立刻支付成本的"沉没成本"决心信号机制，高昂的成本固然可以向美方展现领导人的坚定决心，但是也会带来潜在的国内不稳定和危险因素。

鉴于高成本决心信号工具的巨大风险，领导人一边展现决心信号，一边也牢牢控制这些信号机制的成本，使其风险可控，不少西方分析家都认为中国在"炸馆"事件中"采取了一种非常谨慎的态度"。[①]

首先，领导人调节决心信号成本最突出的是管理国内和平抗议。早在5月8日上午抗议尚未展开时，中国高层领导人就担心抗议可能会失控，[②] 特别召开紧急会议，对青年学生加以引导。5月8日下午，中国高层领导人再次开会后虽然对"学生的游行申请予以批准"，但"同时责成教育部，有关省、市党委和政府，各高校加强疏导，做好组织工作，避免过激行为引发涉外事端，影响外交斗争大局"。[③] 有学者认为，由政府部门提供大巴运送抗议者的做法，实际上也是避免其阻塞交通、扩大事态。[④] 全国各大城市爱国学生的抗议运动总体上虽然是和平与平稳的，但是也间或出现了某些过激行为，对此，高层担心

---

① Simon Shen, "Nationalism or Nationalist Foreign Policy? Contemporary Chinese Nationalism and Its Role in Shaping Chinese Foreign Policy in Response to the Belgrade Embassy Bombing," *Politics* 24, no. 2 (2004): 128.

② 参见赵鼎新等人后来对参与这一事件亲历者的访谈，Zhiyuan Yu and Dingxin Zhao, "Differential Participation and the Nature of a Movement: A Study of the 1999 Anti-U. S. Beijing Student Demonstrations," *Social Forces* 84, no. 3 (2006): 1757。

③ 吴白乙：《中国对"炸馆"事件的危机管理》，第24页。

④ Wu Xinbo, "Understanding Chinese and U. S. Crisis Behavior," *The Washington Quarterly* 31, no. 1 (2008): 62.

"如果任其发展，可能会出现出格行为"。[1] 为了防止出现过激行为、损害外交大局和危害国内的团结稳定，5 月 9 日晚，经高层讨论决定，时任中央政治局常委、国家副主席胡锦涛"破例"[2] 发表了全国电视讲话，呼吁广大群众要防止有过激行为，不能扰乱正常的社会秩序，并重申中方会继续改革开放，特别强调要保护外国驻华的外交机构和人员，讲话所指对象非常明显。有学者甚至认为，由国家副主席而不是最高领导人出面发表这样的电视讲话，实际上是着眼于"危机过后重启双边关系"。[3] 与此同时，"1999 年 5 月 9 日后，教育部专门召开数次会议，与有关高校负责人一道商讨具体办法，基调是通过学校领导、学生会做引导工作"。此外，宣传部门"也为此下发通知，要求各新闻单位以宣传团结稳定、正面报道为主、把握正确的舆论方向作为近期报道方针"。[4] 到了 11 日，"抗议人数已经从开始时的上万人降到数百人左右，对美国大使馆三天的包围至此结束"。[5] 5 月 13 日，江泽民主席在欢迎驻南联盟使馆工作人员大会上发表讲话，重申"我们要继续坚定不移地坚持以经济建设为中心""要继续坚定不移地推进改革开放""要继续坚定不移地保持社会稳定"。[6] 在 5 月 13 日讲话之后，"全国的报刊媒体遂以改革发展、稳定大局为主调进行舆论宣传"，有

① 李鹏：《和平发展合作：李鹏外事日记》下册，新华出版社，2008，第 653 页。

② 吴建民：《外交案例 II》，第 349 页。

③ You Ji, "China's National Security Commission: Theory, Evolution and Operations," *Journal of Contemporary China* 25, no. 98（2016）: 185.

④ 吴白乙：《中国对"炸馆"事件的危机管理》，第 25 页。

⑤ 库尔特·坎贝尔、理查德·韦兹：《中国大使馆遭轰炸案：危机处理的例证?》，载张沱生、史文主编《对抗·博弈·合作：中美安全危机管理案例分析》，世界知识出版社，2007，第 267 页。

⑥ 江泽民：《在欢迎我国驻南斯拉夫联盟共和国工作人员大会上的讲话》，《人民日报》1999 年 5 月 14 日，第 1 版。

力地促进了国内"民愤降温"。^① 由此可见，领导人批准和平抗议作为对美释放高成本决心信号的同时，无疑也深刻意识到其对国内稳定发展大局的潜在冲击和巨大风险，因此，高级领导人做了细致的部署，尽力避免过激化和事态失控，有效地调节了决心信号成本。

其次，领导人在切断中美双边合作的同时也留有余地，保留了低层级的顺畅沟通。虽然 5 月 9 日中央高层会议决定中止中美双方在各个领域的合作，切断了正部级以上官员的交流渠道，以展现中方强硬的决心，但是仍然"批准了国务院有关部委副部级以下官员对美、英、意等北约国家的既定访问、考察"。^② 虽然当时中美几乎所有的合作议题都被暂停，但是中方还是允许部分二轨对话机制继续运转，维持了中美双方交流的有限窗口。根据一位学者的回忆，"1999 年美国'误炸'中国使馆后，中方中止了中美之间所有的交流管道，唯独允许太平洋论坛与复旦大学在复旦校园举行了首届'中美关系与地区安全战略对话'"，而且这一二轨对话机制"双方出席的都是重量级学者和外交/安全部门人士"，^③ 由此可见，当时，中美非正式的高层沟通渠道仍然是存在的。

最后，需要特别提及的是，虽然很多中方材料证实在"炸馆"事件之后中方叫停了中美关于入世的谈判，但基层代表的交流似乎仍存在。当时中美关于中国入世谈判最后阶段谈判曾经因这一事件中断达数月。但是根据美方的记录，虽然当时中国政府中止了几乎所有中美双边的交流活动，但是"引人注目的是，中国加入 WTO 的对话并不包

① 吴白乙：《中国对"炸馆"事件的危机管理》，第 25 页。
② 同上书，第 25 页，注释 5。
③ 于滨：《忆往拾零 | 老一辈国际关系学者与中国独立自主外交政策的确立》，澎湃新闻网，http: thepaper. cn/newsDetail_forward_8180450，访问日期：2022 年 12 月 25 日。

括在内"。① 对此，研究中美关系的专家陶文钊也认为，"中方在宣布推迟大部分领域交往的同时，并没有把贸易包括在内，表明中国希望两国间的经贸关系不致受到影响，希望继续关于加入世贸组织的谈判"。② 不过，基于中美双方的矛盾记叙，再结合吴白乙口述访谈得出的信息，即"同意经贸、科技、文化、教育、体育等交流项目和往来照常进行"，③ 很大概率是，围绕中美"复关"谈判，中方肯定中断了高层次的沟通，实质上短期冻结了入世谈判，但是在工作组或者低阶官员层面，④ 双方关于中国"复关"谈判大门并没有被彻底关闭，这也是双方时隔 6 个月后中美经过谈判最终快速签署协议的重要原因。

六、中美撞机事件与中国的决心信号表达

2001 年 4 月 1 日发生的中美撞机事件是自"炸馆"事件之后中美之间爆发的又一起较为严重的外交危机，"在中美两国以及在全世界都引起了极大关注"。⑤ 而且，对中国领导人而言，这是一起"重大、敏感的突发性事件"，且造成了严重后果。⑥ 经过这一事件后，"两国民意的对立情绪上升，两军的敌意加剧，美国国会反华情绪更加严重"。⑦ 当时，美国利用 EP-3 侦察机在中国专属经济区抵近侦察并导致中国军机与之发生碰撞，造成中方战机坠毁、飞行员牺牲，美机未经许可

① 库尔特·坎贝尔、理查德·韦兹：《中国大使馆遭袭炸案：危机处理的例证?》，第 268 页。
② 陶文钊：《中美关系史（1911—2000）》下册，上海人民出版社，2004，第 362 页。
③ 吴白乙：《中国对"炸馆"事件的危机管理》，第 25 页，注释 5。
④ 这一点经作者 2023 年 6 月对外经贸部国际司前官员的采访间接证实。
⑤ 吴建民：《外交案例》，第 323 页。
⑥ 唐家璇：《劲雨煦风》，第 266 页。
⑦ 张沱生：《中美撞机事件及其经验教训》，《世界经济与政治》2005 年第 3 期，第 35 页。

非法降落中国机场。中美撞机事件发生后，中美官方立场和民间舆论也呈现对立和冲突状态，中方要求美方解释原因、承担责任、主动道歉、合理赔偿，而美方则态度蛮横，先后以"遗憾""愧疚"等词搪塞，拒不道歉，双方一度剑拔弩张，一时间，"中美双方都坚持自己的立场与要求，双方处于僵持状态"。①

（一）领导人是展现安抚信号还是决心信号？

中美撞机事件被白洁曦教授视为一个中国安抚美方的案例，中国领导人在危机中既无动机，也没有在实际中付出较高的成本来展现强硬的立场，没有表达出强烈的决心信号。②贺凯也认为，中国领导人在本次危机中是"规避风险的"（risk-averse），对美采取了"有条件的和解"（conditional accommodation）政策。③造成这样的误解大概有几点原因：其一，在中美撞机事件中旁观者未发现明显的高成本信号工具，中方展现坚持己方立场的坚强决心行动不太多，也不明显。例如，与"炸馆"事件形成鲜明对比的是，撞机事件后中国民间社会未出现大规模的对美抗议运动，中方也没有暂停中美之间的双边交流和合作。其二，危机最紧张期间中国最高领导人选择了继续出访南美六国，这可能被外界理解为中方无意升级危机，避免危机破局影响中美关系大局。4月4—17日，江泽民主席相继访问了智利、阿根廷、乌拉圭、巴西、古巴和委内瑞拉6个南美国家，④而这一期间是中美危机处理团队交锋最激烈的阶段，也是危机最紧张的时刻。不过，客观来看，与"炸馆"

① 吴建民：《外交案例》，第326页。
② Jessica Chen Weiss, "Authoritarian Signaling, Mass Audiences, and Nationalist Protest in China".
③ Kai He, *China's Crisis Behavior*, p. 66.
④ 《江主席圆满结束拉美六国访问回国》，《人民日报》2001年4月19日，第1版。

事件不同的是，中方在中美撞机事件中很少采用基于行动的沉没成本信号工具，但是却侧重于基于话语的观众成本信号机制，通过一系列抗议、宣告、谴责等言语威胁来激活国内观众成本，并辅之以安静外交等针对特定观众的幕后信号（offstage signal）工具，向美方表达了中国捍卫自身立场的坚强决心。另外，虽然江泽民主席在危机期间按期外访拉美，一是因为出访前后已经做了周密部署，"相信危机不太可能升级"，[①] 且领导人也相信"在国内的这个领导班子有能力处理好这次危机"。[②] 二是"取消已经周密安排妥当的访问计划会给有关国家带来不便"。从尊重中小国家角度看，江泽民主席如期出访能体现中方"平等待人，体谅他国的处境"，[③] 展现大国风范。

事实上，对于中国领导人而言，中美撞机事件不但危害国家主权，还造成了人员伤亡和财产损失，美方拒不认错的态度和立场更令决策者"感到很气愤"，"自然也引起中国公众的强烈反应"，广大群众对此也是"义愤填膺"，"对美方不负责任的态度极为不满"。[④] 面对美国的霸权行径和民意反弹，中国高级领导人必然要坚决捍卫国家利益和民族尊严，正所谓"该坚持的要敢于坚持"。[⑤] "对中国方面来说，如果对华盛顿过于强调安抚会危及执政党的执政地位和政权的国内合法性。"[⑥] 如唐家璇外长在召见美国驻华大使时所言，对于美方的霸权行径，"我们的态度一是反对，二是不怕"，"多年来的历史证明，美方愈

---

① 罗伯特·劳伦斯·库恩：《他改变了中国》，谈峥、于海江等译，第 370 页。

② 丁孝文：《在危机中维护国家利益：中国处理中美外交危机研究（1989—2001）》，博士学位论文，北京大学国际关系学院，2005 年，第 154 页。

③ 同上书，第 154 页。

④ 唐家璇：《劲雨煦风》，第 270、271 页。

⑤ 吴建民：《外交案例》，第 334 页。

⑥ Taryn Shepperd, *Sino-US Relations and the Role of Emotion in State Action*, p. 125.

是施压，就愈会激起中国人民的愤慨"。① 这也恰如江泽民在 4 月多个国际国内公开场合所表达的，"在涉及国家主权和领土完整的原则问题上，中国绝不屈服于任何外来压力"。"我们不希望对抗。但是在涉及国家主权、领土完整和民族尊严的问题上，我们也绝不会让步。"② 甚至在危机前几个月接受麦克·华莱士（Mike Wallace）采访时，中国领导人就曾披露了心迹，"我可以说我是一个相当有决心的人。这是肯定的"。③ 因此，在撞机事件发生后，中国领导人面对的国内压力依然较大，领导人有充足的动机和意志力向美国展示决心，事实上也表达了己方的坚定立场，只不过由于领导人初始成本较高，因而选择了较低成本的信号工具来展现决心。

（二）领导人对决心信号表达工具的选择

较之"炸馆"事件轰轰烈烈的民众抗议，中国领导人在应对撞机事件时主要采取了一种较低成本、基于话语威胁的"观众成本"信号机制，并辅之以二轨外交的"幕后信号"工具。

1. 领导人对危机决策的全程掌控

与应对"炸馆"事件一样，危机发生后，中国高级领导人一直掌控着危机决策，确立总体应对方针。正如张沱生所言，在应对中美撞机事件中，"决策权、执行权高度集中统一。一切重大决策均经中央政治局常委批准；最高领导人在中央领导集体中发挥核心领导作用"。④

---

① 唐家璇：《劲雨煦风》，第 274 页。

② 参见《江泽民主席与德拉鲁阿总统会谈》，《人民日报》2001 年 4 月 10 日，第 1 版；《江泽民会见王伟亲属及生前所在部队代表》，《人民日报》2001 年 4 月 21 日，第 1 版。

③ 罗伯特·劳伦斯·库恩：《他改变了中国》，谈峥、于海江等译，第 347 页。

④ 张沱生：《中美撞机事件及其经验教训》，第 34 页。

而且"在这次危机中，以江泽民为核心的中国决策高层一直直接掌握危机决策权"。① 在 4 月 2 日，中央确立了人机分别处理的原则。多方消息证实，在 4 日离开北京外访拉美前，江泽民对如何解决中美撞机事件确立了一条核心原则，那就是在美道歉后中方才释放美方机组成员。根据时任外交部负责美国事务的部长助理周文重大使回忆，"事件发生后江主席做出指示：你道歉，我放人"。② 吴建民大使也说："4 月 4 日，江主席在出访拉美前指示外交部'道歉—放人'，为解决问题指出了一条出路。"③ 依据历史事实，现在可以看出，虽然中国领导人在危机发生后随即外访，但是在此之前，中央高层已经作出了决策，并作了相应部署。根据唐家璇外长的回忆，在临走之前，借助 4 月 3 日会见来访的卡特尔首相的机会，江泽民主席"有意识地"就中美撞机事件发表了首次公开讲话。江泽民主席在讲话中强调美方应对撞机事件负有全部责任，"美方应向中国人民道歉，并立刻停止一切在中国沿海空域的侦察飞行"。④ 可以说，4 月 3 日江主席的讲话基本向美方传达了"道歉放人"的外交信号。这一讲话"是中国最高领导人对撞机事件的正式表态，对事件的性质作了定性，并明确了中方的要求"。⑤ 以后中方的对美交涉和危机决策也基本都是按照这一总体规划来实施的。

2. 危机初始成本：撞机事件与领导人的相关度、领导人行动的紧迫性

基于前文提到的观测指标，本文认为撞机事件发生后，领导人遭遇的初始成本相对较高。

---

① 王昶：《中国高层谋略：外交卷》，陕西师范大学出版社，2001，第 305 页。

② 周文重：《斗而不破：中美博弈与世界再平衡》，中信出版社，2006，第 15—16 页。

③ 吴建民：《外交案例》，第 327 页。

④ 以上参见唐家璇《劲雨煦风》，第 271 页。

⑤ 丁孝文：《在危机中维护国家利益》，第 152 页。

首先，从危机是否容易被描述为一种意外、危机爆发是否与领导人的前期表态相违背来看，中美撞机事件与领导人的相关性都较高。一方面，美国长期对华侦察飞行使双方的这种看似意外的事件成为"必然中的偶然"。[①] 美国长期利用侦察机抵近中国沿海地区进行侦查，中国按照惯例进行拦截。2000年12月，美国驻华武官还就中国空军的新型拦截手段进行过抗议。[②] 因此，国内外舆论都很难将撞机事件解释为一种意外，对于这种长期、蓄意的侵犯行为，中国领导人必然有责任和义务采取行动反击。另一方面，在撞机事件发生前一段时间里，中国领导人一直主张推动中美进行战略合作、推进国际格局走向多极化。例如，在2000年8月15日，江泽民主席在接受美国哥伦比亚广播公司（CBS）"60分钟"节目主持人麦克·华莱士的独家专访时，便"呼吁中美之间建立'建设性战略伙伴关系'"。[③] 在撞机事件发生前，中方一直在积极冲刺对美复关谈判，双方领导人都释放了一些缓和两国关系的信号。因此，对于中国领导人来说，"撞机事件出现在一个尴尬的时刻"。[④]

其次，撞机事件也迫使领导人不得不采取行动。如前所述，领导人对信号工具的选择也体现在其对危机性质的认识上，领导人对撞机危机失控对中国国家安全的威胁、危机升级所带来的可能后果有较为清醒的认识，主张要"争取速战速决解决问题"。[⑤] 一方面，从撞机事

① 赵楚：《必然中的偶然，战略棋盘上的战术问题：中美南海撞机事件再分析》，《国际展望》2001年第9期。

② 丹尼斯·布莱尔、戴维·邦非利：《美国对2001年4月EP-3事件的看法》，载张沱生、史文主编《对抗·博弈·合作》，第308页。

③ 罗伯特·劳伦斯·库恩：《他改变了中国》，谈峥、于海江等译，第346页。

④ 罗伯特·劳伦斯·库恩：《他改变了中国》，谈峥、于海江等译，第369页。

⑤ 张沱生：《中美撞机事件及其经验教训》，第31页。

件对中国国家安全的威胁来看，是较为明显和严峻的。第一，危机牵涉的赌注较高。EP-3 侦察机是当时世界上最先进的电子侦察机，"该机装配有尖端电子侦察设备，是美国海军唯一的一种陆基信号情报侦察机"，[1] 能够有效窥探中方沿海地区的高价值军事情报，如探测中国雷达的位置、窃听中国军队的电磁信号（电话、传真、电邮）和内部通信等。[2] 而且，其也是美国重要的军事资产，全国仅有 10 架。况且美军还有 24 名机组人员非法降落在中国机场，危机事关重要的装备和人员安全问题，美方不会轻易妥协。第二，从危机性质来看，撞机事件是两国军事力量的直接碰撞与对抗，而当时中国的整体国力和军事力量都很难直接与美国全面对抗，危机若处理不当，会严重干扰中国的发展与稳定大局，损害中国的"战略机遇期"。根据世界银行发布的数据，在 2001 年，当时中国的国内生产总值仅位列世界第七，而中美军事力量差距则更大。危机若不能有效应对、快速解决，引发中美之间的军事升级，必然严重危及中国的国家安全，这也是为何中国高级领导人多次在公开讲话中表示"要把强烈的爱国热情化为巨大的强国力量""不断增强我国的经济实力、国防实力和民族凝聚力"[3] 的重要背后考量。

另一方面，较之"炸馆"事件，作为"20 世纪 70 年代以来中美之间最严重的一次军事事故"，[4] 中美撞机事件更容易导致升级，爆发"非本意"战争的风险也很高。危机首先是一场军事冲突，这就决定了

---

[1] 吴建民:《外交案例》，第 330 页。

[2] E. Slingerland, et al. , "Collision with China: Conceptual Metaphor Analysis, Somatic Marking, and the EP-3 Incident," *International Studies Quarterly* 51, no. 1 (2007) : 53-54.

[3] 《江泽民会见王伟亲属及生前所在部队代表》，《人民日报》2001 年 4 月 21 日，第 1 版。

[4] Joseph Y. S. Cheng and King-Lun Ngok, "The 2001 'Spy' Plane Incident Revisited: The Chinese Perspective," *Journal of Chinese Political Science* 9, no. 1 (2004) : 63.

从军事和安全角度理解危机发展及其解决在双方都有很强的合理性。例如，时任国防部长拉姆斯菲尔德（Donald Rumsfeld）甚至在回忆录中认为，撞机事件后中方的要求是对美国新一届政府意志的"测试"（test）。[1] 在危机第二阶段谈判时，美方由国防部主导，而其强硬蛮横的态度差点导致谈判破裂、危机升级。而且危机发生后，也正是因为"美军太平洋总部单方面发表声明"才激发危机，有学者认为，如果美军方不大张旗鼓、以势压人，若能"及时通过热线"私下解决，中美撞机事件很可能就消弭于无形，[2] 不会演变成一场令世界瞩目的外交危机。此外，在危机之初各方立场未明的紧张时刻，美国国防部竟然命令途经南海的三艘驱逐舰前往海南岛附近，在南海海域炫耀武力，意欲通过军事施压让中方让步。[3] 很显然，这种军事盲动很容易火上浇油，进一步推动中国的军事反制，例如中国随即将南海驻军部队提升到"一级战备水平"[4]。因此，有研究者认为，"危机发生后，形势一度有失控的危险"。[5] 很显然，在一场决策窗口时间非常短的军事危机中，双方很容易出现误判，采取不理性的升级行为，进而无意间滑向战争。

3. 撞机事件中领导人对决心信号工具的选择

诚如上文所言，在撞机事件发生后，中方并没有屈从美国的压力直接放人，更没有允许美机自行飞回，而是选择了借助话语威胁这一较低成本的观众成本机制，并辅之以较为隐秘的幕后信号工具来展现己方的坚定决心。但是即使在选择低成本的信号机制时，中国领导人

---

[1] Donald Rumsfeld, *Known and Unknown: A Memoir* (New York: Penguin Group US, 2011), p. 313.

[2] 丁孝文：《在危机中维护国家利益》，第 163 页。

[3] 王昶：《中国高层谋略：外交卷》，第 304 页。

[4] Wu Xinbo, "Understanding Chinese and U. S. Crisis Behavior".

[5] 张沱生：《中美撞机事件及其经验教训》，第 35 页。

也小心加以管控，避免危机因偶发因素失控。

与"炸馆"事件不同，中美发生军机碰撞之后，在美军太平洋总部率先打破沉默、发布公开声明，意图强压中国满足美方要求后，中国领导人主要采取了传统的基于话语威胁的决心信号表达方式。这种基于话语的威胁首要是针对国内观众，但是也意图塑造包括美方在内的国际观众的认知。而且比较独特的是，与经典意义上的"提出己方要求—否则威胁付诸实施"的话语威胁模式有所不同，中方在撞机事件的话语威胁中，威胁部分是非常含蓄的或者隐晦的。但从亲历者的回忆来看，美方仍然接收到了中方发出的信号，并调整了自己的政策。例如，在4月2日和3日两度发表措辞强硬的讲话后，到了4月4日，小布什总统开始听取老布什智囊团队的建议，至此"美方开始注意中方释放出的重要信号"。[①] 当天美国国务卿鲍威尔（Colin Powell）致信给中国外长，首次提出对失踪的飞行员一事表示"遗憾"，迈出了解决危机的关键一步。从这个意义看，中方发出的基于话语威胁的决心信号还是受到了美方的关注。

具体而言，在撞机事件发生后，中国向美方表达坚持己方要求的坚定决心信号主要是通过官方的公开话语宣示途径。高级领导人决定以媒体报道大众的不满和抗议情绪，以向美展现民众的坚决反对态度。这一含蓄的话语威胁表达可分为外交官在官方交涉时所用的外交话语、主流媒体发布的中方立场宣示，以及对国际社会态度的报道方面。正如一位研究者所言，"在危机开始后，每一方都通过采取强硬和不容置疑的强硬立场，并将这些强硬态度公之于众，使自己看上去毫无退路"，[②] 以展示自己的坚定决心。

---

① 张沱生：《中美撞机事件及其经验教训》，第31页。

② Taryn Shepperd, *Sino-US Relations and the Role of Emotion in State Action*, p. 125.

首先，危机发生后，中国不断通过高级外交官的言辞直接提出对美的政策要求，展现己方决心。4月1日，时任外交部长助理周文重紧急召见美国驻华大使普理赫（Joseph Prueher）提出抗议，周文重表示，美间谍飞机非法贴近海南岛进行侦察危害了中国国家安全，"美方必须向中方做出解释"。而撞机造成中方机毁人亡，"美方必须向中方表示道歉"。① 4月2日晚，周文重再次召见普理赫，"他告诫美方要正视事实，承担责任，向中方道歉"。② 很显然，周文重的言辞抗议只有"要求"部分，而缺失了"威胁"成分。不过随着4月2日和3日小布什发表公开讲话，美方的态度依然强硬。为此，4月3日外交部发言人公开发表了中方关于撞机事件的官方立场，除了提出调查、解释、道歉和担责这几个旧有立场外，还进一步提出了含蓄的威胁，即"中方将根据调查结果，保留进一步向美方提出交涉的权利"。③ 随后，4月5日，国防部发言人再度以公开谈话形式对美发出决心信号。发言人表示，"我们对美机这种行为表示愤慨和谴责，美方对此事件必须承担全部责任。中方对美方造成中方的损失保留进一步交涉的权利"。④ 由此可见，国防部发言人的话语威胁结构是较为完整的，既提出了中方要求美方承担责任，也含蓄地展示了威胁，如果美方不满足中方要求，我方可能会采取更强硬的行动。而且较为重要的是，《人民日报》的报道标题里开始显著突出了这一"威胁"内容，强化了我军方的决心。当日，《人民日报》发布了一篇评论员文章，将中美撞机事件升级为美国

① 周文重：《斗而不破》，第17页。
② 唐家璇：《劲雨煦风》，第270页。
③ 《外交部发言人谈美国军用侦察机撞毁我军用飞机事件真相和中方有关立场》，《人民日报》2001年4月4日，第1版。
④ 《国防部发言人发表谈话，对美造成中方的损失保留进一步交涉的权利》，《人民日报》2001年4月5日，第1版。

"霸道行径与霸权逻辑"的表现，再次提出要求，"正告美方要正视事实，承担责任，不要以霸权的逻辑为自己霸道的行径开脱"。①

其次，中国通过持续而广泛报道各地群众和国际社会的抗议声音来向美方展示表明，中国政府受到舆论压力、处于脆弱性状态，以此向美方传递决心信号。4月6日，《人民日报》率先报道了人民解放军和武警部队广大官兵对这一事件的态度，表示"坚决拥护中央的正确决策，决心把满腔的爱国热情化作强军行动，以实际行动捍卫国家主权和领土完整"。② 随后在4月7日、8日和11日、12日、13日，《人民日报》再度连续报道了国内各界群众如铁路职工、高校师生、民主党派等抗议美方和支持政府的声音。此外，主流媒体除了报道国内各界群众的抗议立场外，还连续借境外媒体和知名人士的声音展现了中方坚持立场的必要性和合理性。例如，4月14日、19日报道了港澳台媒体对中方立场的赞许和支持，③ 4月10日则报道了国际社会对中国立场的支持。④ 在危机后期，《人民日报》不定期地陆续对国际媒体、知名人士的支持立场做了密集报道。通过公开向全国人民报道各界群众和海外人士对我方要求美方道歉立场的普遍性支持，无疑塑造了国内和国际观众的预期，制造了中国政府无法从这一立场后退的脆弱局面，从而能够展现己方的决心。正如一位语言学家在分析了中国官方发表的话语后所总结的，"在几乎每一个中国报纸上最常出现的用来描述危机的一个词组就是，中国国家主权遭到侵犯"，因此中国方面"需要对

---

① 《霸道行径与霸权逻辑》，《人民日报》2001年4月5日，第4版。

② 《全军和武警部队表示坚决拥护中央正确决策，以实际行动捍卫国家主权和领土完整》，《人民日报》2001年4月12日，第4版。

③ 如《港澳台媒体纷纷发表评论认为中国对撞机事件的处理维护了国家主权和民族尊严》，《人民日报》2001年4月14日，第4版。

④ 《国际社会认为美国应该向中国道歉》，《人民日报》2001年4月10日，第1版。

美国这样一个霸权侵略者展开自卫行动"。① 而另外一组学者的实证研究表明，在144篇新华社和《人民日报》官方媒体报道中，有26%的报道内容涉及"霸权"，49%的报道提及了"主权"一词。②

毫无疑问，在撞机事件中，中方采取的言辞威胁、利用媒体公开舆论支持、采取幕后交流这几种信号表达方式，皆是较为传统的、灵活的成本施加方式，且多通用于在不同制度背景下的领导人，因此，其资产专用性较低、信号成本施加的不可逆性较低，整体看信号工具成本较低。例如，中方的威胁言辞多是含蓄的，并没有表明美方忽视中方要求后的责任和后果究竟为何，因此存在多种事后的解读和理解，可逆性较高。此外，公开舆论的支持也主要是"引述"国内干部群众的声音，后期则是"转述"海外正义人士的支持，这种信号工具同样可逆性较高。而双方外交官之间围绕道歉措辞的幕后安静外交，一来是各国外交谈判妥协的惯例，二来由于文化和语言阐释的内在歧义，各方做出的外交承诺同样呈现较高的可逆性，双方都可从对己有利的角度来做出解读。

（三）领导人在信号表达实践中对决心信号成本的调节

毫无疑问，在认知到中美撞机事件所具有的较高的初始成本之后，高级领导人选择了成本较低的主要基于话语威胁和幕后外交的决心信号表达机制，以使总成本处于适中的水平。进一步看，即使没有采用高成本的社会动员、中止交往等"沉没成本"机制，在利用言辞威胁表达决心信号的同时，中国领导人仍然选择谨慎地控制话语威胁的程

---

① E. Slingerland, et al., "Collision with China".

② Steven W. Hook and Xiaoyu Pu, "Framing Sino-American Relations under Stress: A Reexamination of News Coverage of the 2001 Spy Plane Crisis," *Asian Affairs: An American Review* 33, no. 3 (2006): 173.

度，巧妙地利用话语传递威胁，又为后来的缓和留有余地。

根据相关史料记载，在撞机事件后，中方领导人确立了"从维护主权出发，要与美方错误行为做坚决斗争，同时考虑中美关系大局，反应要适度"①的总体应对方略。这一点从中国领导人将撞机事件理解为外交危机可见一斑。"中方由外交部门主导事件的处理和后续谈判，表明中方不想突出军事色彩，尽管这一事件首先是一件军事事件。"②在美方先是不道歉、仅表示"遗憾"，等到机组回国后态度蛮横要求飞机直接飞回的立场，中方领导人一方面借助模糊的言辞威胁坚持己方立场，向美方发出了明确无误的决心信号，另一方面，高级领导人又限定言辞威胁的内涵和范围。除了上文所说的中方发出的言辞威胁一般故意缺失"威胁"部分外，对于国内群众的情绪也注重加以引导。在4月上旬密集了表达了决心之后，11日《人民日报》再次发表评论员文章《把爱国热情化为强国力量》，表示"尽管美国国内还存在敌视中国和干涉中国内政的反华势力，但广大美国人民是主张对华友好的"，并呼吁广大民众"把强烈的爱国热情凝聚到推进改革开放和社会主义现代化建设的各项工作上来"。③次日，《人民日报》再次刊发了类似的评论，主张"我们要引导群众把对美国霸权主义的义愤化为实际工作的动力"。④4月16日的《海南、湖州干部群众表示以实际行动向王伟同志学习》，17日的《湖州人民学习缅怀"海空卫士"王伟，表示一定要把强烈的爱国热情化为强国力量，把祖国建设好》，以及18日的《全军、武警部队和各地干部群众缅怀王伟同志，把爱国热情化

---

① 张沱生：《中美撞机事件及其经验教训》，第 31 页。

② 丁孝文：《在危机中维护国家利益》，第 160 页。

③ 《把爱国热情化为强国力量》，《人民日报》2001 年 4 月 12 日，第 1 版。

④ 《干部群众坚决拥护我国政府正确决定》，《人民日报》2001 年 4 月 12 日，第 4 版。

为强国强军实际行动》等长篇报道，① 报道话语的主基调已经是呼吁干群将对美斗争热情转化为强国建设动力，降温姿态已非常明显。

中国领导人不但借助话语威胁发出决心信号，与此同时，还利用话语威胁的"多重观众"来灵活管控决心成本。这一点突出地体现于江泽民主席关于"人是最可宝贵的"话语之中。在危机伊始，在我方飞行员失踪、生死未卜之时，美方声明竟然蛮横要求中国立即归还飞机、释放美机组，而"对中方飞机被撞后坠毁、人员失踪，则只字未提"。② 江泽民在会见卡塔尔首相时强调了美方应道歉并停止未来的侦察飞行，与此同时，"江主席还加重语气说，人是最可宝贵的"，表示要"不惜一切代价"搜救中方失联飞行员。③《人民日报》此后的报道还以"人是最可宝贵的"为醒目标题做了专门的报道。④ 中方对于人的生命的重视不仅体现在动用10余万人、1 000多艘次舰船连续15天对中方失踪飞行员的搜救工作，展现了中方的搜救决心，江主席对人的强调也推动了中方出于人道主义原则，先后提供便利，允许美方代表于4月3日、6日、8日、9日和10日与美机组人员进行会面。⑤ 这种安排也缓解了美方的焦虑情绪，据美方亲历者回忆，"在由驻华使馆武官带队的使馆小组前往海南岛会见了机组人员后"，美方对危机再度

---

① 陈一鸣、蔡小伟、俞康明：《海南、湖州干部群众表示以实际行动向王伟同志学习》，《人民日报》2001年4月16日，第4版；蔡小伟、徐敏：《湖州人民学习缅怀"海空卫士"王伟，表示一定要把强烈的爱国热情化为强国力量，把祖国建设好》，《人民日报》2001年4月17日，第1版；曹智、宋光茂、吴兴华、张帆：《全军、武警部队和各地干部群众缅怀王伟同志，把爱国热情化为强国强军实际行动》，《人民日报》2001年4月18日，第4版。

② 唐家璇：《劲雨煦风》，第270页。

③ 同上书，第271页。

④《人是最可宝贵的：搜寻我跳伞飞行员王伟纪实》，《人民日报》2001年4月14日，第4版。

⑤《美驻华使馆官员与美机组人员第五次会面》，《人民日报》2001年4月11日，第4版。

演变成德黑兰人质事件的担忧"才稍有缓解"。① 对"人是最可宝贵的"话语的强调，既凸显了要求美方对我飞行员牺牲存在过错、理应道歉的正当性，与此同时，按照这一逻辑，也为中方允许美方探访机组，乃至随后谈判先释放机组回国埋下了伏笔，为中方确立的"先放人后放机"的总体解决方案提供了路线图。② 而且，中方的这一姿态也推动了小布什总统让国务院团队而不是持鹰派立场的国防部来负责危机处理，可谓为领导人灵活严控决心信号成本的典型。

中国领导人利用话语调节危机成本最突出的例子体现于还利用话语的多重内涵来缓和危机，具体表现于中美双方关于"道歉/sorry"文本翻译的不同理解上。通过向对手道歉，一国在未来就很难进行合法的"国内动员"，因此，道歉也可以被视为一种展现自身良性意图的信号工具。③ 中国也期望迫使美方道歉，避免美国军用间谍飞机再次出现在中国周边沿海。在撞机事件发生后，根据周文重的回忆，"当时斗争的焦点就是要美国人道歉，为此展开了拉锯式的谈判"。而"当时的难点在于，如何一方面按照江主席的指示迫使美国人道歉，另一方面找到美国人能够接受的道歉措辞"。④ 而对于美方来说，正如鲍威尔后来所否认的，"去道歉就意味着我们做错了事，并且需要为此承担责任"。⑤ 因此，美方的立场先是不认错，随后4月4日国务卿鲍威尔和5日小布什总统都使用了"regret"一词。新华社将"regret"翻译为

---

① 丹尼斯·布莱尔、戴维·邦非利：《美国对2001年4月EP-3事件的看法》，第312页。

② 关于这一"人道主义"话语的国内国际作用，参见 Simon Shen, *Redefining Nationalism in Modern China*, pp. 74–75。

③ Jennifer Lind, *Sorry States: Apologies in International Politics* (Ithaca: Cornell University Press, 2008), p. 11.

④ 周文重：《斗而不破》，第17页。

⑤ Peter Gries and Kaiping Peng, "Culture Clash? Apologies East and West," *Journal of Contemporary China* 11, no. 30 (2002): 174.

"遗憾"，而"遗憾"这个词在汉语里仍然是"非正式的""缺乏责任归因的"外交辞令。① 中方显而易见对这一避重就轻的表述并不满意，持续要求美方做出正式道歉。从 4 月 5—11 日，双方围绕道歉的表达进行了九次磋商、美方道歉措辞六易其稿。就在关键时刻，正在智利访问的江泽民主席再次发表了公开讲话，向美方传达了精准的信号。他一边强调说："中美两国领导人必须就这件事寻找出一个解决方案。"一边坚持认为："美国的飞机跑到我们国家的边缘，而他们连一声对不起都不说。这种姿态对任何国家来说都是不能接受的。""我访问过许多国家，我也知道当人们发生事故时，肇事的一方起码要说声对不起。"②"对不起"（sorry）是英文道歉语中仅次于"apologize"的表述，其语气比美方原来使用的"regret"要更强，而中国方面在咨询了语言专家后认为，"如果一国政府对另一国政府说'sorry'则肯定是'道歉'"。③ 有学者认为，"这向美国人发送了关键性的信号，很显然美国人明显接收到了这一信号"。④ 美方开始意识到汉语道歉有着不同的表述形式和相对应的英文。随后，在中方坚持下，8 日鲍威尔在接受哥伦比亚广播公司和福克斯电视台视采访时使用了"对不起"（sorry）一词。⑤ 但是中方仍然觉得"sorry"一词分量不够，一直未予接受。直到 11 日美方谈判代表向中方递交了一封对撞机事件"深表歉意"（very sorry）的信后，中方才表示认可，并随后释放了美方机组人员。

① Zheng Wang and Kevin Avruch, "Culture, Apology, and International Negotiation: The Case of the Sino-U. S. Spy Plane Crisis," *International Negotiation* 10, no. 2 (2005): 342.

② 《江泽民在智利发表讲话：美国必须向中国人民道歉》，2001 年 4 月 6 日，http://ent. cctv. com/news/special/zt1/crash/4249. html，访问日期：2023 年 2 月 12 日。

③ 唐家璇：《劲雨煦风》，第 280 页。

④ Zheng Wang and Kevin Avruch, "Culture, Apology, and International Negotiation".

⑤ 吴建民：《外交案例》，第 328—329 页。

虽然双方谈判的语言和文本是英文，且美方在最终信件中避免使用"apologize"一词，而且，美方只提交了英文版官方道歉信，美国驻华大使馆挂出的中文版分别将"very sorry"翻译为"深表惋惜"和"非常抱歉"，仍然试图规避美方的责任，[①]但经过双方的谈判，中方在公布美方道歉信时则有意将"very sorry"翻译为"深表歉意"，美方对此也予以默认，甚至美方的一些决策者后来在接受访谈时也认可美方的用词其实已是"不情愿地倾向于正式道歉"。[②]通过这种话语翻译和表达上的灵活性，中美双方都能对各自需要面对的国内和国际观众有所回应，中方既成功表达了己方决心，又保持了巨大的灵活性，有力调节了决心信号表达所带来的各项成本。

七、结论

本文主要分析了在外交政策危机中有决心的领导人是如何调节自身所承受的各种决心信号成本，灵活选择决心信号工具并在政策实践中严格管控信号成本的。在引入以领导人为中心的分析视角后，本研究拓展了传统上对领导人施加约束的决心信号成本的构成要素，在既有观众成本或沉没成本的基础上，增加了危机爆发时特定形态对领导人构成的特殊脆弱性，即危机初始成本。领导人在表达决心信号时，除了传统意义上借助信号工具所付出的决心成本，还要承受特定的危机初始成本。这就意味着，对于领导人而言，由决心信号成本带来的

---

① M. K. Lewis, "An Analysis of State Responsibility for the Chinese-American Airplane Collision Incident," *NYU Law Review* 77, no. 5 (2002): 1436, note 191.

② Lewis Glinert, "Apologizing to China: Elastic Apologies and the Meta-discourse of American Diplomats," *Intercultural Pragmatics* 7, no. 1 (2010): 62.

国内脆弱性只是其中的一部分，而不是领导人需要面对的全部脆弱性，故而传统上关于决心信号的成本预期比领导人实际所付出成本要低。因此，出于对内避免危及自己的职务任期、维护政党的执政地位，对外避免爆发大国战争，以及希望保持继续升级/降级的弹性空间等理由，一国领导人有充分的动机去调节决心信号表达所付出的总成本。概言之，领导人始终面临着付出适当的成本以保持决心信号可信度，以及调节这种成本的大小以弱化自身脆弱性和降低大国战争风险的平衡选择。具体而言，当危机初始成本较低时，领导人倾向于选择较高成本的决心信号表达工具；而当危机初始成本较高时，则选择较低成本的信号工具。需要提及的是，历史案例显示，领导人不但灵活主动选择不同的信号工具展现决心，在具体的信号表达政策过程中，也特别重视对决心信号表达细节的调控，尽可能避免危机失控。

从理论适用性而言，本文提出的领导人对信号成本的主动调节模式也具有一定的拓展参考意义。例如，从空间拓展来看，当冷战最高潮的古巴导弹危机爆发时，美国总统肯尼迪为了展现决心，当时有一些主要的选项如军事入侵古巴、全面轰炸、有限轰炸和海军封锁等，但是由于核危机的初始成本太高，肯尼迪及其"执委会"小圈子在漫长而紧张的内部讨论中，最终选择了海军封锁这一相对较低成本的决心信号表达工具；从时间拓展来看，中美实力对比的确是影响领导人决心工具选择的重要潜在变量，但其不是决定性的因素。例如，在1958年爆发了金门炮战的"第二次台海危机"中，当时中美实力差距较之20世纪90年代末更为悬殊，中国领导人在坚决反击美蒋挑衅、展现决心的同时，鉴于与美军爆发直接军事冲突的初始危机成本很高，战略性选择了"只打蒋舰不打美舰"的低成本决心信号表达工具。

当然，本文从反向逻辑出发，考察领导人如何自觉调节决心信号成本的研究仍很不成熟，留下了很多新的研究命题，例如，当领导人调节决心信号成本时，在何种程度上是适度和满意的。再如，限于篇幅，论文没有对领导人调节成本的一般性策略、方式进行类型化处理，对不同的政治制度差异下领导人成本的来源也未作进一步类型区分，对初始成本大小的定义仍然较为主观，缺乏更客观的衡量指标体系。论文也是基于信号接收方是理性的安全寻求者而不是征服者或战争狂这一前提假定，等等。期待未来有更多深入的实证研究加以探讨，以进一步丰富决心信号理论。更需要承认的是，本研究得出的结论受限于特定的时空背景，特别是中国案例中文化底蕴、制度环境等有其自身的特色，将结论进一步拓展到其他文化和政治背景下的领导人危机决策时需要格外谨慎。

后　记

编著一本体现国内学者研究信号理论成果的《国际政治中的信号传递》实属不易，其中可谓颇费周折、历尽艰辛。最早的想法来自当时仍供职于外交学院国际关系研究所的林民旺教授，大约在 2015 年前后我俩计划一起合作汇编一本关于信号理论的文集，后由于林教授工作调动，遂由我于 2018 年正式启动汇编国内学者对信号传递问题研究成果的工作。后这一出版计划经由种种变故，再加上疫情的耽误，编著一直迟迟未能付梓。今幸得世界知识出版社领导的大力支持，有望不日面世，人生百年如寄，回首过往努力历程，既倍感唏嘘，也心怀感激。

《国际政治中的信号传递》一书主要汇编了近十多年来中国国际关系学界一批中青年学者对信号理论的前沿研究成果。从论文类型上看，既包括早期的理论介绍和中后期的实证性理论拓展，也包括了对信号理论的一些综述性文献。从涉及国别来看，本书既包括了对中国的信号传递理论与实践的探讨，还收录了对印度等国的研究案例与理论分析。从研究内容上看，既有对地位信号、决心信号、诚意信号、外交信号等特定类型的信号的实证性研究，也包括了对廉价信号、观众成本、国家声誉等更理论性的一般性探讨。

因篇幅所限，一些优秀的信号理论研究论文仍未能收录其中，如《私有信息、外交沟通与中美危机升级》《单边默契、信号表达与中国的战略选择》《中国在钓鱼岛争端中的战略动员》《核时代的虚张声势行为》《同盟信号、观众成本与中日—中菲海洋争端》《观众成本理论的局限及批判：以洞朗对峙中的印度为例》《三八线与十七虚线——朝战和越战期间中美信息沟通比较研究》《威慑抑或纵容：美国对亚太盟国的军事信号与冲突》，等等，虽在某种程度上而言是一种遗憾，但有志于继续追踪和发展信号理论的青年学人可通过知网等数据库平台下载阅读相关篇目。

《国际政治中的信号传递》一书所汇编皆为已经发表的关于信号传递问题的理论和实证性论文的高质量期刊论文，这些论文一来散见于不同年代各期刊的不同卷期，二来沉寂于中国知网等数据库的海量资源中，因而关注度较低、利用率较差，即使在国际关系学科，非专门的信号理论研究者可能也不会系统地检索和阅读。故而，将中国国内十多年来有代表性的信号理论研究成果汇编成册、结集出版，可以激起新的关注、提供一种新的交流载体，进而鼓励对信号传递议题和国际政治中的信号理论感兴趣的年轻学子加以跟进研究，将国际关系理论和外交实践中的信号传递研究议程进一步发扬光大。进一步看，国际局势的变化也正呼唤中国学界加强对信号理论以及国家间信号传递命题的研究。当今世界正处于百年未有之大变局，大国战略竞争加剧，地区和局部战争有蔓延之势，核战争风险升高，主要大国间相互敌意和猜疑显著上升。面临国际体系的这一重大变革时刻，大国之间准确传递自身意图信息并敏锐把握对方发射的各种政治、军事和外交信号，既显得极为紧迫，也变得异常重要。在体系动荡、安全威胁升高的时代，国家特别是大国之间对于了解彼此真实意图的容错率已大大降低，一旦出现战略误判，将造成不可挽回的战略性后果和损失。正因如此，加强对信号传递命题的学理性研究，也具有特别明显的时代意义和实践价值。

本文集收录的学术论文时间维度较长，既包括信号理论被初步引入国内国际关系学界的早期介绍性文章，也包括后续的中国学者的创新性实证性论文。鉴于案例研究的年代跨度较大，对比当今国际关系形势的发展，部分论文资料和观点显得较为陈旧。但为了完整展现信号理论在中国国内的发展演变历程、尊重学术研究求真求实的价值要求，本书在整理、汇编时对个别错讹之处做了修订，希望对相关研究的学者有所启迪。书中专家观点仅代表作者个人，不代表主编及出版社的看法。

在如今的量化科研考核体系里，编著《国际政治中的信号传递》一书几乎在大多数高校都不算科研成果，但是即使如此，编者和文集收录的诸多作者出于学术热情和对信号理论研究的热爱，依然希望付出努力，使之终有所成。此刻要特别感谢过去几年里对文集的出版给予无私帮助的师友们。首先，感谢美国内华达大学蒲晓宇教授，复旦大学林民旺研究员、谢超研究员，清华大学《国际政治科学》执行主编漆海霞教授、刘丰教授，中国人民大学尹继武教授、左希迎教授、曹德军教授，外交学院陈志瑞编审，以及《世界经济与政治》编辑部主父笑飞编审等师友的无私支持。其次，也特别感谢外交学院国际关系研究所本科生胡峰宁同学在文稿编辑、校对等方面的帮助。最后，文集的出版离不开世知社责任编辑老师的支持和付出的辛劳，在此一并致谢。

由于水平所限，书中谬误在所难免，恳请国内外专家和读者批评指正。

吴文成
于百万庄大街 10 号外交学院
2024 年 5 月 22 日